Helmholtz
du son à la musique

MATHESIS

Directeurs : Michel BLAY — Hourya SINACEUR

Patrice BAILHACHE
Antonia SOULEZ
Céline VAUTRIN

Helmholtz
du son à la musique

avec des textes de Hermann von Helmholtz, Ernst Mach et Carl Dahlhaus

traduits ou revus par Céline Vautrin

Ouvrage publié avec le soutien de la Fondation Francis et Mica Salabert

PARIS
LIBRAIRIE PHILOSOPHIQUE J. VRIN
6 place de la Sorbonne, V[e]

2011

Carl DAHLHAUS, « Hermann von Helmholtz und der Wissenschaftscharakter der Musiktheorie », dans F. Zaminer (ed.), *Über Musiktheorie. Referate der Arbeitstagung 1970 in Berlin*
© Köln, Arno Volk Verlag, Haus Gerig K.G., 1970

Imprimé en France

ISSN 1147-4920
ISBN 978-2-7116-2337-2

www.vrin.fr

PRÉSENTATION

L'idée qui est à l'origine de cet ouvrage a une histoire qui puise à des travaux que nous avons menés ces dernières quinze années dans le champ philosophique quand ils croisent la musique. Ce sont d'abord les écrits fondateurs du Cercle de Vienne, qui, joints à des investigations plus récentes sur la pensée de Wittgenstein, ont pavé la voie vers un approfondissement des rapports entre deux conceptions de la forme dans les deux registres de la philosophie avec la musique, à Vienne dans le premier quart du XXe siècle.

Ce travail sur les correspondances sémantiques entre les deux domaines nous ont conduits entre autres à confronter la pensée de Schoenberg avec celle de Wittgenstein ou d'autres figures du mouvement philosophique qui s'est inspiré de son œuvre. Replacer ces conceptions dans des courants plus amples, en marquer les filiations méthodologiques s'est ensuite imposé à nous. Cependant, à qui veut ressaisir les travaux qui ont tant compté pour le Cercle de Vienne et la pensée logique du premier Wittgenstein, la prise en compte des apports de Mach et Helmholtz notamment, pour comprendre ces courants à partir de ce que l'on peut bien appeler l'épistémologie naissante de la fin du XIXe siècle, s'avère vite indispensable, d'où le projet d'y retourner comme à des sources.

C'est à l'occasion de ce retour, doublé d'un travail portant sur la musique que nous menons par ailleurs, que l'idée nous est venue de débrouiller les fils de certaines questions comme celles qui occupent cet ouvrage : la dissonance, son investigation scientifique, le tournant méthodologique qui conduit à lui trouver une légitimité dans le champ de l'étude physique des sons, et bientôt dans la musique qui y verra autre chose qu'un raté de la consonance.

Ces questions, dira-t-on, sont bien « spécifiques ». « Spécifique » ou « spécial » est en effet le mot de Moritz Schlick pour désigner dans sa Leçon de 1921 [1], les points d'application très précis du savant Helmholtz et opposer à la particularité de ces points bien circonscrits la perspective philosophique plus générale de ce « théoricien de la connaissance » que le Cercle de Vienne a pu revendiquer comme un important précurseur.

Dans cette leçon prononcée à l'occasion du centenaire de Helmholtz, en effet, Schlick, « l'âme du Cercle de Vienne » rejoint par Otto Neurath et Rudolf Carnap, n'hésite pas à discerner dans l'œuvre du grand scientifique allemand les traits d'un « théoricien de la connaissance » digne de prendre place dans la chaîne des travailleurs de la science qui ont de près ou de loin, et en particulier vers la fin du XIXe siècle, contribué, par leurs méthodes, à la future philosophie empiriste et logique axée sur la connaissance du langage des sciences empiriques. Cette manière assez militante d'en faire l'un des leurs est très sensible dans cet écrit.

On sait par ailleurs l'importance que représente l'œuvre de Mach désigné par le Cercle de Vienne comme son ancêtre, et dont le poste, en quelque sorte défini pour lui sur mesure à l'Université de Vienne, a permis, pour une postérité à défendre de ce mouvement très contesté, l'installation des représentants de ce courant qui s'y sont succédés contre vents et marées [2]. Que ce soit sur des points touchant à la musique que l'enquête, enclenchée par ce retour, ait pu prendre la forme d'un dossier de Mach avec Helmholtz notamment sur la consonance, la dissonance et leur explication, n'est donc pas un pur hasard.

Certes, la musique n'était pas le premier des soucis des philosophes de la science qui ont compté, sur le chemin qui mène à l'empirisme logique. Mais de tout temps la musique a préoccupé les scientifiques. Et nous en voyons la preuve dans ce débat de Mach avec Helmholtz à une époque où la science empirique se cherche une méthodologie à distance de la métaphysique. Il nous est assez rapidement apparu que la question fort circonscrite à première vue de l'enquête de la structure du son à partir de la psychophysiologie de l'oreille interne, mobilisait en réalité, sur le chemin qui remonte du son à la musique, toutes sortes d'approches et de perspectives relevant de domaines aussi différents que l'histoire des sciences,

1. « Helmholtz als Erkenntnistheoretiker », Leçon prononcée à l'occasion du centenaire de la naissance de Helmholtz, Berlin, 1921, dans *Helmholtz als Physiker, Physiologe und Philosoph*, Karlsruhe, Warburg, Rubner et Schlick, 1922, p. 29-39.

2. Sur l'histoire de ce poste et le rôle qu'elle a eu dans l'émergence du mouvement du Cercle de Vienne, nous renvoyons ici à notre introduction au *Manifeste du Cercle de Vienne* (1985), A. Soulez (éd.), Paris, Vrin, 2010.

l'acoustique, l'épistémologie des sciences empiriques, l'analyse du langage, sans oublier la musique des musiciens que Helmholtz a à l'esprit, comme il a à l'esprit les peintres quand il parle d'optique.

Comme nul ne peut seul parcourir tous ces domaines, nous avons réuni ici différentes compétences allant de la maîtrise de la langue allemande, à la recherche spécialisée dans l'épistémologie scientifique et l'acoustique : celles de Patrice Bailhache et de Céline Vautrin dont le lecteur appréciera les contributions. Le travail est donc interdisciplianire. Le lecteur s'interrogera alors : pourquoi ici Carl Dahlhaus qui n'était pas un savant et ne figure pas dans le panthéon des « Erkenntnistheoretiker » avant la lettre ? Nous répondons : en raison de sa réflexion sur Helmholtz et de sa manière de problématiser la « naturalité » du système musical. Comme l'écrit Jean-Jacques Nattiez dans sa présentation au premier volume « Musiques du XXe siècle »[1], Dahlhaus dont l'éditeur scientifique Hermann Danuser fut un disciple était plus pragmatique qu'un philosophe comme Adorno, et plus philosophe qu'un musicologue. Dahlhaus est connu, plus à l'étranger que dans notre pays, car il a également sondé la pensée musicale de manière très poussée. Depuis Adorno, peu de penseurs de cette importance ont éclairé à la fois l'histoire de la musique, l'arrière-plan et le contexte des débats sur la méthodologie d'explication et de compréhension touchant aux façons d'aborder et d'écrire l'histoire la musique, réfléchi aussi au fait que l'écriture de l'histoire de la musique parce que la « musique est historique de part en part » comme le disait Dahlhaus, exige aujourd'hui de l'historien de regarder au delà de l'histoire, notamment vers les sciences et l'épistémologie, mais aussi vers des questions de technique et de technologie, tout en se plaçant résolument sur le terrain des œuvres.

En France, il semblerait au lecteur de ce genre de travaux que personne n'ait mieux parlé en connaisseur de la musique que Theodor Adorno. En matière de philosophie critique et de sociologie de la musique, Adorno est le premier après Max Weber à avoir tenu ensemble philosophie et pratique de la musique pour ne pas dire de la composition. « Rares, écrit Boulez, sont en effet les personnes qui ont une formation double, voire multiple. Adorno nous en a donné un exemple resté unique jusqu'à présent [...]. Grâce à sa double formation de philosophe et de musicien, il a replacé non pas le musicien, mais la musique elle-même dans son contexte social [...]. Ce qui frappe encore maintenant, c'est combien les vues d'Adorno étaient enracinées dans l'analyse des œuvres, dans ce rapport professionnel avec

1. *Musiques, une encyclopédie pour le* XXe *siècle*, Arles-Paris, Actes Sud-Cité de la musique, 2003, p. 40.

les partitions »[1]. De cet enracinement dans les œuvres et leur analyse, on peut féliciter Adorno qui marque ainsi une rupture avec les grands systèmes philosophiques qui abordaient la musique comme un chapitre de la métaphysique, sans grande attention aux œuvres.

Carl Dahlhaus lui aussi choisit de partir des « œuvres », comme le préconisait Adorno. Insuffisamment connu chez nous, il accentue cette tendance à ancrer dans l'analyse des œuvres une méthode pour penser la musique, quitte même à s'en prendre à la dialectique abstraite sur laquelle se fonde la pensée d'Adorno sur la musique[2]. Il ne le fait pas pour, de manière frontale, opposer une autre doctrine philosophique à la théorie critique, mais pour tester sur le plan particulier et concret de la musique « réalisée », la fécondité ou la portée de certaines des analyses de l'éminent représentant de la théorie critique dans le champ de la musique, ainsi à propos de Schoenberg qui, d'ailleurs sur bien des points, n'est pas toujours, sous sa plume, un Schoenberg absolument différent de celui dont Adorno est le premier à nous avoir présenté la pensée musicale si brillamment.

Ne figure ici de Dahlhaus qu'un article de lui écrit sur Helmholtz en 1970. Nous avons conscience que ce n'est pas assez pour faire suffisamment connaître ce grand musicologue allemand même si quelques autres textes de lui sont accessibles en langue française. Mais nous voulions élargir le spectre des différentes approches de Helmholtz concernant le son et la musique. Pour ce qui touche en effet à l'actualité parfois niée, parfois défendue, des apports de ce psychophysiologue de la sensation auditive, il faut un regard philosophique d'historien et d'épistémologue de la musique. Nourri d'herméneutique allemande, Carl Dahlhaus a le mérite de réfléchir de manière nuancée et critique sur les méthodes en débat dans le champ de la théorie de la connaissance historique et en sciences humaines. En même temps, il a été le précieux témoin des avancées musicales de son temps, encore très proches de nous.

1. P. Boulez, « L'informulé », dans *Revue d'Esthétique*, n° 8, 1985, *Adorno*, p. 28. Boulez fait allusion à l'écrit « Vers une musique informelle » (1961) qui en partie vise aussi ses propres avancées de l'époque, et à l'opposition bien discutée aujourd'hui qu'Adorno a faite entre Schoenberg et Stravinsky.

2. Ainsi, dans *Foundations of music history* (1977), Cambridge, Cambridge UP, 1983, chap. 2, « The significance of art … », p. 29 (trad. fr. J.-B. Robinson), Dahlhaus s'attaque à la méthode et à la philosophie de l'histoire qui la fonde, en disant que dans sa *Philosophie de la nouvelle musique*, Adorno a parlé de l'accord, de la dissonance et du contrepoint, comme de catégories abstraites pour faire davantage comprendre sa thèse du mouvement historique du matériau que pour les ancrer dans l'analyse des œuvres particulières, ce qui aboutit à des contradictions internes qui barrent la voie à leur compréhension réelle.

Autour de Helmholtz et de la question de la dissonance se trouvent donc réunis dans ce volume : 1) la présentation d'une jeune philosophe, Céline Vautrin, dont les travaux portent sur l'épistémologie du Cercle de Vienne et sur Wittgenstein. Elle a traduit le texte quasiment inconnu de Mach ainsi que l'article de Carl Dahlhaus, et enfin revu la traduction par Pietro Blaserna des *Causes de l'harmonie* de Helmholtz que nous avons choisi de présenter dans ce volume; 2) le dernier état des travaux sur l'actualité de la théorie acoustique de Helmholtz, du logicien et historien des sciences, et en particulier de l'acoustique, Patrice Bailhache, dont les travaux sur Leibniz et Helmholtz sont bien connus, et qui a bien voulu saisir cette occasion pour reformuler ce que, ultimement, il pense de certaines découvertes de Helmholtz depuis l'époque où il a consigné ses vues sur cet aspect des choses[1]; 3) ma contribution reste celle d'une philosophe du langage intéressée par la musique, au croisement de différentes disciplines, revendiquant une approche pluri-registres inspirée par une méthodologie de la comparaison proche, au moins dans l'esprit, de celle revendiquée pour d'autres champs par l'épistémologue français Gilles Granger.

Je remercie ici en premier lieu Patrice Bailhache et Céline Vautrin qui ont cru à ce projet. Je remercie également Hermann Danuser[2] qu'une participation au jury d'un thésard italien m'a permis en avril 2007 de côtoyer quelques heures à Rome et qui, comme je l'ai signalé plus haut, est l'éditeur de l'œuvre de Carl Dahlhaus. Je remercie aussi Madame veuve Dahlhaus de m'avoir permis de présenter l'article de Dahlhaus dans ce volume. Sans l'accès grâce à Claude Debru à l'opuscule de Mach sur la psychophysiologie de Helmholtz, ni un échange avec Michel Meulders que je dois à mes quelques années d'enseignement à l'université de Nancy II, ce projet n'aurait sans doute pas vu le jour ni ne se serait développé à partir d'une première esquisse de construction que Costin Miereanu a bien voulu prendre au sérieux et accueillir dans le cadre de son équipe du CNRS en 2004. Je remercie aussi la Maison des sciences de l'homme de Paris nord, en la personne de son directeur Pierre Moeglin, et de la coordinatrice Anne Sédès du centre CICM[3], ainsi que Michel Farez et son service de la communication. Les conditions de travail, et les lieux de cette Maison ont

1. « Valeur actuelle de l'acoustique musicale de Helmholtz », *Revue d'histoire des sciences*, oct.-déc. 1986, p. 301-324. Voir aussi son *Histoire de l'acoustique musicale, des Grecs à l'actualité*, Paris, CNRS éditions, 2001 (Helmholtz occupe le chapitre 5).

2. Éditeur des *Gesammelte Schriften* de Carl Dahlhaus en 10 volumes, Laaber-Verlag (Allemagne), 2000-2007.

3. Centre d'informatique et de création musicale, dirigé par H. Vaggione, compositeur, professeur et chercheur de l'université de Paris 8-Saint Denis.

effet contribué à poursuivre la tâche dans un climat de sérénité et de confiance, favorisant les échanges avec des musiciens très concernés par la science et l'épistémologie. Ainsi, le lecteur trouvera dans les discussions avec Horacio Vaggione et Makis Solomos[1], dans la dernière partie de notre livre *Formel/Informel : musique-philosophie* publié en 2003 qui inaugure notre collection[2], des « Entretiens » réservés à la pensée de Dahlhaus à l'occasion de l'inédit que nous y publions en traduction française, sur « Se détourner de la pensée du matériau ? » (« Abkehr von Materialdenken ? », 1984).

Le texte de Hermann von Helmholtz « Les Causes physiologiques de l'harmonie musicale » se trouve présenté en français dans le livre de Pietro Blaserna intitulé *Le son et la musique*. Ce livre a été publié par la Librairie Germer Baillère et Cie à Paris en 1877, donc vingt ans plus tard que la conférence donnée par Helmholtz, mais dix ans après la réaction de Mach à sa *Théorie physiologique de la musique fondée sur l'étude des sensations auditives* (titre français entier[3]) dont nous disposons déjà de la traduction en français. La traduction de Blaserna a été lue et révisée; elle comporte donc des corrections apportées par Céline Vautrin.

Le texte d'Ernst Mach sur l'ouvrage de Hermann von Helmholtz : « Introduction à la théorie de la musique de Helmholtz » (1866) est présenté en traduction française par Céline Vautrin qui livre également, dans le premier volet de sa présentation de l'ensemble de l'ouvrage, qui est certainement plus qu'une simple présentation, une analyse de ce texte en confrontant les points de vue différents de Mach et Helmholtz.

Quant au contenu, disons en résumant que Patrice Bailhache réexamine la conception de Helmholtz en soulignant ses erreurs, certaines étant perçues ou manquées par Mach, y compris « les erreurs dans les erreurs ». Il propose une meilleure approche de la quantification de la dissonance subjective en se fondant sur des hypothèses que lui permettent d'élaborer les expériences de psychologie expérimentale.

Le texte de Carl Dahlhaus « Hermann Helmholtz et le caractère scientifique de la théorie de la musique », dans *Über Musiktheorie, Referate der Arbeitstagung* (Berlin-Cologne, 1970) édité par Frieder Zaminer, est celui qui, certes, donne de Helmholtz une vision relativement détachée du contexte de discussion avec les contemporains de Helmholtz, mais il s'ensuit un aspect plus libre, plus brûlant aussi en ce qui concerne la

1. Avec qui la collection *Musique philosophie* a été fondée en 2003, chez L'Harmattan.
2. Paris, L'Harmattan, 2003. Voir « Lectures de Dahlhaus », p. 180.
3. Voir la correction indispensable apportée au titre par Céline Vautrin, *infra*, p. 18.

question des fondements de l'histoire de la musique qui intéressait le musicologue et philosophe allemand, au regard de la situation des recherches musicales à son époque, c'est-à-dire aussi un peu la nôtre – quoique pas la plus contemporaine. Nous présentons une analyse de l'approche de Dahlhaus qui, dans un souci méthodologique, est plus attentif à souligner la nouveauté de Helmholtz dans le champ de la théorie de la musique et de son histoire, quitte même à faire de Helmholtz, contre l'avis général, un scientifique critique de l'esthétique, nouant avec les sciences de la nature un rapport complexe et démarqué d'avec les théoriciens d'un système « naturel » de la musique.

Nous espérons avoir ainsi non pas couvert tous les champs, mais contribué au moins à faire que l'apport, même dépassé, de Helmholtz pour ce qui touche à la sensation auditive, suscite l'intérêt des philosophes, des scientifiques et des musiciens.

Antonia SOULEZ
Paris, mars 2009

CÉLINE VAUTRIN

DU BON USAGE DE LA SCIENCE POUR LA THÉORIE MUSICALE LES HOMMAGES RENDUS À HELMHOLTZ

HERMANN VON HELMHOLTZ, DE LA PHYSIOLOGIE À LA THÉORIE DE LA MUSIQUE

Hermann von Helmholtz, né en 1821 à Potsdam, bien que féru de physique, reçoit une bourse pour poursuivre des études de médecine[1]. Celles-ci le conduisent à travailler dans le laboratoire de physiologie de Johannes Müller, à Berlin, en compagnie de Ernst Brücke et Emil du Bois-Raymond qui deviennent très rapidement des amis. Helmholtz s'applique à démontrer, sur la base d'expérimentations très élaborées sur des muscles de grenouilles, et par la construction d'un modèle théorique, l'égalité entre la quantité d'énergie mobilisée par le métabolisme musculaire et la quantité de force mécanique et de chaleur obtenue – sans intervention de quelque autre action ou « principe vital » que ce soit. La publication, en 1847, de son mémoire présenté à l'académie de physique de Berlin, *Über die Erhaltung der Kraft* [*Sur la conservation de la force*], signe l'acte de naissance de l'« École de 1847 » en physiologie, résolument physiciste et anti-vitaliste[2]. En 1849, Helmholtz donne quelques cours à l'académie des

1. *Cf.* M. Meulders, *Helmholtz. Des Lumières aux neurosciences*, Paris, Odile Jacob, 2001, p. 37.

2. Helmholtz, du Bois-Raymond, Brücke, ainsi que le physiologiste zurichois Karl Ludwig rédigèrent ensemble le « Manifeste de 1847 », afin de créer, comme l'explique Meulders, « une physique organique basée exclusivement sur les lois de la physique, de la chimie et des mathématiques et dans laquelle la physiologie était réduite à ses fondements

Beaux-Arts de Berlin et avance à cette occasion les premières bases de sa théorie de la perception.

De 1849 à 1855, il enseigne la physiologie à l'université de Königsberg[1]. Il continue dans un premier temps ses travaux de physiologie neuromusculaire, couronnés par son calcul de la vitesse de conduction de l'influx nerveux, par lequel Helmholtz démontre que cette conduction n'est pas *instantanée*, ainsi que le caractère apparemment immédiat des perceptions sensorielles incitent à le penser, mais a bien une *durée* mesurable, suffisamment longue pour que des explications comme celle d'une transmission par un courant électrique ou d'autres admises à ce moment puissent être acceptables. Il se consacre ensuite à des recherches sur la perception visuelle, dont il rassemblera les résultats dans son monumental *Handbuch der Physiologischen Optik* [*Optique physiologique*[2]]. Son invention de l'ophtalmoscope, en 1851, permet des avancées décisives dans ce domaine et contribue grandement à sa célébrité.

En 1855, il est nommé professeur d'anatomie et de physiologie à Bonn. Il poursuit ses travaux sur la vision, mais commence aussi ses recherches en acoustique, ainsi qu'en mécanique des fluides. En 1858, il quitte Bonn pour Heidelberg où il crée un nouvel institut de physiologie, dans le cadre duquel il continue son travail sur les perceptions auditives[3]. Il s'intéresse par ailleurs aux géométries non euclidiennes et élabore une conception originale, empiriste, des axiomes de la géométrie (1868 : *Über die Tatsachen, die der Geometrie zugrunde liegen* [*Les faits qui sont au fondement de la géométrie*] ; 1870 : *Über den Ursprung und die Bedeutung der geometrischen Axiome* [*L'origine et la signification des axiomes de la géométrie*]).

En 1871, il est enfin nommé professeur de *physique* à Berlin, où il fonde là encore un nouvel institut, de physique cette fois. Il se consacre alors

physico-chimiques » (M. Meulders, *Helmholtz. Des Lumières aux neurosciences*, *op. cit.*, p. 137).

1. Le 28 juin 1852, il prononce à Königsberg son discours d'habilitation, « Über die Natur der menschlichen Sinnesempfindungen » [« Sur la nature des impressions sensibles de l'homme », trad. fr. et présentation R. Casati, *Philosophie*, n° 33, 1992, p. 5-32].

2. *Handbuch der physiologischen Optik*, Leipzig, Leopold Voss, 1867 – la première partie de ce livre paraît en 1855 ; l'ensemble des trois volumes fait l'objet de deux rééditions augmentées en 1886-1896 et 1909-1911 – trad. fr. E. Javal et N. Th. Klein, *Optique physiologique*, 2 volumes, Victor Masson, Paris, 1867, rééd. Sceaux, Jacques Gabay, 1989.

3. C'est pendant cette période, en 1863, qu'il publie son livre *Die Lehre von den Tonempfindungen als physiologische Grundlage für die Theorie der Musik* – littéralement : *La théorie des sensations auditives comme fondement physiologique de la théorie de la musique* – que nous présentons plus en détail dans la suite de cette introduction.

principalement à l'étude de l'électrodynamique, de l'électricité, de la thermodynamique chimique, rédigeant des ouvrages en physique théorique aussi importants que l'ont été ses écrits en physiologie (1888 : *Über die physikalische Bedeutung des Prinzip der kleinsten Wirkung* [*La signification physique du principe de moindre action*]) et continuant ses travaux en épistémologie (1878 : *Die Tatsachen in der Wahrnehmung* [*Les faits dans la perception*]). En 1887, il fonde, à Berlin toujours, l'*Institut impérial physico-technique*, pour les sciences exactes et la technologie de précision, en collaboration avec l'industriel Siemens. Il meurt en pleine activité, en 1894, à Charlottenbourg, au retour d'un voyage aux États-Unis [1].

Dans son ouvrage consacré à Helmholtz, Michel Meulders écrit : « Les recherches de Helmholtz sur l'audition, audacieuses et d'une grande portée scientifique, suscitent encore aujourd'hui l'étonnement et le respect, car elles constituent un exemple sans doute rare dans l'histoire des sciences, d'une recherche empirique aussi ambitieuse, menée par un seul homme en si peu de temps » [2]. Les travaux de Helmholtz sur les sons et l'audition se concentrent en effet pour l'essentiel entre 1855 et 1863. En 1855, lorsqu'il quitte Königsberg pour Bonn, il évoque dans une lettre à son ami du Bois-Reymond son intention de mener des travaux sur l'audition, en lui demandant de lui faire construire une sirène polyphonique [3]. Dès 1857, il prononce à Bonn une longue conférence, *Über die physiologischen Ursachen der musikalischen Harmonie* [*Les causes physiologiques de l'harmonie musicale* [4]], dans laquelle il présente déjà ses principaux résultats sur les sensations auditives. Ce texte est reproduit dans le présent ouvrage, dans la traduction originale en français de Pietro Blaserna, publiée en 1877, que nous avons revue et légèrement corrigée. En 1863, enfin, Helmholtz publie

1. Cette biographie reprend pour l'essentiel la présentation de Helmholtz proposée par Alexis Bienvenu dans le cadre du groupe de travail sur les philosophies allemandes, le 20 octobre 2001. Je le remercie de m'avoir communiqué le texte de cette présentation extrêmement précise et synthétique, qui met en valeur les grandes lignes de la biographie et de la bibliographie de l'auteur qui nous intéresse ici. Pour un exposé détaillé des années de formation, des travaux de Helmholtz physiologiste et des contextes philosophiques et scientifiques dans lesquels ils s'inscrivent, on pourra se reporter au livre de Meulders déjà cité (*Helmholtz. Des Lumières aux neurosciences*).

2. M. Meulders, *Helmholtz. Des Lumières aux neurosciences*, *op. cit.*, p. 225.

3. Cf. *ibid.*, p. 226 et L. Königsberger, *Hermann von Helmholtz*, Vieweg, Braunschweig, 1902-1903, I, p. 267.

4. Hermann von Helmholtz, « Über die physiologischen Ursachen der musikalischen Harmonie. Vorlesung gehalten in Bonn, 1857 », *Vorträge und Reden*, Bd I, Vieweg, Braunschweig, 1903 ; rééd. électronique, *The Virtual Laboratoy*, Berlin, Max-Planck-Institute for the History of Science, http://vlp.mpiwg-berlin-mpg.de/

son grand ouvrage, *Die Lehre von den Tonempfindungen als physiologische Grundlage für die Theorie der Musik* – littéralement : *La théorie des sensations auditives comme fondement physiologique de la théorie de la musique* –, dans lequel il présente de façon extrêmement claire et progressive les résultats de l'ensemble de ses travaux sur les sensations auditives, en consacrant une dernière partie aux « affinités des sons »[1], partie qui expose en quoi la théorie des sensations auditives développée dans cet ouvrage est le « fondement physiologique de la théorie de la musique ». Helmholtz avait regretté, dans sa conférence de Bonn, de n'avoir pas le temps de développer cette dernière question.

Ce livre fait l'objet de six éditions, jusqu'en 1913, et il est traduit en français dès 1868, dans une traduction encore disponible aujourd'hui, sous le titre de *Théorie physiologique de la musique fondée sur l'étude des sensations auditives*[2]. Ce titre français a ceci de trompeur qu'il caractérise la « théorie de la musique » de « théorie physiologique de la musique », ce que ne fait pas Helmholtz. Le titre original est en outre bien plus clair, relativement au projet que se propose Helmholtz : la théorie qu'il construit est une théorie « des sensations auditives » ou « sonores » [*Tonempfindungen*], et non une « théorie de la musique », même si le but du physiologiste est bien d'apporter une contribution à la théorie musicale. Il s'agit pour lui de montrer l'importance des résultats obtenus sur les sons et l'oreille pour la théorie de la musique, au point de justifier qu'on considère que ceux-là puissent servir de « fondements » à celle-ci.

Certes, l'analyse des ondes sonores n'est pas nouvelle. On en trouve déjà les premiers éléments chez Pythagore, et tous les théoriciens baroques ou classiques de la musique (Descartes, Mersenne, Leibniz, Rameau, etc.) étudient les rapports de vibrations entre différents sons. Mais le projet de Helmholtz est d'expliciter le lien entre des phénomènes physiques (des ondes sonores), physiologiques (ce qui est perçu par l'oreille) et des considérations esthétiques portant sur la musique (les règles concernant les

1. « Affinités des sons » est le titre de la troisième partie du livre, dans sa traduction française (voir note suivante). Nous avons choisi pour notre part de traduire, dans le texte de Mach proposé dans le présent ouvrage, le mot allemand « *Verwandschaft* » (traduit ici par « affinité ») par le mot « parenté », suivant en cela la traduction de Blaserna du texte de 1857, et parce que l'« affinité » en question a bien pour Helmholtz quelque chose d'un *air de famille*. Dans son livre de 1863, il compare explicitement le type de ressemblance existant entre des accords avec la ressemblance entre visages de proches parents (Helmholtz, *Théorie physiologique de la musique fondée sur l'étude des sensations auditives*, Paris, Victore Masso, 1868, rééd. Sceaux, Jacques Gabay, 1990, p. 484 *sq.*).

2. H. von Helmholtz, *Théorie physiologique de la musique*, *op. cit.*

gammes, les accords, l'harmonie, etc.). Il écrit ainsi, dans l'introduction à son ouvrage, que son but est de « rapprocher, sur leurs frontières communes, des sciences qui, malgré les nombreux rapports naturels qui les unissent, sont restées ici trop isolées les unes des autres. Il s'agit, d'une part, de l'acoustique physique et physiologique, et, d'autre part, de la science musicale et de l'esthétique »[1]. Ses travaux se distinguent donc de ceux de ses prédécesseurs d'une part du fait du niveau qu'il considère, à savoir, celui des *sensations auditives*, objets d'étude propres du physiologiste, intermédiaires entre les *sons produits*, les *ondes sonores*, qu'étudie le physicien, et les *sons* considérés du point de vue de l'œuvre et de la théorie musicales (les notes, accords), et d'autre part par l'usage qu'il prétend faire des résultats obtenus par la physique et la physiologie pour l'élaboration de la théorie de la musique.

Jusqu'ici, les traités d'harmonie commencent bien en effet, « d'ordinaire, par un chapitre consacré à la physique, qui traite des nombres de vibrations des sons, et qui fixe les rapports de ces nombres pour les différents intervalles »[2]. Mais ces connaissances physiques servent seulement à la fabrication des instruments, pas à l'analyse musicale ni à la composition (« la science de l'harmonie »). Or c'est bien aux musiciens, et non seulement aux luthiers que s'adresse Helmholtz. Par ailleurs, on s'est toujours limité à l'étude des sons produits par des cordes vibrantes. Dès Pythagore, on connaît les rapports qui doivent exister entre les longueurs des cordes vibrantes pour obtenir des consonances parfaites. Mais on a désormais les moyens de ne plus considérer uniquement l'acoustique comme l'étude des cordes vibrantes : « la physique moderne a généralisé la loi de Pythagore, en l'étendant des longueurs de cordes aux nombres de vibrations, et en la rendant applicable aux sons de tous les instruments ». Ce dont les cordes vibrantes représentaient une très bonne image, à savoir la nature oscillatoire du son, peut à présent être mis en évidence par d'autres dispositifs plus sophistiqués et plus précis, comme la sirène de Seebeck, qui permet de déterminer le nombre de vibrations correspondant à un son donné.

Cette extension du domaine des vibrations au-delà des seules cordes n'est nullement anecdotique : *l'objet* sur lequel portent les recherches de Helmholtz est *le son*. Certes, les vibrations des cordes matérialisent très bien la nature du son musical, mais en attirant l'attention sur les phénomènes de *production* du son. En ne se limitant pas à l'étude des cordes vibrantes, Helmholtz déplace en quelque sorte le centre de gravité du son :

1. H. von Helmholtz, *Théorie physiologique de la musique*, *op. cit.*, p. 1.
2. *Ibid.*, p. 1.

ce qui importe dans le son est le phénomène oscillatoire, mais aussi le *médium* de ces oscillations. Et ce médium n'est pas unique : c'est tout d'abord l'air, dans le cas d'une écoute normale, puis des parties de l'oreille – nous employons à dessein un terme très vague, puisque la question que va justement se poser Helmholtz est de savoir comment ces oscillations sont reçues dans l'oreille lors de l'audition du son. Le son qui intéresse Helmholtz n'est pas la corde qui vibre, mais *ce que l'oreille entend*. La théorie de la musique reposera donc sur l'étude des *sensations auditives*. Le *premier tournant* initié par Helmholtz est donc le suivant : il faut développer une théorie, non plus seulement des ondes sonores, mais surtout des *sensations auditives*.

Les études d'acoustique physiologique, dont Helmholtz fait remonter les premiers travaux importants à Johannes Müller, restent un domaine dans lequel peu de résultats ont encore été obtenus [1], et leur développement doit permettre de comprendre le lien qui existe par exemple entre les rapports de longueurs de cordes et la jouissance esthétique procurée par certains accords. Le physiologiste refuse en effet de s'en tenir à la réponse retenue aussi bien par les musiciens que par les philosophes et les physiciens, à savoir que « l'âme humaine, par un mécanisme quelconque, inconnu de nous, [a] la faculté d'apprécier les rapports numériques des vibrations sonores, et qu'elle éprouve un plaisir particulier à trouver devant elle des rapports simples et facilement perceptibles » [2]. Le *second tournant* de la théorie de Helmholtz consiste ainsi dans sa volonté de mettre à profit l'acoustique, physique et physiologique, pour la théorie musicale et l'esthétique. Helmholtz reconnaît tout à fait les mérites de certains théoriciens de la musique qui sont ses contemporains, comme Hanslick et Vischer. Cependant, une théorie qui ne repose pas sur une analyse de la façon dont les sons sont perçus ne saurait être satisfaisante :

> Mais toutes ces recherches esthétiques [...] sont condamnées à rester vagues et incertaines, tant qu'il leur manquera le vrai point de départ, le principe fondamental, c'est-à-dire la base scientifique des règles élémentaires pour la construction de la gamme, des accords, des modes, et généralement de tout ce qui est ordinairement compris dans ce qu'on appelle l'harmonie. Dans ces domaines élémentaires, nous avons affaire non seulement aux libres inventions de l'art, mais encore à une aveugle et inflexible loi de la nature, aux activités physiologiques de la sensation. [Helmholtz, *Théorie physiologique de la musique*, p. 3]

1. H. von Helmholtz, *Théorie physiologique de la musique*, *op. cit.*, p. 5.
2. *Ibid.*, p. 2.

Helmholtz fait explicitement reposer les règles de l'harmonie sur une «base scientifique», un «vrai point de départ», un «principe fondamental», une «aveugle et inflexible loi de la nature», qui concerne les «activités physiologiques de la sensation». La théorie, l'esthétique musicales, ce qu'on peut appeler la science du beau en musique, semble donc pouvoir et devoir trouver son fondement, son principe dernier, dans une *science*, qui plus est – cela va de soi pour Helmholtz –, une science expérimentale.

Cette importance de la physiologie pour la théorie esthétique vaut en outre plus encore pour la musique que pour les autres arts car, selon Helmholtz, «la musique se rattache à la sensation pure et simple, par des liens bien plus étroits que tous les autres arts, qui ont affaire plutôt aux perceptions nous venant des sens, c'est-à-dire aux notions sur les objets extérieurs que nous tirons des sensations par des procédés psychiques»[1]. Alors que dans les arts comme la sculpture et la peinture, la jouissance esthétique provient de l'art avec lequel sont représentés des objets extérieurs et de la *perception* de ces objets visuels, la musique ne *représente*, ne *reproduit* aucun objet: elle est constituée à partir des seules *sensations auditives*. Pour comprendre cette spécificité de la musique, il convient de rappeler l'importance de la distinction entre *sensation* et *perception* qui est au cœur de la théorie de la perception de Helmholtz.

Pour Helmholtz, nos *sensations* ne sont rien de plus que les effets produits par les phénomènes physiques sur notre appareil sensoriel. Nous ne *sentons* pas directement les objets ni n'en avons une *perception* directe, mais ceux-ci sont à l'origine de *sensations* produites par l'intermédiaire de nos diverses facultés sensibles (la vue, l'ouïe, le toucher, l'odorat, le goût), et ce que nous appelons *perception* est le résultat d'un jugement effectué à partir de ces *sensations*, une «*inférence inconsciente*» à partir des données fournies par les sens.

Comme l'écrit Jacques Bouveresse, «du point de vue de Helmholtz, l'idée que nous percevons les objets eux-mêmes et tels qu'ils sont en eux-mêmes est préscientifique ou antiscientifique»[2]. La théorie de la perception de Helmholtz repose en effet sur les premiers résultats obtenus par les physiologistes du XIXe siècle, et tout particulièrement ceux du physicien et médecin anglais Thomas Young (1773-1829), développés par Johannes Müller puis par Helmholtz lui-même. Young a fait en 1802 l'hypothèse

1. H. von Helmholtz, *Théorie physiologique de la musique*, *op. cit.*, p. 3

2. J. Bouveresse, *Langage, perception et réalité*, I. *La perception et le jugement*, Nîmes, Jacqueline Chambon, 1995, p. 11.

qu'il existe dans l'œil trois sortes de fibres nerveuses, qui correspondent aux trois couleurs, violet, vert et rouge. Le phénomène physique de la lumière est une énergie en elle-même incolore et c'est l'œil qui permet la perception de couleurs grâce aux fibres nerveuses spécifiques qu'il contient. Au sens strict, nous ne *ressentons* donc que trois *sensations* de couleurs distinctes, données par les trois « résonateurs » spécifiques que sont les types différents de fibres nerveuses, sensations à partir desquelles sont produites toutes les *perceptions* différenciées de couleurs. En 1838, la théorie des « énergies sensorielles spécifiques » élaborée par Johannes Müller présente d'une certaine manière chaque organe sensoriel comme un « résonateur » spécifique : les *sensations* correspondent uniquement à l'excitation de certaines fibres nerveuses, spécifiques pour chaque sens. Elles dépendent donc de l'*organe* qui a été excité et non de la cause extérieure qui les engendre[1] : « ces mêmes vibrations de l'éther que l'œil ressent comme de la lumière, la peau les ressent comme de la chaleur. Ces mêmes vibrations de l'air que la peau ressent comme un frémissement, l'oreille les ressent comme un son »[2].

Les « sons » ne sont donc pas autre chose que les *sensations produites par l'oreille* à partir de certaines des vibrations de l'air qui viennent à sa rencontre, c'est-à-dire encore, *les sensations auditives*. Helmholtz présente ces sons comme des entités complexes que l'oreille décompose en sons élémentaires, selon une décomposition de Fourier, grâce aux fibres découvertes par Corti, lesquelles jouent pour chaque son élémentaire le rôle d'un

1. *Cf.* J. Müller, *Handbuch der Physiologie des Menschen*, Coblenz, J. Hölscher, 1838. Les sensations de Helmholtz sont donc bien ce que Locke désigne par le terme de « qualités secondes », qui n'appartiennent pas aux choses elles-mêmes mais à la façon dont nous nous les représentons (*cf.* Locke, *Essais philosophiques concernant l'entendement humain*, livre II, chap. VIII, § 10, Paris, Vrin, 2003). Dans *Die Tatsachen in der Wahrnehmung*, en 1878, Helmholtz revendique explicitement l'héritage de Locke et de Müller : « Au sujet des qualités de la sensation, Locke avait déjà mis en avant la part que prend notre organisation corporelle et intellectuelle à la manière dont les choses nous apparaissent. De ce point de vue, les recherches en physiologie des sons telles notamment que Johannes Müller les compléta, les envisagea de façon critique, et les résuma dans la loi des *énergies spécifiques des nerfs sensoriels*, ont à présent apporté la totale confirmation de ce fait, et ce à un degré que l'on pourrait qualifier d'inespéré » (*Les faits dans la perception*, trad. fr. A. Bienvenu, *Helmholtz et la philosophie de la perception*, mémoire de DEA, 1997, p. 76). Sur la reprise de la théorie de Müller, *cf.* Helmholtz, « Sur la nature des impressions sensibles de l'homme » [1852], *Philosophie*, n° 33, 1992, p. 5-32, et J. Bouveresse, *Langage, perception et réalité*, *op. cit.*, p. 99 *sq.*

2. *Les faits dans la perception*, dans A. Bienvenu, *Helmholtz et la philosophie de la perception*, *op. cit.*, p. 77.

résonateur spécifique, produisant un son – un phénomène *audible* – à partir des vibrations de l'air, son qui a une hauteur *déterminée* pour chaque fibre. Selon Helmholtz, ces fibres fonctionnent de façon comparable aux cordes d'un piano, qui, libérées de l'étouffoir, se mettent spontanément en mouvement lorsqu'on produit un son d'une hauteur déterminée correspondant au son qu'elles sont susceptibles de produire elles-mêmes, et font entendre faiblement ce même son[1]. C'est pourquoi la mise en évidence des harmoniques des sons est si importante pour Helmholtz : un son ordinaire n'excite jamais qu'une seule fibre dans l'oreille, mais il fait vibrer par résonance toutes les fibres correspondant aux sons élémentaires qu'il contient lui-même, et donc le son fondamental, bien sûr, qui est généralement plus fort que les autres, mais aussi tous les harmoniques qui le constituent :

> De même que les cordes, presque tous les instruments de musique produisent des ondes sonores qui ne correspondent pas complètement à la forme de l'onde pure; elles sont presque toujours composées d'un nombre plus ou moins grand d'ondes simples. L'oreille les analyse toutes d'après ce principe de Fourier, mieux que le mathématicien le plus habile; elle entend, en s'y appliquant convenablement, les harmoniques correspondant aux ondes simples isolées. Ce fait s'accorde, du reste, complètement avec l'idée que nous nous faisons des organes de Corti. L'expérience nous montre par l'exemple du piano, et la théorie mathématique nous apprend d'une manière générale, que, dans un son donné le son fondamental n'est pas seul capable de communiquer son mouvement à un autre corps ; les sons harmoniques ont aussi cette propriété. Il en résulte que dans le limaçon de l'oreille, un son extérieur ne met pas simplement en vibration la petite plaque qui correspond à sa note fondamentale; les plaques correspondant aux différents harmoniques supérieurs vibrent aussi et communiquent leurs vibrations aux fibres nerveuses, en sorte que nous percevons les harmoniques en même temps que le son fondamental. [Helmholtz, « Les Causes physiologiques de l'harmonie musicale », 1857, *infra*, p. 73]

Les fibres de Corti sont donc en quelque sorte, pour les sons, l'équivalent de celles de Young pour les couleurs : elles sont à l'origine des *sensations*, et même, plus précisément, des *sensations élémentaires*, qui constituent les éléments de base, non accessibles à la conscience, à partir desquels vont s'élaborer nos *perceptions*, ou, dans la terminologie de Helmholtz, nos *représentations* :

1. Sur les erreurs et les limites de la théorie acoustique de Helmholtz, *cf.* le texte de Patrice Bailhache dans le présent ouvrage, p. 161-199.

> Il faut en effet distinguer ici deux choses : la *sensation* [*Empfindung* [1]] dans le nerf auditif, telle qu'elle se produit, sans aucune intervention d'activité intellectuelle ; ensuite, la *représentation* [*Vorstellung*] que nous nous en faisons à la suite de cette sensation. Nous sommes donc obligés de distinguer, pour ainsi dire, entre l'oreille physique du corps et l'oreille psychique de l'entendement. L'oreille physique fait toujours ce que le mathématicien fait à l'aide du principe de Fourier, ce que fait le piano par l'ensemble de ses cordes ; elle analyse les formes d'ondes qui ne correspondent pas, comme les sons du diapason, à des ondes simples, en une somme d'ondes simples, et perçoit isolément les sons correspondant à chaque onde, que l'onde soit sortie composée ainsi de la source qui l'a produite, ou bien qu'elle ait été composée en route. // Si nous pinçons une corde, par exemple, elle nous donne, comme nous l'avons vu, un son dont la forme d'onde s'éloigne beaucoup de celle d'un son simple. L'oreille, en décomposant cette forme en une somme d'ondes simples, entend en même temps une série de sons simples correspondant à ces ondes. [Helmholtz, « Les Causes physiologiques de l'harmonie musicale », 1857, *infra*, p. 70-71]

Ce que l'*oreille* entend, c'est « une série de sons simples » qui correspondent à la décomposition du phénomène ondulatoire complexe qui lui parvient. Mais ce que *nous* entendons, c'est-à-dire, ce que nous *percevons*, c'est le son d'un violon, la note *ré*, le bruit d'un moteur ou l'aboiement d'un chien. La perception est le résultat de la synthèse des multiples sensations inconscientes – qu'on peut dire aussi bien *entendues* que *produites* par l'oreille –, synthèse que Helmholtz décrit comme une inférence à partir des *signes* que sont les sensations :

> Si, toutes les fois que nous avons entendu le son d'un violon, il a toujours éveillé, dans notre oreille, la sensation d'une même somme de sons partiels, cette somme finit par devenir, dans notre sensation, le *symbole complexe* du son d'un violon ; une autre combinaison devient le signe sensoriel du son d'une clarinette, etc. [Helmholtz, *Théorie physiologique de la musique*, p. 85]

Les sensations ne fonctionnent ainsi pas pour Helmholtz comme des *images* ou des *expressions* des phénomènes qui la provoquent, ainsi qu'on

1. Nous aurions pu traduire également « *Empfindung* » par « impression », comme il arrive d'ailleurs à Blaserna de le faire, mot qui a l'avantage de mettre en valeur l'aspect *subjectif* des sensations chez Helmholtz. Mais, par souci de cohérence, nous avons préféré garder dans tous les cas le terme de « sensation ». La distinction fondamentale de Helmholtz entre *Empfindung* et *Wahrnehmung* est ainsi rendue systématiquement en français par la distinction entre *sensation* et *perception*. Le terme de « représentation » traduit le mot allemand « *Vorstellung* ».

le conçoit communément, mais comme des *signes* ou des *symboles*[1]. Il nie ainsi la possibilité de rechercher une *ressemblance* entre le phénomène, l'objet extérieur et la sensation :

> Nous pouvons peut-être caractériser la situation de la façon la plus frappante en disant : les sensations de lumière et de couleur ne sont que des symboles pour des états de la réalité ; elles ont avec ces derniers tout aussi peu et tout autant de similitude et de relation que le nom d'un homme ou le parafe du nom avec l'homme lui-même. Elles nous informent par l'identité ou la différence de leur phénomène de ce que nous avons affaire aux mêmes objets et propriétés de la réalité ou à d'autres, tout comme lorsqu'on nous raconte quelque chose sur des hommes ou des villes étrangers, nous apprenons par le nom identique ou différent s'il est question des mêmes ou d'autres. Mais elles ne font elles-mêmes rien de plus que cela. Sur la nature réelle, les états de choses extérieurs désignés par elle, nous en apprenons aussi peu d'elles que des noms sur les hommes et les villes inconnus, et le physicien, qui par d'autres voies indirectes parvient à connaître de plus près les mêmes états de choses de la réalité, tient le rôle de celui qui cherche à nous faire connaître par des descriptions l'apparence et le type des hommes en question. [Helmholtz, « Sur la nature des impressions sensibles de l'homme », p. 11-12[2]]

Le déchiffrage des signes que constituent les sensations n'est par conséquent aucunement immédiat, direct, mais est le résultat d'apprentissages et d'habitudes (un certain complexe de sensations a fini par devenir, par exemple, le symbole du son du violon, ou de l'aboiement d'un chien). Il est ainsi comparable à un *jugement*, une *inférence inconsciente*, produit à partir des prémisses innombrables et inconscientes que sont les sensations :

> Dans mes travaux antérieurs, j'ai désigné ces relations qui entrent ici en jeu dans la représentation comme étant des *inférences inconscientes*. Elles sont

1. Sur la distinction entre « signe » et « image », *cf.* par exemple, Helmholtz, « Die Tatsachen in der Wahrnehmung » [1878], dans Hörtz et Wollgast (eds.), *H. von Helmholtz, Philosophische Vorträge une Aufsätze*, Berlin, Akademie-Verlag, 1971 ; trad. fr. et présentation A. Bienvenu, « Les faits dans la perception », dans A. Bienvenu, *Helmholtz et la philosophie de la perception*, traduction et présentation de *Les faits dans la perception*, mémoire de DEA, Université Paris 1, 1997, p. 255 : « Dans la mesure où la qualité de notre sensation nous informe sur les propriétés de l'action externe qui l'a excitée, elle peut valoir comme *signe* [*Zeichen*] de cette action, mais non comme *image* [*Abbild*]. Car, d'une image, on exige quelque similitude de la projection en perspective dans le champ visuel, d'une peinture on exige même en plus une similitude de couleur. Un signe, au contraire, n'a besoin d'aucune ressemblance avec ce dont il est signe ».

2. Cité par J. Bouveresse, *Langage, perception et réalité*, *op. cit.*, p. 168.

> inconscientes dans la mesure où la prémisse majeure de ces inférences est formée à partir d'une série d'expériences qui, prises isolément, ont depuis longtemps disparu de la mémoire, et qui d'ailleurs n'étaient entrées dans notre conscience que sous la forme d'observations sensorielles, non nécessairement sous la forme de propositions verbales. La prémisse mineure est formée par la nouvelle impression sensorielle se présentant sous forme de perception présente, à laquelle on applique alors la règle inscrite par les observations antérieures. [Helmholtz, « Les faits dans la perception », p. 264 [1]]

Cette théorie de la perception permet de comprendre d'une part la complémentarité que Helmholtz reconnaît aux différentes sciences – physique, physiologie, psychologie – pour la compréhension du phénomène complexe qu'est la perception, et d'autre part l'importance que Helmholtz accorde à la physiologie, partie de la science qui se consacre spécifiquement au niveau des *sensations*, tout spécialement lorsqu'il est question de sons et de musique, comme il l'explique dans son introduction à sa *Théorie des sensations auditives* :

> L'étude des phénomènes qui se produisent dans chacun des organes de nos sens comprend, en général, trois parties distinctes. – Premièrement, il y a à rechercher comment l'agent extérieur, qui produit l'impression (la lumière pour l'œil, le son pour l'oreille), pénètre jusqu'aux nerfs. Nous pouvons appeler cette première partie la portion physique de l'étude physiologique. – Deuxièmement, il faut s'occuper des diverses excitations nerveuses correspondant aux diverses *sensations* ; – enfin, rechercher les lois d'après lesquelles ces sensations se transforment en images d'objets extérieurs déterminés, c'est-à-dire en *perceptions*. Ceci donne donc encore une deuxième subdivision plutôt physiologique, consacrée à l'étude des sensations, et une troisième, psychologique, qui traite des *perceptions*. – Tandis que la partie physique de la science acoustique a été déjà prise en grande considération par les savants, nous ne possédons jusqu'ici, pour la partie physiologique et psychologique, que des résultats incomplets, isolés au hasard de la science. Or c'est précisément aux lois des sensations auditives qu'une théorie musicale vraiment scientifique doit emprunter ses résultats fondamentaux. [Helmholtz, *Théorie physiologique de la musique*, p. 5]

On retrouve en effet la même tripartition, pour les sons, entre les phénomènes physiques (la vibration de la corde d'un violon ou de l'anche

1. Traduction A. Bienvenu (*Helmholtz et la philosophie de la perception*, *op. cit.*). Cette théorie des « inférences inconscientes » apparaît dans la plupart des travaux de Helmholtz sur la perception, et est développée en particulier dans la troisième partie de son *Optique physiologique*.

d'une clarinette, puis les mouvements ondulatoires de l'air par exemple), les sensations (les excitations nerveuses, les sons, *produits* dans et par l'oreille) et les perceptions ou représentations sonores (note jouée par un violon, timbre d'une trompette, aboiement d'un chien). Mais le niveau des perceptions (ou représentations) n'intéresse pas directement Helmholtz pour la théorie de la musique. En effet, contrairement au dessin, à la peinture, à la sculpture – aux arts *visuels* –, la musique n'est pas un art *représentatif*. Ce qui constitue une œuvre musicale n'est pas la représentation d'un objet extérieur, la représentation du son d'un violon ou d'une trompette, comme une œuvre picturale est la représentation d'un objet extérieur en étant la représentation de sa forme et éventuellement de sa couleur. La matière d'une œuvre musicale est, selon Helmholtz, un ensemble de *sons*, à savoir, de *sensations auditives* :

> La musique se rattache à la sensation pure et simple par des liens bien plus étroits que tous les autres arts, qui ont affaire plutôt aux perceptions nous venant des sens, c'est-à-dire aux notions sur les objets extérieurs, que nous tirons des sensations par des procédés psychiques. [Helmholtz, *Théorie physiologique de la musique*, p. 5]

Lorsque je regarde un tableau, il y a un premier élément, la toile peinte, les matériaux, la lumière; un second élément : les excitations de la rétine; et un troisième élément : « l'image de l'objet extérieur, d'une forme et d'une couleur déterminés ». C'est sur cette image, cette *représentation*, que porte le jugement esthétique. Lorsqu'un morceau de musique est joué, le niveau de la représentation intervient bien dans la mesure où l'on reconnaît par exemple le son d'un violon, ou telles et telles notes. Mais, selon Helmholtz, ce niveau n'est pas le niveau pertinent pour le jugement esthétique :

> Dans la musique, au contraire, les sensations auditives sont précisément ce qui forme la matière de l'art; nous ne transformons point ces sensations, au moins dans les limites où elles appartiennent à la musique, en symboles d'objets ou de phénomènes extérieurs. [...] La jouissance artistique ne réside pas dans la représentation que nous nous faisons de l'existence matérielle du violon ou de la clarinette, mais dans la sensation des sons qui en émanent. [...] Dans la musique [...], il ne s'agit pas d'arriver à la fidèle représentation de la nature; les sons et les sensations correspondantes sont là pour eux-mêmes, et agissent tout à fait indépendamment de leur rapport

> avec un objet extérieur quelconque. [Helmholtz, *Théorie physiologique de la musique*, p. 4[1]]

Cette conception explique l'importance particulière de l'approche *physiologique* de la musique pour Helmholtz. La théorie de la musique doit trouver son fondement dans l'étude des *sensations auditives*, objet propre de la *physiologie* : « Cette théorie des sensations de l'ouïe tombe dans le domaine des sciences naturelles, et, tout d'abord, de l'acoustique physiologique » [Helmholtz, *Théorie physiologique de la musique*, p. 4].

Helmholtz porte donc toute son attention sur les sons entendus par l'oreille, les sensations élémentaires de l'audition, les « séries de sons simples » dont sont constitués les sons, séries qui ne sont pas ce que nous *percevons* de façon consciente, mais bien ce que dont nous avons la *sensation*. C'est pourquoi ses travaux commencent par le relevé des harmoniques dont les sons sont composés, et se poursuivent par l'étude des différentes façons dont ceux-ci interagissent les uns avec les autres.

> Les harmoniques sont en effet un phénomène qui se rattache à la *sensation* pure et simple de l'ouïe; la fusion d'une série d'harmoniques en un seul son, telle qu'elle est réalisée sur n'importe quel instrument, rentre, non dans le domaine des sensations, mais dans celui des *perceptions*. [Helmholtz, *Théorie physiologique de la musique*, p. 81]

Helmholtz insiste à plusieurs reprises sur ce point. Dans notre vie quotidienne, nous *percevons* bien des sons, et ce sont ces perceptions qui nous intéressent (il nous importe de savoir qu'un chien aboie à proximité, non de quels sons élémentaires est constitué le timbre des aboiements du chien[2]). En revanche, pour la théorie de la musique, ce sont les sensations sonores, et donc les sons élémentaires et leurs arrangements qui importent :

1. Cette conception doit bien évidemment être rapprochée de celle défendue par Eduard Hanslick dans son ouvrage de 1854, *Vom musikalischen Schönen* (trad. fr. *Du beau dans la musique*, Paris, Christian Bourgois, 1986), qui écrit que la musique ne contient « pas autre chose que des *formes sonores en mouvement* » (p. 94), que « tout sentiment provoqué par la musique doit certainement être ramené à la manière spéciale dont les nerfs sont affectés par une impression acoustique » (p. 129), et qui définit la nature du « beau dans l'œuvre musicale » comme « une sorte de beau indépendant, n'ayant pas besoin de tirer sa substance du dehors, et existant uniquement dans les sons et dans leurs combinaisons artistiques. Les rapports bien ordonnés de sonorités pleines de charme par elles-mêmes, qui concordent, se repoussent, se fuient, se rejoignent, leur essor, leur décroissance, voilà ce qui se présente à notre esprit, en formes libres, et qui lui donne le plaisir esthétique du beau » (p. 93). Hanslick et Helmholtz se lisaient et il est certain que leurs théories font écho l'une à l'autre.

2. *Cf.* Helmholtz, « Über die physiologischen Ursachen der musikalischen Harmonie. Vorlesung gehalten in Bonn » [1857], *Vorträge und Reden*, Bd I, 4ᵉ éd., Vieweg,

> Nous appelons *sensations* les impressions produites sur nos sens, en tant qu'elles nous apparaissent seulement comme des états particuliers de notre corps (surtout de nos appareils nerveux) ; nous leur donnons au contraire le nom de *perceptions*, lorsqu'elles nous servent à nous former des représentations des objets extérieurs. Quand nous reconnaissons un certain mouvement vibratoire comme représentant le son d'un violon, c'est là une perception; nous concluons à l'existence d'un instrument déterminé qui donne ordinairement des sons du même genre. Quand, au contraire, nous cherchons à décomposer un son complexe en sons partiels, c'est là un acte de sensation pure. Car, à un son partiel isolé ne correspond aucun corps sonore déterminé, aucune portion d'un corps vibrant; séparé des autres éléments d'un même son, l'harmonique n'est autre chose qu'un élément de notre sensation. Quand nous fondons, comme dans ce livre, des théories scientifiques sur nos sensations, nous pouvons avoir un grand intérêt à dégager ce phénomène; mais, dans l'emploi journalier de l'oreille, rien ne nous invite à le faire, car nos sensations n'ont de valeur pour nous que si elles nous permettent de reconnaître l'existence de phénomènes se produisant dans le monde extérieur qui nous environne. [Helmholtz, *Théorie physiologique de la musique*, p. 81-82]

Il est par conséquent remarquable que les travaux de Helmholtz portant sur *l'audition des sons* s'appuient presque exclusivement sur des recherches expérimentales *menées à partir de sons musicaux*, ceux-ci étant aisément décomposables en une note fondamentale et des harmoniques. La musique se trouve en aval et en amont des recherches de Helmholtz : si les résultats de celles-ci doivent êtres utiles pour la théorie de la musique, ce sont *les sons produits par des instruments de musique* et *des sons tels qu'utilisés en musique* (les notes des gammes et des accords des œuvres musicales) qui sont le matériau des expérimentations et de l'élaboration théorique du physiologiste. Helmholtz ne s'est toutefois pas contenté d'analyser directement les sons complexes produits par les instruments de musique : il s'est appliqué à *reproduire* ces sons, grâce à des dispositifs

Braunschweig, 1903 ; rééd. électronique *The Virtual Laboratoy*, Berlin, Max-Planck-Institute for the History of Science, http://vlp.mpiwg-berlin-mpg.de/; trad. fr. P. Blaserna, « Les Causes physiologiques de l'harmonie musicale », dans P. Blaserna, *Le son et la musique*, Paris, Germer Baillière, 1877, revue et corrigée *infra*, p. 73-74 : « Mais il est une loi générale pour toutes les perceptions par les sens : c'est que nous ne faisons attention à nos sensations que si elles peuvent nous servir à reconnaître les objets extérieurs; sous ce rapport, nous sommes tous, plus que nous le pensons, partisans sans vergogne de l'utilité pratique. Nous avons l'habitude, dans notre usage ordinaire des sens, d'ignorer toutes les impressions qui n'ont pas un rapport direct avec les objets extérieurs. [...] Il nous importe de savoir si nous sommes dans le voisinage d'un violon, d'une flûte, d'un homme ou d'un chien ».

expérimentaux sophistiqués. C'est par un ensemble de « prothèses » mécaniques des instruments de musique et de l'oreille que Helmholtz est parvenu à élaborer sa théorie des sensations sonores, pour le progrès de la science et celui de la compréhension de la musique.

La science expérimentale au service de l'harmonie l'hommage de Ernst Mach (1866)

Le premier grand hommage rendu aux travaux d'acoustique physiologique de Helmholtz est celui de Ernst Mach, dans l'un de ses « écrits populaires » daté de 1866, c'est-à-dire tout juste trois ans après la parution de la *Théorie des sensations auditives* de Helmholtz, et intitulé « Introduction à la théorie de la musique de Helmholtz, présentée de façon populaire pour les musiciens »[1], et dont nous présentons ici la traduction française. Mach, qui n'a pas trente ans à ce moment, jeune professeur de mathématiques et de physique à Graz (il sera nommé professeur de physique expérimentale à l'université de Prague l'année suivante[2]), expose avec enthousiasme, pour les musiciens, l'ouvrage de Helmholtz trop méconnu selon lui, alors qu'il représente un tournant historique pour la théorie musicale. Mach insiste tout d'abord sur l'importance des travaux de Helmholtz, non seulement pour les scientifiques, mais bien aussi, de façon directe, pour les musiciens eux-mêmes. Le but visé par sa conférence est explicitement de rendre les résultats de Helmholtz accessibles à ceux-ci.

Mach reconnaît en effet à Helmholtz d'avoir introduit la méthode rigoureuse d'une discipline scientifique, celle de l'acoustique, pour le traitement de questions esthétiques : « en fondant les lois de l'art musical

1. E. Mach, *Einleitung in die Helmholtz'sche Musiktheorie. Populär für Musiker dargestellt* [1866], *Populär-wissenschaftliche Vorlesungen* [*Cours scientifiques populaires*], Wien-Köln-Graz, Böhlau Verlag, 1923, rééd. Vaduz-Liechtenstein, Sändig Reprint Verlag, 1987 ; trad. fr. *infra*, p. 83-158.

2. Ernst Mach (1838-1916), après des études à Vienne de 1855 à 1860, enseigne les mathématiques et la physique à Graz, puis la physique expérimentale à l'université de Prague de 1867 à 1895, avant d'être nommé « professeur de philosophie, en particulier d'histoire et de théorie des sciences inductives » à l'université de Vienne en 1895. Mach a joué un rôle crucial dans les débats épistémologiques du tournant du XXe siècle. Il a été lu par Boltzmann, Duhem, Poincaré, Husserl, Planck, Einstein, Lénine, Musil, et Guillaume Garreta le présente à juste titre comme « l'un des auteurs les plus célèbres de toute l'Europe philosophique de la Belle Epoque » (G. Garreta, « Ernst Mach : l'épistémologie comme histoire naturelle de la science », dans P. Wagner (éd.), *Les philosophes et la science*, Paris, Gallimard, 2005, p. 624).

sur de simples lois physiques et physiologiques, [la théorie de la musique de Helmholtz] met en rapport l'acoustique, la théorie de la musique et l'esthétique »[1]. Il compare cette « mise en rapport » à « l'introduction par Herbart de la méthode mathématique et des sciences de la nature en psychologie », au « traitement scientifique de la politique par Mill, Quételet et d'autres », à « l'union de la physique et de la psychologie en psychophysique par Fechner »[2] : cette « mise en rapport » ne consiste ainsi finalement en rien de moins que « fonder [la] théorie de la musique sur la physique comme sur la physiologie »[3]. Ce traitement « scientifique » de questions qui semblaient jusqu'alors ne pas relever des sciences (ou du moins pas de sciences empiriques ou sciences exactes) telles que la politique, la psychologie, l'esthétique, est pour Mach un « signe caractéristique » de l'époque à laquelle Helmholtz et lui-même appartiennent, et on reconnaît dans cet éloge marqué de Mach l'esquisse de son futur appel à l'*unification* des sciences[4].

Comme le rappelle Mach, Helmholtz n'est toutefois assurément pas le premier à avoir entrepris des travaux dans ce sens : « Helmholtz a mené à bien un travail préparé depuis longtemps par Rameau, Scheibler, Young, Smith, Ohm, Seebeck et d'autres »[5]. Mais alors que les hypothèses de ses prédécesseurs demandaient encore à être confortées, Helmholtz « a justifié sa théorie de telle sorte que, dans ses traits essentiels, sa justesse ne peut plus être mise en doute »[6]. Pour Mach, la théorie de Helmholtz oblige pour la première fois de façon incontournable à accepter que la théorie de la musique doit être « fondée » sur « de simples lois physiques et physiologiques ». Il ne s'agit plus de deviner ni d'inventer des lois esthétiques, mais de construire des dispositifs expérimentaux, d'*observer* et d'établir des résultats théoriques à partir des expérimentations. La théorie de la musique doit désormais reposer sur une *science expérimentale*, et non plus sur des rapports mystérieux entre des nombres.

1. *Infra*, p. 86.
2. *Infra*, p. 86.
3. *Infra*, p. 87.
4. *Cf.* E. Mach, *Analyse der Empfindungen* [1922] [versions antérieures : 1886, 1900], trad. fr. *L'analyse des sensations*, Nîmes, Jacqueline Chambon, 2000, p. 32, en note : « Je n'aspire pas au titre de philosophe. Je désire seulement prendre en physique une position que l'on ne soit pas contraint d'abandonner dès qu'on passe dans le domaine d'une autre science, puisque l'ensemble des sciences doit constituer un tout ».
5. Cf. *infra*, p. 87.
6. *Infra*, p. 88.

Parmi les fameux dispositifs expérimentaux élaborés par Helmholtz pour l'étude des sons, nous pouvons en citer trois, dont le rôle est extrêmement important et qui révèlent l'ingéniosité de leur inventeur.

Le premier est la sirène perfectionnée fabriquée à partir de celles de Seebeck et de Dove qui étaient à sa disposition. Comme le souligne Helmholtz lui-même, l'amélioration entreprise va lui permettre d'obtenir des sons d'une hauteur qui n'est plus seulement déterminée, mais est aussi désormais *constante*, qualité indispensable pour obtenir des résultats significatifs :

> Je suis arrivé récemment à imprimer à une sirène une rotation régulière et constante au moyen d'une petite machine électromagnétique, dans laquelle le courant électrique est interrompu par la force centrifuge d'un poids dès que la vitesse de rotation commence à dépasser une certaine valeur. La vitesse de la machine s'accroît donc jusqu'à cette limite, mais ne peut jamais la franchir. On n'a pas besoin de monter la sirène sur une soufflerie ; au disque est adaptée une sorte de petite turbine qui pousse l'air dans la caisse à travers les trous. Grâce à cette disposition, la sirène donne des sons d'une hauteur extraordinairement constante, à tel point qu'elle peut rivaliser sous ce rapport avec les tuyaux d'orgue les mieux construits. [Helmholtz, *Théorie physiologique de la musique*, p. 18]

Grâce aux sirènes, il est possible de déterminer le nombre de vibrations par seconde qui donnent naissance à un son déterminé, dès lors qu'on connaît le nombre de tours effectués par chaque plateau en une seconde, et le nombre de trous du plateau utilisé. Les sirènes permettent également de comparer les rapports entre les nombres de vibrations de deux sons différents pendant une même période [1].

Un autre instrument inventé par Helmholtz est le *générateur*, composé à partir d'un diapason (émettant un son bien déterminé, mais peu intense, et non continu), d'un électro-aimant (mettant le diapason en mouvement, et faisant perdurer ce mouvement) et d'un résonateur pour amplifier l'intensité du son. Ce dispositif permettait de produire un son bien déterminé, continu, et suffisamment audible. Il est décrit très précisément par Michel

1. Sur la construction et le fonctionnement des sirènes, *cf.* Helmholtz, « Les Causes physiologiques de l'harmonie musicale », *op. cit.*, *infra*, p. 53 *sq.* ; Helmholtz, *Théorie physiologique de la musique*, *op. cit.*, p. 16 *sq.* ; Mach, « Introduction à la théorie de la musique de Helmholtz. Présentation populaire pour les musiciens », *op. cit.*, *infra*, p. 92 *sq.* ; on peut également se rapporter à M. Meulders, *Helmholtz. Des Lumières aux neurosciences*, *op. cit.*, p. 237-239.

Meulders, qui insiste sur l'ingéniosité des trouvailles techniques de Helmholtz :

> Ici, les branches du diapason étaient mises en vibration grâce à un électro-aimant qui, successivement, attirait les branches du diapason lorsque le courant traversait les spires de l'aimant, et les laissait se relâcher lorsque le courant était interrompu. Toute l'astuce de Helmholtz est d'avoir mis au point un dispositif permettant l'ébranlement périodique du diapason à sa fréquence de vibration spécifique, et cela, de façon entièrement automatique. Il suffisait pour cela de faire fonctionner l'interrupteur ouvrant et fermant périodiquement le circuit électrique par les mouvements mêmes des branches du diapason. [M. Meulders, *Helmholtz. Des Lumières aux neurosciences*, 2001, p. 244]

Helmholtz pouvait reconstituer des sons complexes ayant des timbres différents en produisant, grâce à des générateurs de cette sorte, le son fondamental et les harmoniques correspondant au timbre considéré, le dispositif lui permettant même de faire varier leur intensité respective. Il a pu ainsi d'une part vérifier ses hypothèses concernant les harmoniques présentes pour tel ou tel timbre, et, d'autre part, reproduire quelques timbres typiques comme « voyelles et diphtongues, certains registres de l'orgue, le nasillement de la clarinette et le son doux du cor », exploit qui, note Michel Meulders, « fit grand bruit à l'époque » [1].

Le troisième dispositif sur lequel nous voulons mettre l'accent est l'invention par Helmholtz des *résonateurs*, espèces de sphères en cristal accordées à une fréquence déterminée, qui amplifient n'importe quel son ayant cette même fréquence[2]. Ces résonateurs, en donnant à entendre les sons – beaucoup trop faibles pour l'oreille – des harmoniques d'un son complexe, et permettant de les amplifier à tour de rôle, sont l'instrument sans lequel il n'était pas possible de réaliser une étude détaillée des sons élémentaires qui composent un son complexe.

Un résonateur fonctionne en fait comme un filtre : tous les sons sont étouffés sauf celui qui correspond au son propre du résonateur. Ce son est lui en revanche renforcé : il résonne dans la sphère de verre. Si le son propre du résonateur est le *la*$_3$ par exemple, c'est-à-dire le *la* du diapason, alors si ce son est présent dans un accord joué ou même dans un bruit (murmure de

1. M. Meulders, *Helmholtz. Des Lumières aux neurosciences*, *op. cit.*, p. 244.

2. Helmholtz présente une description détaillée des résonateurs dans sa conférence de 1857 (cf. *infra*, p. 75 *sq.*), et surtout dans sa *Théorie physiologique des sensations sonores*, p. 58-60. Il convient de noter que des résonateurs furent également construits en cuivre, notamment par König.

l'eau, sifflement du vent, dit Helmholtz), on l'entend résonner fortement dans la boule de verre, tandis que les autres sons sont étouffés. En fabriquant des résonateurs qui ont pour son propre tous les sons qui l'intéressent (le *ré*$_2$, le *sol*$_3$, le *mi*$_5$, etc.), Helmholtz peut mettre en évidence la présence de tel ou tel son élémentaire, de tel ou tel harmonique, dans un son donné, même s'il est bien plus faible que certains autres.

Le dispositif des résonateurs est important pour une autre raison : l'une des idées centrales de Helmholtz est, nous l'avons vu, que l'oreille – ou, plus précisément, les fibres de Corti, dans l'oreille – fonctionne exactement comme ces résonateurs : chacune de ces fibres vibrerait par influence avec le son lui correspondant[1]. L'analyse que permettent les résonateurs mécaniques est donc pour Helmholtz une reproduction de celle effectuée réellement par l'oreille.

Le recours à des dispositifs expérimentaux et la confirmation d'hypothèses théoriques par des expérimentations n'est cependant pas le seul élément qui permette de considérer que Helmholtz réussit à « fonder » la théorie de la musique sur sa théorie physiologique des sensations sonores. Mach attribue à Helmholtz, dans sa présentation de 1866, l'établissement d'un lien *causal* entre l'existence de certains phénomènes physiologiques (eux-mêmes conséquences de certains phénomènes physiques) et le caractère agréable ou non de certains accords, de certaines suites de sons, et de là, leur caractère acceptable ou non, souhaitable ou non, dans les compositions musicales. Ces phénomènes sont d'une part la *parenté* entre différents sons complexes, parenté reposant sur le nombre et l'intensité des harmoniques que ces sons ont en commun, et d'autre part les *battements* existant entre plusieurs sons, qui sont la conséquence d'interférences dans les ondes sonores de sons qui ne sont, justement, pas apparentés, dont les harmoniques ne coïncident pas :

> Des sons qui, dans leur succession, simplement à l'oreille, semblent appropriés à une liaison mélodique, se révèlent toujours, lors d'un examen plus précis, être ceux qui contiennent pour partie des sons partiels identiques. Nous appelons de tels sons *apparentés*. Manifestement, les sons sont plus apparentés lorsque les sons partiels qui coïncident sont plus nombreux et de plus grande intensité. Il existe donc des degrés dans la parenté des sons. [Mach, « Introduction à la théorie de la musique de Helmholtz », *infra*, p. 113]

1. *Cf.* P. Bailhache, *Une histoire de l'acoustique musicale*, Paris, Éditions du CNRS, 2001, p. 304.

> On peut même affirmer que tout ce qui est désagréable dans la musique harmonique provient des battements. Les battements sont les causes de la dissonance. C'est Helmholtz qui a mis en évidence ce principe, de façon très détaillée et avec une grande minutie. [Mach, « Introduction à la théorie de la musique de Helmholtz », *infra*, p. 123]

Pour Mach, il ne semble pas douteux que Helmholtz ait réussi, grâce à ses études sur les interactions entre les sons en fonction de leurs harmoniques respectifs, à *justifier* les lois de l'harmonie musicale : les sons plus apparentés sont plus « appropriés à une liaison mélodique », ils « se prêtent particulièrement à une liaison mélodique et harmonique » (*infra*, p. 146), tandis que « les battements sont les *causes* de la dissonance » (nous soulignons). La parenté entre les sons, *caractéristique physique* des sons (et physiologique, pour Helmholtz, puisque l'oreille effectue la décomposition des sons complexes en sons élémentaires), devient alors, souligne Mach, un véritable *principe* esthétique, *le* principe qui préside à la constitution des accords, mais aussi à la construction des gammes :

> Du fait de leurs sons partiels communs, deux sons peuvent donc être reconnus par l'oreille comme apparentés, et c'est cette parenté qui nous engage à combiner ensemble ces sons de façon mélodieuse, à les faire se suivre de préférence à d'autres qui ne sont pas apparentés. // Dans les gammes déjà, qui sont à la base de toute mélodie, les sons sont combinés et ordonnés d'après le principe de la parenté. [...] Il a existé, comme le montre l'histoire de la musique, différentes gammes à différentes époques. Seul le principe d'après lequel elles ont été construites, la parenté des sons, semble être resté de tout temps le même. // Helmholtz imagine qu'au début l'oreille non exercée n'avait la capacité de découvrir que les sons les plus apparentés. Ce n'est que peu à peu, lorsque des sons moins apparentés se furent trouvés réunis par hasard, que l'oreille s'est tant affinée que même ces parentés plus lointaines furent reconnues et utilisées intentionnellement. Cette hypothèse est en vérité très vraisemblable, et la façon de voir de Helmholtz jette une grande lumière sur l'histoire de la musique. [Mach, « Introduction à la théorie de la musique de Helmholtz », *infra*, p. 116-117]

La parenté des sons, *cause* de leur consonance, et les battements, *causes* de leur dissonance, sont hissés au rang de *principes* esthétiques, régissant les lois de l'harmonie musicale [1].

1. *Cf.* par exemple l'explication par Mach de l'interdiction en harmonie des quintes parallèles, à partir du seul principe de la parenté des sons, *infra*, p. 147.

Malgré l'hommage appuyé rendu à la théorie de Helmholtz, le jeune Mach insiste toutefois sur l'existence de quelques points de désaccord ou d'insatisfaction par rapport à celle-ci :

> Bien que ce fascicule se range parmi les écrits populaires [...], je me suis pourtant autorisé à indiquer ici où là les cas dans lesquels je tiens les fondements de la théorie physique de la musique pour insuffisamment approfondis. // J'ai interprété l'attention de façon plus physique ou physiologique que ne semble le faire Helmholtz, qui la prend au sens purement psychologique, et je l'ai mise en rapport avec *le sens de la hauteur des sons*. Le fait curieux que l'on puisse décider d'entendre l'accord 1 du schéma présenté ci-dessous[1] sonner tantôt comme 2, tantôt comme 3, est certainement digne d'intérêt et me porte à croire à un changement physique dans l'oreille pendant l'audition, analogue à l'accommodation de l'œil. J'ai de même mis en évidence que la reconnaissance de toute quarte comme quarte, de toute quinte comme quinte, etc., c'est-à-dire, *le sens des intervalles*, n'a aucunement été expliqué par la théorie de Helmholtz. [Mach, « Introduction à la théorie de la musique de Helmholtz », *infra*, p. 84-85]

Mach reproche tout d'abord à Helmholtz de laisser régner des zones d'ombre dans sa théorie, en se satisfaisant d'un recours obscur à des phénomènes « psychologiques », pour expliquer l'attention par exemple. Certes, Helmholtz a lui aussi insisté sur le rôle de l'attention dans la perception des sons, l'exercice et l'entraînement permettant d'entendre *plus* et *mieux*, mais sans considérer que l'attention pouvait *modifier* le caractère des sons entendus. Mach exige non seulement que l'attention soit aussi expliquée par la *physiologie*, de façon comparable au phénomène d'accommodation de l'œil, mais il demande en outre que « le fait curieux » que l'accord 1, dans le schéma auquel il renvoie, puisse être entendu de plusieurs façons (comme 2 ou comme 3), selon la manière dont on fixe son attention, soit aussi expliqué par la théorie construite par le physiologiste[2]. Ce phénomène acoustique inexpliqué et inexplicable dans la théorie présentée par Helmholtz permet à Mach de mettre le doigt sur une des difficultés de la conception particulière de la perception défendue par

1. Il s'agit de la portée, *infra*, p. 85.

2. Pour Helmholtz, l'attention intervient d'une part lorsque nous voulons entendre *mieux* ce que nous entendons (le musicien et le mélomane peuvent ainsi, par l'exercice, rendre leur oreille plus affûtée), et d'autre part lors des *perceptions auditives*, puisqu'elle fait alors partie du processus psychologique qui *déchiffre* les sensations, qui nous font reconnaître l'aboiement d'un chien ou le son d'un violon. Ces deux cas diffèrent de celui considéré par Mach, dans lequel l'attention *modifie* ce que nous *entendons*, ce qui, selon Helmholtz, relève en propre des seules *sensations*.

Helmholtz, et que nous avons exposée un peu plus haut. Si un changement de l'attention fait entendre un même accord de différentes façons, cela signifie que l'accord joué donne lieu, selon la manière dont on fixe son *attention*, à différentes *perceptions auditives*. Contrairement à ce qu'affirme Helmholtz, l'écoute musicale ne serait donc pas simplement affaire de *sensations auditives*, mais bien de *perception auditive* (selon sa propre terminologie).

Pour résumer en deux mots cette première critique, il n'est pas possible d'admettre que l'oreille soit le seul *acteur* de l'écoute musicale, ou bien, que l'oreille soit seulement, comme le présente Helmholtz, un organe qui décompose les sons en leurs constituants élémentaires. Car l'attention, pour Mach, doit bien être elle aussi expliquée physiologiquement, comme étant donc, en quelque sorte, une fonction de l'oreille. Jacques Bouveresse insiste, après Mach, sur le caractère potentiellement égarant de la tripartition effectuée par Helmholtz dans sa théorie de la perception :

> Le risque que l'on court en divisant les choses à la façon de Helmholtz est celui du retour à une forme implicite de dualisme, qui traite les données brutes qui proviennent de la stimulation de nos récepteurs sensoriels par des objets externes et de l'activité qui en résulte dans les nerfs comme une sorte de matériau que l'appareil psychique (en langage clair, l'âme) a alors pour tâche de traiter et de transformer selon des principes et par des méthodes qui lui sont propres. C'est sans doute ce risque que Mach dénonce lorsqu'il remarque que : « Tout le psychique est physiquement fondé, et non pas seulement une partie du psychique. Par conséquent, l'explication par jugement et inférence est inadmissible. L'ouïe n'est pas un appareil qui donne des indications que l'âme élabore à sa guise. Les phénomènes cérébraux sont en effet *eux-mêmes* la vie psychique[1] ». [J. Bouveresse, *Langage, perception et réalité*, p. 50]

Nous ne développerons pas davantage cette critique, dont les enjeux et ramifications sont déterminants pour la théorie de la perception[2], mais

1. Mach, cité par R. Haller et F. Stadler, *Ernst Mach – Werk und Wirkung*, Vienne, Hölder-Pichler-Tempsky, 1988, p. 195.

2. Nous renvoyons, sur cette question, à l'ouvrage incontournable de Jacques Bouveresse déjà mentionné (note 2, p. 21), qui examine en détail la théorie de la perception de Helmholtz et sa postérité jusque dans les théories actuelles de la perception, ainsi que les critiques qu'il convient de leur opposer. Par ailleurs, l'ensemble des questions abordées par notre présentation a fait l'objet d'un article publié récemment par J. Bouveresse, « Helmholtz et la théorie physiologique de la musique » (dans S. Dehaene et C. Petit (éds.), *Parole et musique. Aux origines du dialogue humain*, Paris, Odile Jacob, 2009), extrêmement utile et éclairant, auquel nous renvoyons également.

nous remarquerons simplement que les réserves apportées comme *en passant* par Mach sur certains aspects de la théorie de la musique de Helmholtz méritent d'être prises au sérieux, et sont moins anodines que leur importance très relative dans le texte peut le laisser penser.

Deux autres reproches adressés par Mach à la théorie de Helmholtz sont que celle-ci n'est pas en mesure de rendre compte de ce qu'il appelle « le sens des hauteurs » et « le sens des intervalles ». Lui-même esquissera deux explications, d'ordre tout à fait différent. Il a recours de nouveau à l'attention pour comprendre le « sens des hauteurs » :

> Nous avons déjà démontré, par quelques expérimentations non équivoques, que l'oreille est en mesure, si plusieurs sons sont donnés en même temps, d'en choisir arbitrairement un quelconque et de l'entendre plus distinctement que les autres, que l'oreille peut pour ainsi dire fixer un son, comme l'œil peut se tourner vers un objet quelconque. On ne doutera pas que le fait de fixer ainsi attentivement un son par l'oreille est lié à un certain sentiment d'effort, comme lorsqu'on regarde attentivement. Ce sentiment d'effort semble assurément plus grand pour les sons plus aigus que pour les sons plus graves, de même que considérer par la vue un objet qui se trouve tout près, au bout du nez, requiert plus d'efforts que regarder un objet éloigné. Cette simple supposition expliquerait le sentiment de montée lors de l'apparition de sons toujours plus aigus, de même que le fait que nous ne reconnaissions pas seulement les différents sons en tant que différents, mais que nous les ordonnions en série en fonction de leur « *hauteur* ». [Mach, « Introduction à la théorie de la musique de Helmholtz », *infra*, p. 119]

La perception des hauteurs des sons se fait grâce à l'*effort* effectué pour focaliser l'écoute sur un son d'une hauteur donnée, comparable selon lui à celui de l'œil qui accommode, et qui diffère selon que le son est plus aigu ou plus grave. L'explication proposée par Mach se veut donc purement physiologique.

Quant au « sens des intervalles », Mach se contente de relever qu'il faudra trouver une façon d'en rendre compte, mais il suggère toutefois que la solution ne saurait résider dans la théorie de Helmholtz, qui ne considère dans les combinaisons ou suites de sons que la présence ou l'absence d'harmoniques communs. Or deux intervalles de quarte, par exemple, sont perçus comme identiques, en dépit du fait que les harmoniques des sons qui les composent diffèrent entièrement :

> L'oreille suffit également pour reconnaître l'intervalle dans lequel se trouvent les sons qui se succèdent. L'oreille reconnaît distinctement le pas 1-2 comme une tierce majeure, ainsi que le pas 3-4, bien que les sons partiels soient totalement différents dans les deux cas. [...] Les deux sensations des suites de sons ont pourtant en elles quelque chose de commun et

> qui les caractérise toutes deux comme des sauts de tierce majeure. Cela ne peut pas reposer sur la coïncidence des sons partiels. Il semble donc qu'il existe directement une sensation de l'intervalle. [Mach, « Introduction à la théorie de la musique de Helmholtz », *infra*, p. 119]

Ce « quelque chose de commun » qui ne correspond pas à la possession d'éléments communs est ce sur quoi les psychologues de la forme (de la *Gestalt*) feront plus tard porter leur attention. Le problème que discerne Mach dans ce qu'il appelle « le sens des intervalles » est précisément ce que les *gestaltistes* désigneront comme l'irréductibilité de certains ensembles complexes à des agrégats associatifs de sensations élémentaires. Un intervalle est caractérisé non par des *éléments constitutifs* particuliers, mais par une certaine *configuration* de sons, une certaine *forme* particulière. Ce point mérite d'être relevé car on trouve dans ce texte précoce de Mach la plupart des ingrédients des théories de la forme, pourtant tout juste en gestation en 1866 : le rôle de l'attention, les dimensions *contextuelles*[1] et *aspectuelles*[2] de la perception. On comprend donc pourquoi von Ehrenfels mentionne Mach, en 1890, dans son texte fondateur « Über Gestaltqualitäten », dans lequel il montre en particulier que la perception d'une mélodie ne peut être ramenée à celle d'une succession de sons agencés rythmiquement.

Doit-on alors finalement considérer que les critiques, marginales mais importantes, de Mach, remettent en cause la possibilité d'un fondement *physiologique* de la théorie de la musique tel que le présente Helmholtz ? Cela est d'autant moins sûr que ces critiques portent moins, chez Mach, sur la pertinence qu'il y a à chercher un tel fondement *physiologique* que sur l'étendue de ce qui est proprement *physiologique*, de ce que peut et doit expliquer une théorie *physiologique*, ou plutôt, pour Mach, *psychophysio-*

1. La façon de percevoir un accord dépend par exemple de l'ordre dans lequel apparaissent les notes qui le constituent. Cf. *infra*, p. 103-104.

2. Par là, entendons qu'un même élément peut apparaître différemment selon l'ensemble sur fond duquel il sera perçu. *Cf.* Mach, *infra*, p. 102 : « La représentation du tombeau de Napoléon est une image que l'on trouve fréquemment. Le tombeau est entouré d'arbres sombres, à travers lesquels perce au fond le ciel clair. On peut contempler longtemps cette image sans rien remarquer d'autre que ces seuls arbres. Mais soudain, on aperçoit la figure de Napoléon à travers les arbres, si l'on oriente involontairement son attention vers le fond clair. Ce cas montre de la façon la plus nette l'importance du rôle que joue l'attention. Le même objet sensible peut par la seule intervention de celle-ci donner lieu à des perceptions tout à fait différentes ».

logique[1]. En fin de compte, le principal reproche formulé par Mach à l'égard de la théorie de Helmholtz est que celle-ci ne va pas assez loin :

> L'union du semblable est une exigence que l'oreille impose toujours et partout. Mais il ne s'agit cependant pas de la seule exigence. Tous les éléments ne sont pas donnés par là. Car sinon la musique devrait simplement rester immobile sur l'unisson éternel. // L'oreille exige aussi une certaine diversité. Dans les gammes déjà, et aussi dans la mélodie, sont acceptés des sons moins apparentés. Les consonances entrent en société avec les dissonances, la suite d'accords apparentés est interrompue par des accords qui le sont moins. Il serait inconséquent de vouloir chercher dans la physique de l'oreille l'aspiration à l'identique, et dans le concept toujours vague de goût l'aspiration au divers. Là aussi, la physique doit pouvoir donner des renseignements. [Mach, « Introduction à la théorie de la musique de Helmholtz », *infra*, p. 149-150]

La théorie de Helmholtz est insatisfaisante, parce que son pouvoir explicatif reste limité : si l'on s'en tient aux principes de parenté des sons et d'absence de battements, on doit admettre que la musique idéale serait une musique faite seulement d'unissons. Il semble que, pour Mach, une théorie plus complète devra pouvoir proposer un fondement physiologique à *la totalité* de la théorie de la musique. Aussi, malgré ses critiques – encore mesurées dans son exposé enthousiaste de 1866, mais plus radicales dans son *Analyse des sensations*, dès la première édition de 1886 –, Mach ne cesse de louer la théorie de la musique de Helmholtz comme un jalon fondamental dans l'histoire de la science *positive* :

> Au moment de sa publication, la théorie de Helmholtz [*Lehre von den Tonempfindungen*] est apparue comme une réussite exemplaire, belle et complète. Cependant certaines de ses dispositions fondamentales n'ont pu résister à la critique. [...] Mais nous ne devons pas sous-estimer la performance de Helmholtz, malgré ses aspects contestables. Outre l'apport positif fort riche que nous devons à ce travail, l'élan était donné : il a encouragé les chercheurs à entreprendre d'autres expériences ; grâce à lui, de nouveaux horizons se sont ouverts ; d'éventuelles fausses pistes se sont fermées pour toujours. Il est en effet plus facile à une nouvelle tentative et à la critique de s'appuyer sur un travail positif qui est déjà disponible. [Mach, *L'analyse des sensations*, p. 268-269]

1. *Cf.* le projet machien d'une épistémologie moniste, décrit par le sous-titre, de l'*Analyse des sensations : le rapport du physique au psychique*, et des formules comme celle qu'on trouve dans *La connaissance et l'erreur* : « Pour moi le mental et le physique sont essentiellement *identiques*, immédiatement *familiers* et *donnés*, et ne se distinguent que du fait d'une différence de point de vue » (*Erkenntnis und Irrtum*, Leipzig, Barth, 1905).

Le grand mérite de la théorie de la musique de Helmholtz est donc, selon Mach, non seulement d'être utile malgré ses défauts, mais surtout, d'être *susceptible* d'avoir des défauts et d'être perfectionnée.

DU BON USAGE DE LA SCIENCE EN ESTHÉTIQUE L'HOMMAGE DE CARL DAHLHAUS (1970)

Le second texte traduit dans le présent ouvrage est un hommage d'une tout autre sorte à la théorie de la musique de Helmholtz, rédigé cent ans plus tard, par un musicologue, et non plus un physicien. Il s'agit du texte de Carl Dahlhaus[1] de 1970 intitulé « Hermann von Helmholtz et le caractère scientifique de la théorie de la musique » [*Hermann von Helmholtz und der Wissenschaftscharakter der Musiktheorie*]. Dahlhaus dénonce, contre une lignée de musicologues revendiquant de façon plus ou moins claire l'héritage de la « *Théorie des sensations auditives* » de Helmholtz, l'impossibilité d'attribuer à Helmholtz la volonté de mettre au jour ce qui serait une explication « naturelle » du système tonal. Si Helmholtz cherche bien un « fondement de la théorie de la musique » dans sa « théorie physiologique des sensations auditives », il ne prétend pas *réduire* les lois esthétiques à des lois purement physiologiques. Dahlhaus cite certains passages de l'ouvrage de 1863 dans lesquels Helmholtz exprime avec le plus de fermeté ses réserves quant à l'étendue de ce que sa théorie physiologique est susceptible de *justifier*. Ainsi :

> De là découle le principe qui n'est toujours pas suffisamment présent à l'esprit de nos théoriciens et historiens de la musique, selon lequel le système des tonalités, des modes et de leur tissu harmonique, ne repose pas sur des lois immuables de la nature, mais est la conséquence de principes esthétiques qui ont varié avec le développement progressif de l'humanité, et varieront encore. [Helmholtz, *Théorie physiologique de la musique*, p. 306 ; traduction légèrement modifiée]

Le système tonal, qui correspond aux lois de l'harmonie musicale auxquelles Helmholtz prétend justement apporter un « fondement » par sa théorie physiologique, ne doit pas être considéré comme susceptible d'être expliqué intégralement par cette théorie.

1. Carl Dahlhaus, musicologue allemand (1926-1986), est principalement connu pour son livre *Die Idee der absoluten Musik* [1878], trad. fr. *L'idée de la musique absolue. Une esthétique de la musique romantique*, Genève, Éditions Contrechamps, 1997.

On pourrait estimer que Helmholtz fait preuve d'inconséquence – en cherchant à apporter un fondement naturel, physiologique, à ce qu'il déclare par ailleurs ne pas être susceptible d'un tel fondement –, ou bien qu'il tente, par des formules de cette sorte, de se prémunir contre les attaques de musiciens ou théoriciens de la musique absolument hostiles à une explication physique ou physiologique de principes esthétiques. Mais il nous semble que ce serait faire un procès injuste au physiologiste qui a ouvertement intitulé son ouvrage majeur sur l'acoustique: *Théorie des sensations auditives comme fondement de la théorie de la musique*. Helmholtz n'est ni lâche ni inconséquent. Et ce n'est pas faire injure à la science que de reconnaître les limites de son pouvoir explicatif[1]. Helmholtz prétend bien trouver un fondement aux lois de l'harmonie grâce à ses travaux de physique et de physiologie, mais n'en reconnaît pas moins l'évolution historique des « principes de style » :

> Pas plus que l'ogive gothique, nous ne pouvons (devons) considérer nos gammes majeures comme un produit de la nature, du moins pas en un autre sens que celui auquel on peut considérer que toutes deux sont la conséquence nécessaire et conforme à la nature des choses du principe de style qu'on a adopté. [Helmholtz, *Théorie physiologique de la musique*, p. 309, traduction légèrement modifiée]

Dahlhaus s'appuie sur l'invocation, par Helmholtz, de ces « principes de style », pour justifier l'idée qu'il n'était pas question, pour celui-ci, de construire une théorie *naturelle*, un système *absolu* de la musique :

1. Citons en effet encore Helmholtz : « Néanmoins, la définition du but principal poursuivi par chaque école artistique, et du principe fondamental de chaque style, n'est pas une question qui rentre dans les attributions de la science ; elle doit, au contraire, être résolue au moyen des résultats des recherches historiques et esthétiques » (Helmholtz, *Théorie physiologique de la musique*, *op. cit.*, p. 307-08) ; ou plus loin : « Dans la première partie de ce livre, je me suis efforcé de prouver que la construction des gammes et des formes harmoniques est un produit de l'invention artistique, et nullement le résultat immédiat de la structure ou des activités naturelles de notre oreille, comme on l'a prétendu jusqu'ici le plus souvent. Les lois naturelles de nos activités auditives y jouent, à la vérité, un rôle d'une grande et considérable importance ; elles sont, en quelque sorte, les matériaux que le sentiment artistique de l'homme a mis en œuvre pour élever l'édifice de notre système musical, dont la structure ne peut s'expliquer si l'on ne connaît exactement la nature des parties qui le composent. [...] Mais, de même que les peuples ont été conduits, par la différence de leurs goûts, à construire avec les mêmes pierres des édifices de caractères très différents, de même aussi nous voyons, dans l'histoire de la musique, les mêmes propriétés de l'oreille humaine servir de base à des systèmes musicaux très divers » (Helmholtz, *Théorie physiologique de la musique*, *op. cit.*, p. 478).

> Ce qui est donné par la nature constitue certes un fondement, mais seulement au sens d'une condition, pas d'un principe. Les faits acoustiques et physiologiques sont certes « les éléments de la construction de notre système musical » ; mais la « construction » elle-même est motivée historiquement et esthétiquement. [Dahlhaus, « Hermann von Helmholtz et le caractère scientifique de la théorie de la musique », 1970, *infra*, p. 203]

La lecture de Dahlhaus semble ici bien s'opposer à celle de Mach : la parenté entre les sons, les battements, ne constituent pas des *principes esthétiques*, ils ne sont pas les *causes* de la consonance ou de la dissonance. Mais Mach n'est pas la cible de Dahlhaus. Et Helmholtz écrit bien lui aussi qu'en un sens les battements sont *causes* de la dissonance. Cela ne l'empêche pas de savoir que nous avons considéré, historiquement, un nombre plus ou moins grand d'accords comme des « dissonances » :

> Une combinaison de sons simultanés peut être plus ou moins dure qu'une autre ; cela ne dépend que de la structure anatomique de l'oreille, et non de mobiles psychologiques. Mais le degré de dureté que l'auditeur consent à tolérer, comme un moyen d'expression musicale, dépend du goût et de l'habitude; aussi la limite séparative entre les consonances et les dissonances a-t-elle beaucoup varié. [Helmholtz, *Théorie physiologique de la musique*, p. 306]

Dahlhaus ne nie pas la pertinence d'une approche scientifique, physiologique, des lois de l'harmonie. Mais il rejette l'idée qu'une théorie esthétique quelconque pourrait prétendre, parce que *fondée sur des lois naturelles*, être valable universellement. Le caractère historique de tout « principe de style » fait qu'une théorie esthétique n'est selon lui jamais une « théorie » au sens strict des « théories scientifiques », mais ce qu'il appelle une « dogmatique », à savoir, à l'instar des « théories » juridiques, une « théorie » dont la validité est relative à un contexte historique et culturel spécifique. Nous ne nous étendrons pas sur ce point [1], mais donnerons simplement quelques indications sur les auteurs que mentionnent Dahlhaus, afin de mieux comprendre quelles étaient ses cibles.

Dahhaus s'en prend à l'idée de « système naturel de la musique », qu'il décrit comme « une utopie de théoriciens qui [...] ont cherché refuge dans la simplicité d'un principe universel ». Cette idée est « un fantôme pour Helmholtz » [2].

1. Nous renvoyons sur cette question au texte d'Antonia Soulez, dans le présent ouvrage, *infra*, p. 213-245.

2. Dahlhaus, « Hermann von Helmholtz et le caractère scientifique de la théorie de la musique », *op. cit.*, *infra*, p. 201.

Parmi ces théoriciens se trouve Hugo Riemann, auteur, en 1873, d'une thèse intitulée *Musikalische Logik* [*Logique musicale*], tentative de système totalisant de la tonalité, qui soutient que tout accord du système tonal se réduit à l'un des trois accords de base de ce système – à savoir tonique, dominante, sous-dominante – et auxquels correspondent les trois seules « fonctions harmoniques » de ce système. Il présente le système de l'harmonie tonale comme universel et indépassable, ce qui le conduit à soutenir par exemple qu'« on peut raisonnablement penser que la manière d'entendre la musique il y a mille ans n'était pas fondamentalement différente du mode d'écoute actuel »[1]. Dans *La tonalité harmonique* [1967], Dahlhaus décrit Riemann comme s'inscrivant dans la tradition du « physicalisme »[2] remontant à Rameau et reprenant de celui-ci « la thèse selon laquelle la tonalité est fondée dans l'acoustique : la dominante tend vers la tonique, parce que l'accord de dominante est compris dans la série des harmoniques de la fondamentale de l'accord de tonique »[3] :

> Remarquons donc bien que le titre de Cadence parfaite n'est annexé à une Dominante qui passe au Son principal, qu'en ce que cette Dominante qui est naturellement comprise dans l'Harmonie du Son principal, semble retourner comme à sa source, lorsqu'elle y passe. [Rameau, *Nouveau système de musique théorique*, p. 59]

Riemann, s'appuyant sur Helmholtz, ne parle pas de « retour à la source », mais il justifie le processus de cadence par le fait que nous sommes « préparés » à l'enchaînement par les harmoniques présents dans le premier accord. Riemann prétend ainsi expliquer, à partir des caractères naturels des sons, la « logique » ou « syntaxe de la musique », qui correspond alors au système « naturel » de la tonalité.

La « polémique » de Riemann contre Helmholtz à laquelle Dahlhaus fait allusion dans son texte oppose la « théorie des représentations auditives » présentée par Riemann dans son livre de 1914/1915[4] à la « théorie des sensations auditives » de Helmholtz. Riemann introduit en effet son ouvrage par la remarque suivante :

1. *Handbuch der Musikgeschichte* [*Histoire de la musique*], cité par A. Cœurdevey, *Histoire du langage musical occidental*, Paris, PUF, 1998, p. 99.

2. Dahlhaus assigne comme origine au terme de « physicalisme » qu'il utilise ici l'ouvrage J. Handschin, *Der Toncharakter*, Zurich, Atlantis Verlag, 1948.

3. Dahlhaus, *La tonalité harmonique, étude des origines*, *op. cit.*, p. 9.

4. H. Riemann, *Ideen zu einer « Lehre von den Tonvorstellungen »* [*Idées pour une « théorie des représentations auditives »*], JbP XXI/XXII, 1914/1915.

> Le fil conducteur de ma pensée, dans l'ensemble de mes travaux en théorie de la musique et en esthétique musicale depuis ma thèse (1873) est que l'écoute musicale n'est pas le ressenti passif d'effets sonores dans l'organe de l'audition, mais une activité développée à un haut niveau des fonctions logiques de l'esprit humain. [...] La clé de la nature la plus intime de la musique ne peut pas être donnée par l'acoustique, pas non plus par la physiologie des sons ni par la psychologie des sons, mais seulement par une « théorie des représentations auditives ». [...] Mais il est clair que cette « théorie des représentations auditives » est ce vers quoi a tendu Helmholtz, et ce que Stumpf était censé apporter avec sa psychologie auditive. [Nous traduisons]

Pour Riemann, il faut rester dans la voie ouverte par Helmholtz, mais quitter le terrain des « sensations auditives » pour celui « des fonctions logiques de l'esprit humain ». Ce sont ces fonctions logiques dont la « logique » ou « syntaxe » de la musique, la théorie des « représentations » auditives, doit permettre de rendre compte.

Dahlhaus mentionne cette polémique, mais ne s'y attarde pas. La principale critique qu'il adresse à Riemann est qu'il n'existe aucun « système naturel », et que l'on se doit de comprendre la tonalité à la façon de Fétis, qui inventa ce concept en 1844 et le définit comme « la collection des rapports nécessaires, successifs ou simultanés, des sons de la gamme »[1]. Dahlhaus précise que

> [Fétis] était convaincu qu'on ne peut pas expliquer les relations musicales entre les notes par les mathématiques ou l'acoustique, et il forgea le terme « tonalité » afin de disposer d'une expression qui indique que les gammes et les systèmes musicaux ne sont pas fondés dans la nature du matériau sonore, mais reposent sur des données historiques et ethniques. [Dahlhaus, *La tonalité harmonique, étude des origines*, p. 9-10]

Il oppose ainsi de façon systématique la conception de la tonalité de Fétis à celle de Riemann, et son texte de 1970 vise explicitement à placer Helmholtz du côté du premier, et non du second. Il n'est pas évident que Helmholtz trouve exactement sa place aux côtés de Fétis, mais il semble que Riemann, puis Schenker, ne soient assurément pas de fidèles héritiers de sa théorie physiologique.

Heinrich Schenker (1868-1935) radicalise en quelque sorte dans sa « théorie syntaxique de la tonalité » le système riemannien, en rapportant toute musique, décrite comme structure de surface, à une structure géné-

1. Cité par Dahlhaus, *La tonalité harmonique, étude des origines*, *op. cit.*, p. 7.

ratrice fondamentale. Lui aussi voit dans le système tonal un « système naturel » indépassable[1].

Dahlhaus rapporte cette idée de « système naturel » au XVIIIe siècle, et en particulier à la théorie de Johann Joseph Fux (1660-1741), organiste, maître de chapelle et compositeur prolixe, dont l'influence s'exerça dans toute l'Europe grâce au succès immense de son traité de contrepoint intitulé *Gradus ad Parnassum*. Celui-ci paraît en latin en 1725, sous forme d'un dialogue entre un maître (Palestrina) et son élève (Fux) et est suivi d'une discussion du style de composition libre[2].

Et Dahlhaus condamne avec la même fermeté la théorie systématique du musicologue et compositeur allemand Adolf Bernhard Marx (1795-1866[3]), bien que celui-ci, un siècle après Fux, rejette l'idée de « système naturel » pour un développement historique, qui le conduit toutefois à présenter finalement le système de la théorie de la composition comme « l'histoire de la musique parvenue à la conscience d'elle-même », et « l'époque moderne » comme celle « dans laquelle la musique a atteint son but », qui n'est autre que la composition tonale.

L'harmonie tonale, la tonalité, ne sont ni un « système naturel », ni « la fin de l'histoire » en musique. Face au lieu commun qui consiste à voir en Helmholtz le grand-père, sinon le père, ou le gardien, de la tonalité, les rappels de Dahlhaus ne sont pas inutiles. Et si l'on admet, avec C. Abromont et E. de Montalembert, que

> la tonalité est un système qui a une histoire et une géographie. Elle s'est constituée progressivement en Europe jusqu'au XVIIe siècle. Mais on peut considérer qu'elle n'est complète qu'en 1722, date de publication de l'ouvrage de Jean-Philippe Rameau, *Traité de l'harmonie réduite à ses principes naturels* et de la composition par J.S. Bach du premier volume du *Clavier bien tempéré*. [C. Abromont et E. de Montalembert, *Guide de la théorie de la musique*, 2001, p. 70]

1. Sur Schenker, *cf.* A. Cœurdevey, *Histoire du langage musical occidental*, *op. cit.*, p. 104 *sq.* L'ouvrage principal de Schenker est *Der freie Satz*, Vienne, Universal Edition, 1935/1956, trad. fr. *L'Écriture libre*, Liège, Mardaga, 1993.

2. *Cf.* M. Vignal, *Dictionnaire de la musique*, Paris, Larousse, 1887/1997. L'article sur Fux précise également que, entre 1742 et 1791, ce traité est traduit en allemand, puis en italien, en français et en anglais, et que « Joseph Haydn y apprit presque seul, en autodidacte, les lois du métier, avant de le mettre lui-même entre les mains de divers élèves, dont Beethoven ».

3. Qui n'est autre que celui qui suscite le dépit de Mach par le peu de cas qu'il fait de la théorie physiologique de Helmholtz. *Cf.* Mach, « Introduction à la théorie de la musique de Helmholtz. Présentation populaire pour les musiciens », *op. cit.*, *infra*, p. 89.

– alors il n'est pas absurde de reconnaître que Helmholtz s'est déjà engagé, d'une certaine manière, sur le chemin qui s'éloigne de la tonalité : l'harmonie trouve assurément un fondement dans l'étude physiologique des sensations auditives, mais Helmholtz ne cherche pas pour autant à la « réduire » à des « principes naturels » (comme le feront Riemann et d'autres, dans le sillage de Rameau). Et par ailleurs, comme il le rappelle de façon insistante dans sa *Théorie physiologique*, le choix du tempérament égal ne lui semble pas le plus pertinent. Il préfère son orgue, permettant de jouer en mode *naturel*, à n'importe quel clavier « bien tempéré ».

HERMANN VON HELMHOLTZ

LES CAUSES PHYSIOLOGIQUES DE L'HARMONIE MUSICALE*

Conférence faite à Bonn par M. Helmholtz [1857]

Messieurs,

Il m'a semblé que dans la ville natale du plus puissant héros de l'art musical, de Beethoven, je ne pouvais choisir de sujet plus convenable, pour une conférence, que la musique. Je vais donc essayer de vous exposer ce que la physique et la physiologie nous apprennent sur l'art le plus populaire des bords du Rhin, sur la musique et les rapports musicaux ; je suivrai ainsi, du reste, la direction de mes derniers travaux.

Jusqu'ici la musique a échappé plus que les autres arts à l'étude scientifique. La poésie, la peinture et la sculpture puisent leurs sujets dans le monde de l'expérience; elles représentent la nature et les hommes. Ces arts prêtent donc à la critique par leurs sujets : on peut les examiner au point de vue de leur justesse et de leur vérité relativement à la nature; il y a plus, quoi qu'en disent certaines personnes enthousiastes : la critique scientifique a fait des progrès incontestables dans la recherche des causes de la

* « Über die physiologischen Ursachen der musikalischen Harmonie. Vorlesung gehalten in Bonn », dans *Vorträge und Reden*, Bd 1, 4e éd., Vieweg, Braunschweig, 1903 ; rééd. électronique *The Virtual Laboratoy*, Berlin Max-Planck-Institute for the History of Science, http://vlp.mpiwg-berlin-mpg.de/ ; traduction de Pietro Blaserna, dans *Le son et la musique*, Paris, Germer Baillière, 1877, revue par Céline Vautrin. En plus de nos propres notes de traduction, nous donnons en bas de page les notes de l'auteur, signalées alphabétiquement en continu, ainsi que les notes du traducteur P. Blaserna, appelées par des astérisques.

jouissance esthétique que nous font éprouver les œuvres d'art. En fait de musique, au contraire, il paraît jusqu'ici que la vérité est du côté de ceux qui repoussent la dissection critique de leurs plaisirs. Cet art, qui ne puise pas ses matériaux dans l'expérience des sens, qui ne veut pas décrire le monde extérieur, et ne cherche qu'exceptionnellement à l'imiter, ne donne pas prise à l'examen scientifique autant que les autres arts, et paraît aussi incompréhensible, aussi merveilleux que puissant dans ses effets. Nous nous bornerons donc à l'étude de son matériel artistique, à l'étude des sons ou des sensations sonores. Je me suis toujours senti attiré par l'intéressant mystère que constitue le fait que la mathématique, la science de la pensée la plus pure et logique, se soit avérée si fructueuse précisément pour l'étude des sons, les fondements physiques et techniques de la musique qui, de tous les arts, apparaît quant à son effet sur le cœur comme celui qui est le plus immatériel, fuyant, délicat, pour éveiller les atmosphères les plus incalculables et les plus indéfinissables. La basse fondamentale est une espèce d'application des mathématiques; dans les intervalles musicaux, dans la gamme, etc., les rapports de nombres entiers – quelquefois même de logarithmes – jouent un rôle important. Les mathématiques et la musique, les deux modes d'activité intellectuelle les plus opposés qu'on puisse imaginer, ont une liaison intime, se secourent mutuellement, comme si elles devaient prouver la liaison mystérieuse qui apparaît dans toutes les manifestations de notre esprit, et qui nous fait soupçonner, jusque dans les œuvres du génie artistique, l'action cachée d'une intelligence qui raisonne.

En examinant l'acoustique physique au point de vue de la physiologie, c'est-à-dire en étudiant de plus près le rôle que joue l'oreille dans la perception des sons, j'ai pu rendre compte, un peu mieux qu'on ne l'avait fait, des rapports qui existent entre certains phénomènes. Je vais essayer de vous inspirer pour ces questions une partie de l'intérêt qu'elles ont excité en moi; pour cela, je chercherai à vous faire comprendre quelques-uns des résultats de l'acoustique physique et physiologique.

Limité par le temps, je suis forcé de me restreindre à un point capital; je choisirai le plus important de tous, celui qui vous montrera le mieux de quelle importance sont les résultats des recherches scientifiques dans ce domaine: je veux parler de la *base de la consonance*. L'expérience a démontré que les nombres de vibrations correspondant à deux sons consonants sont toujours petits et dans un rapport très simple. Mais pourquoi?

Qu'est-ce que ces rapports de nombres entiers très petits ont de commun avec la consonance? C'est là une vieille énigme, que Pythagore déjà a léguée à l'humanité et qui est restée indéchiffrable jusqu'ici. Voyons si, à l'aide des richesses de la science moderne, nous trouverons le mot de cette énigme.

Avant tout, qu'est-ce qu'un son? L'expérience la plus commune nous apprend que tous les corps sonores vibrent. Nous les voyons, nous les sentons vibrer; lorsque le son est fort, nous sentons, même sans toucher le corps sonore, le mouvement de l'air ambiant. La physique nous montre d'une manière plus spéciale, qu'une série de pulsations[1] suffisamment rapides, faisant vibrer l'air, y produisent un son.

Le son devient *musical* lorsque ces pulsations rapides se succèdent très régulièrement à des intervalles de temps parfaitement égaux; des ébranlements irréguliers de l'air ne produisent que des bruits. La *hauteur* d'un son musical dépend du nombre de pulsations qui se succèdent dans un temps déterminé; plus il y a de vibrations dans le même temps, plus le son est élevé. On voit ici se dessiner le rapport intime qui existe entre les intervalles musicaux harmoniques et le nombre de vibrations de l'air. Lorsqu'un son correspond à deux fois plus de vibrations qu'un autre son pendant le même temps, il est l'octave supérieure de ce dernier. Si le rapport des vibrations dans le même temps est de 2 à 3, les deux sons forment une quinte; ce rapport est-il de 4 à 5, les deux sons forment une tierce majeure.

Remarquez que les nombres de vibrations correspondant aux sons de l'accord parfait majeur, *ut*, *mi*, *sol*, ut_1, sont entre eux comme les nombres 4:5:6:8; en prenant chacun de ces sons comme base d'un accord parfait dont les sons présentent les mêmes rapports de vibrations, vous pouvez déduire de ces quatre sons tous les rapports musicaux. En faisant les calculs basés sur cette règle, on trouve que les nombres de vibrations correspondant aux sons perceptibles sont excessivement variés. L'octave supérieure d'un son produit deux fois plus de vibrations que le son fondamental, la deuxième octave en produit quatre fois plus, la troisième, huit fois plus. Nos nouveaux pianos embrassent sept octaves; leur son le plus élevé produit donc 128 vibrations pendant que le son le plus grave en exécute une seule.

1. Blaserna traduit le mot allemand *Stoß*, *Stösse*, par « pulsation ». La traduction littérale et la plus fidèle serait « choc » ou « coup ». Au XVIIe siècle (Descartes, Mersenne), et encore au XVIIIe (Euler), on parlait de « coups ». Mais à la fin du XIXe siècle, on avait bien compris que le son n'est pas formé de « coups », mais de vibrations continues. *Cf.* la note 1 dans la traduction du texte de Mach, *infra*, p. 93.

L'*ut* le plus grave de nos pianos, celui que donnent les tuyaux d'orgue ouverts, de 16 pieds, – l'octave inférieure de l'*ut* le plus grave des voix humaines, – produit 33 vibrations par seconde. Il est voisin de la limite des sons perceptibles. Vous avez sans doute remarqué que ces notes du piano ont un son sourd et piètre; on ne peut plus juger facilement de leur hauteur ou de leur pureté. L'*ut* correspondant des jeux d'orgue est un peu plus vigoureux, mais l'oreille est encore incertaine sur la hauteur musicale du son. Dans les grands jeux d'orgue, il y a une octave entière au-dessous de cet *ut*, jusqu'à la double octave de l'*ut* de la basse, qui ne produit plus que 16 vibrations et demie par seconde, et qui est donné par un tuyau ouvert de 32 pieds. Mais l'oreille ne perçoit plus guère ces sons que comme une espèce de bourdonnement; plus ils sont bas, mieux elle y distingue les pulsations successives de l'air. Aussi ne s'en sert-on en musique que pour renforcer les sons des octaves immédiatement supérieures, auxquels ils communiquent une expression de grande profondeur.

À l'exception de l'orgue, et quels que soient les moyens qu'ils utilisent pour la production du son, tous les instruments de musique restent, pour les sons graves, dans les mêmes limites que le piano, non pas qu'il soit impossible de produire des vibrations plus lentes suffisamment fortes, mais parce que l'oreille s'y refuse et perçoit les vibrations trop lentes, comme des vibrations successives, et non plus comme un son.

Le physicien français Savart a prétendu, à diverses reprises, qu'il avait pu, à l'aide d'un instrument d'une construction particulière, percevoir un son produit par 8 vibrations par seconde; cette assertion doit reposer sur une erreur.

Nos pianos peuvent embrasser, en hauteur, sept octaves, à partir de l'octave inférieure de l'*ut* de la basse, c'est-à-dire jusqu'à l'*ut* qui correspond à 4224 vibrations par seconde. Seule la petite flûte, dont on se sert dans les orchestres, peut donner le même son, ou même un son plus élevé encore. Le violon ne donne ordinairement pas de son supérieur au mi_6, à 2640 vibrations par seconde; je ne parle pas des effets produits par certains virtuoses écervelés qui cherchent volontiers, dans les notes élevées, des motifs capables de donner à leurs auditeurs des maux de cœur inouïs. Il y a d'ailleurs, pour tenter ce genre d'artistes, au-dessus de l'ut_7, trois octaves entières de sons perceptibles qui impressionnent l'oreille de la manière la plus désagréable. M. Despretz a pu entendre ut_{10} produisant 32770 vibrations par seconde; il produisait ce son en frottant avec un archet un diapason très petit. Ces sons paraissaient atteindre les limites de la perception, et dans ces dernières octaves, on ne pouvait plus distinguer les intervalles.

La hauteur musicale du son ne dépend que du nombre de vibrations de l'air par seconde, et non de la manière dont elles sont produites. Il est indifférent qu'elles résultent des vibrations des cordes du piano ou du violon, des cordes vocales du larynx humain, des languettes métalliques de l'harmonica, de l'anche de la clarinette, du hautbois et du basson, des lèvres du musicien dans l'embouchure des instruments de cuivre, ou de l'air se brisant sur le biseau des tuyaux d'orgue et de la flûte.

Ainsi, quel que soit l'instrument qui le produise, un son a toujours la même hauteur lorsqu'il résulte d'un même nombre de vibrations. Ce qui nous permet de distinguer la note *la* du piano de la même note *la* du violon, de la flûte, de la clarinette, de la trompette, est ce que l'on appelle le *timbre*; nous reviendrons plus loin sur cette qualité du son.

Pour vous faire comprendre les principes que je viens de vous exposer, je vais vous décrire un appareil de physique très intéressant, la *sirène* (Fig. 37). Cet instrument est destiné à la détermination de tout ce qui se rapporte aux nombres de vibrations.

Pour faire parler cet instrument, on met les deux tubes g_0 et g_1 en communication avec une soufflerie; l'air pénètre dans les deux réservoirs cylindriques ou porte-vent a_0 et a_1, et s'échappe par les trous percés dans les couvercles c_0 et c_1 de ces réservoirs. L'air ne peut pas s'échapper directement par ces trous; immédiatement devant les couvercles des deux porte-vent se trouvent deux disques percés de la même manière et fixés sur un axe très mobile *k*. La figure vous montre, en c_0, le disque percé de trous; immédiatement au-dessous de lui, se trouve le couvercle des réservoirs percé de la même manière. Le porte-vent supérieur c_4 ne laisse voir que le bord du disque. Lorsque les trous du disque se trouvent exactement vis-à-vis des trous du couvercle, l'air peut sortir librement. Mais si le disque est déplacé de telle façon que des parties pleines correspondent aux trous du couvercle, l'air ne peut s'échapper. Si maintenant nous faisons tourner rapidement les disques, les trous de sortie de l'air sont alternativement ouverts et fermés : pendant l'ouverture l'air s'échappe; pendant la fermeture il est retenu; et ainsi le courant continu fourni par la soufflerie se trouve transformé en une série de pulsations qui se réunissent pour donner un son lorsqu'elles se succèdent assez rapidement.

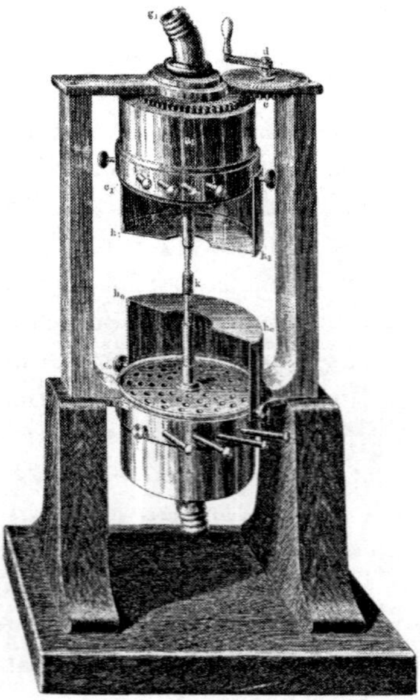

Figure 37

Cet appareil, un peu plus compliqué que les instruments de ce genre construits jusqu'ici*, permet d'obtenir un plus grand nombre de combinaisons de sons. Chacun des deux disques porte quatre séries de trous : le disque inférieur, des séries de 8, 10, 12, 18 trous ; le disque supérieur, des séries de 9, 12, 15 et 16 trous. Les séries d'orifices disposés sur les couvercles des porte-vents sont identiques avec celles des disques. Au-dessous de chacune de ces séries se trouve un anneau percé de trous ; des boutons *i* permettent de les placer de manière à limiter ou à élever à volonté la communication entre les orifices du couvercle et l'intérieur du réservoir à vis. On peut ainsi faire fonctionner une seule des huit séries de trous, ou bien en réunir deux ou trois, et produire les combinaisons les plus variées par les déplacements des boutons *i*.

* La sirène double, imaginée par M. Helmholtz et construite par M. R. Kœnig, notre habile acousticien, se prête beaucoup mieux aux expériences que la sirène primitive de Cagnard-Latour. On peut produire avec cette sirène les intervalles suivants (rigoureusement justes ou altérés à volonté et avec une différence quelconque) : l'unisson, l'octave, la quinte, la quarte, la tierce majeure, la tierce mineure, la seconde ou le ton entier, le demi-ton (Feltz).

h_0h_0 et h_1h_1 sont les moitiés de deux boîtes qu'on peut fixer au-dessus des deux disques, et qui servent à adoucir par leur résonance les sons trop rudes.

Les orifices des disques et des couvercles sont percés obliquement, de sorte que si l'on ouvre une ou plusieurs séries, l'air fourni par la soufflerie communique aux disques des mouvements de plus en plus rapides.

Lorsqu'on commence à faire marcher la soufflerie, on entend les impulsions successives de l'air sortant par bouffées chaque fois que les trous du disque passent devant ceux de la boîte. Ces pulsations se succèdent de plus en plus rapidement, à mesure que la vitesse de rotation des disques augmente, à peu près comme les jets de vapeur d'une locomotive au moment où le train se met en marche. On entend d'abord une espèce de bruissement, de tremblement qui devient de plus en plus rapide. Enfin, on entend un son très grave, augmentant en hauteur et en intensité à mesure que les disques tournent plus vite.

Admettons que nous ayons communiqué aux disques une vitesse telle qu'ils produisent 33 tours par seconde; supposons ouverte la série de huit trous. Pendant chaque tour du disque, les huit trous de cette série passent devant chacun des trous du réservoir: aussi l'air s'échappe huit fois pendant chaque tour, et l'air extérieur reçoit huit fois 33, ou 264 impulsions par seconde. Nous obtiendrons ainsi l'ut_3 de notre échelle musicale. Si, au contraire, nous ouvrons la série de 16 trous, il y aura deux fois plus de vibrations, c'est-à-dire seize fois 33, ou 528 vibrations par seconde, et nous entendons exactement l'octave de ut_3 ou ut_4. Si nous ouvrons en même temps la série de 8 trous et celles de 16 trous, nous entendrons les deux notes à la fois, et nous pouvons ainsi nous assurer que nous entendons l'accord pur d'une octave. Si nous choisissons les séries de 8 et 12 trous, qui donnent des nombres de vibrations dans le rapport 2 à 3, nous entendrons une quinte pure; 12 et 16 ou 9 et 12 donnent des quartes; 12 et 15 donnent la tierce majeure, etc.

L'instrument porte une disposition qui permet d'élever ou d'abaisser les sons du porte-vent supérieur. Ce réservoir est mobile autour de son axe; une manivelle D permet de le faire tourner par l'intermédiaire d'une roue dentée. Si l'on tourne lentement la manivelle pendant qu'on fait parler une série de trous du disque supérieur, le ton devient un peu plus élevé ou un peu plus grave, selon que les trous du porte-vent vont à la rencontre de ceux du disque ou vont dans la même direction. S'ils vont à leur rencontre, ils se trouvent un peu plus tôt au-dessus des orifices du disque; la durée d'une vibration diminue d'autant, et le son devient un peu plus élevé. Le contraire a lieu lorsque le réservoir tourne dans le même sens que le disque.

Si l'on fait sonner 8 trous du disque inférieur, 16[1] du disque supérieur, on entend une octave pure aussi longtemps que le réservoir est en repos; dès qu'on le déplace, le son supérieur change un peu de hauteur et l'octave devient impure.

Si l'on fait sonner 12 trous du disque supérieur, 18 du disque inférieur, on a une quinte pure, aussi longtemps que le porte-vent supérieur reste en place; la consonance devient plus mauvaise dès qu'on le déplace un peu.

Nous pouvons formuler ainsi ce que la sirène nous a appris :

1) Une série de vibrations se succédant assez rapidement dans l'air donnent un son.

2) Plus elles se succèdent rapidement, plus le son s'élève.

3) Lorsque le rapport des nombres de vibrations est de 1 à 2, on entend une octave pure; s'il est de 2 à 3 ou de 3 à 4 on entend une quinte ou une quarte, etc. Le moindre changement dans ces rapports nuit à la pureté de la consonance.

Tout ce qui précède vous montre que notre oreille est affectée par les ébranlements de l'air lorsque leur nombre, par seconde, ne sort pas de certaines limites comprises entre 20 et 32000 à peu près. Cette impression produit sur nous la sensation d'un son.

Que cette sensation soit une sensation de son, cela ne dépend nullement de la nature particulière des ébranlements de l'air, mais bien de la perception spéciale de notre oreille et de nos nerfs auditifs. J'ai déjà fait remarquer que nous sentons l'ébranlement de l'air par la peau dans le cas d'un son très fort. De cette manière, les sourds-muets peuvent percevoir les mouvements de l'air que nous désignons sous le nom de son; mais ils n'entendent pas, c'est-à-dire que leur oreille n'éprouve pas la sensation du son; ils perçoivent le son par les nerfs de la peau, par une sensation particulière de bruissement. Les limites entre lesquelles sont compris les nombres de vibrations que l'oreille perçoit comme son dépendent aussi de sa constitution particulière.

Lorsque la sirène tourne lentement, lorsque les pulsations de l'air se succèdent lentement, vous n'entendez aucun son. Lorsque la sirène tourne de plus en plus vite, rien ne change dans la nature des ébranlements de l'air. Ainsi, en dehors de l'oreille, rien de nouveau ne s'ajoute au phénomène. Ce qu'il y a de nouveau, c'est la sensation de l'oreille qui commence seulement à ce moment à être affectée par les ébranlements de l'air, et c'est pour cela que nous donnons un nouveau nom aux vibrations plus rapides, en les appelant des sons. Si vous aimez les paradoxes, vous pouvez dire que

1. Le texte porte par erreur « 10 ».

le tremblement de l'air ne devient son qu'au moment où il affecte l'oreille qui l'entend.

Je vais vous expliquer maintenant la propagation du son dans l'air. Le mouvement de l'air, au moment où un son le traverse, fait partie d'un genre de mouvements très importants en physique, des mouvements ondulatoires. Outre le son, la lumière est un mouvement de ce genre. Ce genre de mouvement tire son nom des ondes que nous voyons à la surface de nos eaux, et c'est le mouvement de ces ondes qui vous fera le mieux comprendre les particularités du mouvement de l'air pendant le passage du son.

Lorsque nous ébranlons un point de la surface tranquille des eaux, par exemple en y jetant une pierre, le mouvement ainsi produit se propage en ondes circulaires qui se répandent sur la surface de l'eau. L'onde circulaire grandit de plus en plus, même lorsque le point où elle a pris naissance est retombé au repos; à mesure que les rides s'éloignent du centre, elles deviennent moins hautes et disparaissent peu à peu. Dans un mouvement de ce genre, on aperçoit des parties élevées au-dessus de la surface, des *montagnes*, d'autres plus basses, des *vallées*.

L'ensemble d'une montagne et d'une vallée porte le nom d'*onde*, et nous mesurerons sa longueur du sommet d'une montagne au sommet le plus voisin.

Pendant que l'onde avance à la surface du liquide, entraîne-t-elle les particules d'eau qui la constituent? Nous pouvons nous rendre compte de ce qui se passe en faisant nager sur l'eau un petit brin de paille. Les ondes qui l'atteignent l'élèvent et l'abaissent; mais, après leur passage, il s'est à peine déplacé d'une manière visible.

Mais un petit corps léger nageant à la surface de l'eau suit tous les mouvements des particules d'eau voisines. Nous en concluons que celles-ci n'ont pas suivi l'onde, mais qu'elles sont revenues à la même place après quelques oscillations. Ainsi, ce que nous voyons voyager à l'état d'onde, ce ne sont pas les particules d'eau, ce n'est qu'une forme de la surface, forme qui se construit continuellement à l'aide de nouvelles particules d'eau. Les chemins parcourus par ces particules d'eau sont plutôt des orbites circulaires verticales, dans lesquelles elles se meuvent avec une vitesse constante, aussi longtemps que des ondes passent sur elles.

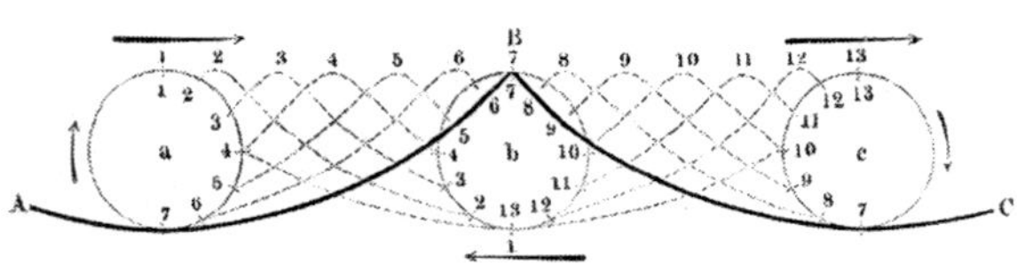

Figure 38

La ligne noire ABC de la figure 38 représente une section de la surface de l'eau sur laquelle se propagent des ondes dans la direction des deux flèches placées au-dessus de *a* et de *e*; les trois cercles *a*, *b*, *c*, indiquent les trajets de quelques particules d'eau de la surface ondulatoire. La particule qui se meut dans le cercle *b* se trouve au point le plus élevé de la surface au moment où celle-ci a la forme ABC. Les particules qui se meuvent dans les cercles *a* et *c* se trouvent, au contraire, aux points les plus bas.

Les particules d'eau se meuvent dans ces cercles dans le sens indiqué par les flèches. Les lignes pointillées représentent d'autres positions des ondes qui ont précédé (les sommets entre *a* et *b*) ou suivi (les sommets *b* et *c*) la position ABC à des intervalles de temps égaux. Les positions des sommets des ondes sont désignées par des chiffres; les chiffres que l'on voit dans les cercles indiquent les positions des particules d'eau pour les différentes positions de l'onde. On voit qu'elles décrivent des arcs égaux pendant que les sommets des ondes avancent de quantités égales parallèlement à la surface de l'eau.

Le cercle *b* nous montre de plus comment la particule d'eau, dans les positions 1, 2, 3, s'avance à la rencontre des ondes 1, 2, 3, s'élève sur leur partie antérieure, est entraînée de 4 à 7 dans le sens du mouvement par la montagne; atteint enfin son sommet en 7, pour rester ensuite en arrière et descendre sur la face postérieure de l'onde.

Comme vous le voyez par ce dessin, tous les points de la surface de l'eau décrivent des cercles de même grandeur; les particules situées au-dessus de la surface se meuvent de la même manière, avec cette différence que les cercles qu'elles décrivent décroissent rapidement avec la profondeur.

Vous comprenez maintenant comment il se fait que vous voyiez le mouvement ondulatoire se propager à la surface de l'eau, sans que les particules d'eau suivent l'onde et fassent autre chose que tourner dans leurs petites orbites circulaires[a].

Pour passer des ondes de l'eau aux ondes sonores, imaginez à la place de l'eau un fluide élastique compressible, comme l'air, et à la place des ondes de l'eau une plaque solide pressée contre la surface de manière que le fluide ne puisse pas échapper latéralement à la pression. Sous les montagnes, là où se trouve la plus grande quantité de fluide, celui-ci sera le plus comprimé; dans les vallées il le sera moins. À la place des montagnes,

a. Dans la conférence, la figure 38 était remplacée par un modèle mobile, dans lequel les points mobiles sont réunis par des fils élastiques et décrivent réellement des cercles; les fils de communication représentent la surface de l'eau.

vous aurez donc des couches d'air condensées; à la place des vallées, des couches moins denses. Imaginez de plus que ces ondes comprimées se propagent comme dans le cas de l'eau, et que les orbites verticales des particules d'eau soient comprimées de manière à ne plus être que des lignes horizontales. Les ondes sonores présenteront, comme les ondes de l'eau, cette particularité que les molécules d'air ne font qu'osciller horizontalement autour d'un point, tandis que l'onde elle-même consiste en un mouvement rectiligne, animant successivement des particules nouvelles. Nous obtiendrons ainsi des ondes sonores se propageant horizontalement à partir de leur centre.

Mais la propagation des ondes sonores ne se produit pas seulement comme celle des ondes de l'eau, suivant une surface horizontale; elles peuvent s'étendre dans tous les sens. Figurez-vous que les cercles produits par une pierre lancée dans l'eau s'étendent dans toutes les directions de l'espace, et vous aurez les ondes sphériques par lesquelles se propage le son dans l'air.

Nous pouvons donc continuer à étudier sur les ondes de l'eau les particularités du mouvement des ondes sonores.

La longueur des ondes d'eau (c'est-à-dire la distance d'une montagne à l'autre) varie beaucoup, depuis les rides que produit à la surface de l'eau la chute d'une goutte de pluie ou le souffle d'un vent léger, jusqu'aux vagues produites par un bateau à vapeur, assez fortes déjà pour ballotter un nageur ou un canot; et encore jusqu'aux vagues furieuses de l'Océan agité par la tempête, dont les vallées peuvent loger des vaisseaux de ligne de la poupe à la proue, et dont les montagnes dépassent la hauteur des mâts. Nous trouvons de semblables différences dans les ondes sonores : les petites rides de la surface de l'eau à ondes courtes correspondent aux sons aigus; les longues vagues de l'Océan, aux sons graves. L'*ut* à 33 vibrations a, par exemple, des ondes de 36 pieds de long; son octave supérieure n'a que des ondes moitié aussi longues, et les notes les plus élevées du piano ne donnent que des ondes de 3 pouces.

Vous voyez que la longueur d'onde dépend de la hauteur du son; j'ajouterai que la hauteur des montagnes, ou bien, en parlant de l'air, l'intensité des condensations et des dilatations successives, correspond à la force et à l'intensité du son. Mais des ondes d'eau de même hauteur peuvent avoir des formes différentes. Les sommets de leurs montagnes peuvent, par exemple, être pointus ou arrondis. Des différences semblables peuvent aussi se présenter pour des ondes sonores de même intensité et de même hauteur : c'est le timbre qui correspond à la forme des ondes de l'eau.

On transporte dans l'étude des ondes sonores cette idée de la forme des ondes de l'eau.

Imaginez qu'on aplatisse des ondes d'eau de différentes formes : la surface aplanie ne présentera certainement plus de différences de forme ; mais, dans l'intérieur de la masse d'eau, nous aurons des distributions différentes de pression et de densité, qui répondront aux différences de forme de la surface primitive.

Nous pourrons donc, dans ce sens, parler de la forme des ondes sonores et la représenter. Nous élevons la courbe là où la pression augmente ; nous l'abaissons où elle diminue. C'est tout comme si, au-dessous de la courbe, se trouvait un fluide comprimé qui ne reperdrait sa densité naturelle qu'en se détendant jusqu'à la hauteur de la courbe.

Malheureusement nous ne pouvons encore nous rendre compte que dans des cas très rares de la manière dont varie la forme des ondes avec les timbres des divers corps sonores.

Figure 39

La figure 39 représente l'une des formes les plus importantes des ondes sonores ; nous pouvons l'appeler la forme de l'onde simple ou pure. On ne la voit sur l'eau que lorsque les ondes, peu hautes par rapport à leur longueur, glissent, sans éprouver aucune influence perturbatrice, à la surface d'une eau non ridée par le souffle du vent. Les montagnes et les vallées sont arrondies, également larges et symétriques, de telle façon que si l'on pouvait retourner les montagnes et les coucher dans les vallées, elles les rempliraient exactement. On pourrait caractériser cette forme d'une manière plus nette, en disant que les molécules d'eau parcourent avec des vitesses égales des orbites parfaitement circulaires et de petits diamètres. À cette forme simple correspond une espèce de sons que nous appellerons *sons simples*, par rapport à leur timbre, en nous basant sur des faits que nous étudierons un peu plus loin. Nous obtenons de pareils sons en plaçant un diapason vibrant devant l'ouverture d'un tuyau résonnant. Le son d'une voix humaine, chantant la voyelle *ou* sur une note moyenne, ne paraît pas s'éloigner beaucoup de cette somme d'ondes.

On connaît suffisamment les lois du mouvement des ondes pour pouvoir, dans certains cas, déterminer la forme du mouvement qu'elles impriment à l'air. La figure 40 représente les formes que prend successivement une corde de guitare ébranlée à l'aide d'une pointe.

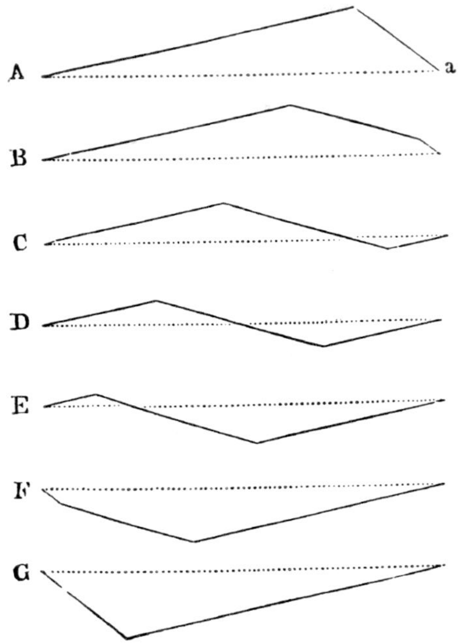

Figure 40

A*a* représente la forme de la corde au moment où on la pince; viennent ensuite, à des intervalles de temps égaux, les formes B, C, D, E, F, G, puis F, E, D, C, B, et ainsi de suite, de la première à la dernière et de la dernière à la première. La forme du mouvement qu'une telle corde transmet à l'air par l'intermédiaire de la boîte résonnante est représentée à peu près par la figure 41.

Figure 41

Dans cette ligne brisée, hh correspond à la position d'équilibre, et les lettres a, b, c, d, e, f, g, indiquent les positions correspondant aux formes de la corde désignées par les grandes majuscules dans la figure 40. On voit facilement comment la forme de ces ondes (qui ne pourraient jamais se produire à la surface de l'eau) diffère de celle de la figure 41, même indépendamment de la grandeur; la corde ne transmet à l'air qu'une série d'oscillations de courte durée et dirigées alternativement dans des sens opposés[b].

Figure 42

Les ondes sonores produites dans l'air par le son d'un violon présenteraient, si nous les représentions d'une manière analogue, la forme de la figure 42. Pendant chaque période du mouvement vibratoire, la pression croît d'une manière régulière, et retombe brusquement au minimum à la fin de la période.

Telles sont donc les différences que présentent les formes des ondes sonores pour des timbres différents; nous pouvons même pousser plus loin la comparaison. Plus les figures d'ondes sont régulièrement arrondies, plus le timbre est doux; plus la figure est déchirée, angulaire, plus le son est rude. Les diapasons avec leurs ondes arrondies (Fig. 40) ont un son extrêmement doux; les sons de la guitare et du violon ont quelque chose du caractère tranché de leurs formes d'onde 41 et 42.

Je voudrais maintenant appeler votre attention sur un spectacle plus instructif encore, que je n'ai jamais observé sans éprouver un certain plaisir physique, parce qu'il permet aux yeux du corps de voir sur la surface des eaux ce que l'œil intellectuel du mathématicien peut seul admirer dans l'air traversé en tous sens par des ondes sonores. Je veux parler de la superposition des différents systèmes d'ondes, dont chacune poursuit son chemin sans être troublée par les ondes voisines. Nous pouvons le voir du haut d'un pont sur l'eau de nos fleuves; mais la mer nous le présente de la manière la plus grandiose, lorsque nous l'examinons d'un point élevé de la côte.

J'ai passé bien des heures à l'observer sur les côtes escarpées et couvertes de forêts près de Koenigsberg; la mer Baltique y remplace les Alpes pour nous autres habitants de la Prusse orientale.

On y voit toujours des systèmes d'ondes de longueurs diverses se propageant en nombre incalculable dans des directions différentes. Les plus longues viennent d'ordinaire de la pleine mer et se dirigent vers le rivage; de plus petites prennent naissance à l'endroit où les vagues se brisent; elles retournent vers la haute mer. Peut-être au même instant un

b. On admet ici que la caisse sonore et l'air qui l'entoure suivent immédiatement la traction qu'exerce l'extrémité de la corde, sans exercer une réaction appréciable sur le mouvement de celle-ci.

oiseau de proie se précipite sur un poisson et donne naissance à un nouveau système d'ondes circulaires qui s'étendent sur la surface ballottée des vagues aussi régulièrement que sur la surface tranquille d'un lac. Depuis les limites de l'horizon, où des lignes d'écume blanche s'élevant au-dessus de la surface bleuâtre lui annoncent l'arrivée des vagues, jusqu'à ses pieds, où elles viennent dessiner leurs arcs sur le sable du rivage, l'observateur voit se dérouler l'image imposante d'une force immense, d'une variété infinie, qui ne trouble pas l'esprit, mais qui le fixe et l'élève, parce que l'œil y reconnaît facilement l'ordre et la loi.

Il faut de même vous figurer l'air d'une salle de danse ou de concert, parcouru dans tous les sens par une foule d'ondes s'entrecroisant gracieusement. De la bouche des hommes sortent des ondes de 6 à 12 pieds de longueur; des lèvres des dames s'échappent des ondes plus courtes, de 1 pied et demi à 3 pieds de long. Le frôlement des habits produit de petites plissures dans l'air; chaque son de l'orchestre émet ses ondes, et tous ces systèmes se propagent sphériquement depuis leur origine, se traversent les uns les autres, se réfléchissent sur les murs de la salle, et rebondissent çà et là, jusqu'à ce que, dominés par des ondes nouvelles, ils s'éteignent.

Ce spectacle est invisible aux yeux du corps, mais un autre organe, l'oreille, vient nous en donner des nouvelles. Elle décompose cet embrouillamini d'ondes, plus inextricable que celui des vagues de la mer, en les sons isolés qui les constituent; elle distingue les voix des hommes et des femmes, même celles de chaque individu; elle reconnaît les sons des divers instruments de musique, le frôlement des habits, le bruit des pas, etc.

Examinons un peu comment cela se passe. Lorsque, comme nous l'avons supposé tout à l'heure, un oiseau de proie vient heurter la surface agitée de la mer, des ondes circulaires prennent naissance, et s'étendent lentement et régulièrement sur la surface agitée, comme elles le feraient sur une surface unie.

Ces cercles coupent la surface couverte de vagues, comme ils couperaient la surface tranquille de l'eau. Dans ce cas, comme dans d'autres plus compliqués encore, la forme de la surface de l'eau dépend de la hauteur de chacun de ses points, et cette hauteur est égale à la somme des hauteurs des montagnes d'ondes, moins la somme des profondeurs des vallées qui se rencontrent en ce point. Une telle somme de grandeurs positives (les montagnes) et de grandeurs négatives (les vallées), ces dernières se soustrayant au lieu de s'ajouter, est une somme algébrique et, en ce sens, nous pouvons dire : *la hauteur de chaque point de la surface de l'eau est égale à la somme algébrique de toutes les portions d'ondes qui s'y rencontrent au même instant.*

Il en est de même pour les ondes sonores. Elles s'ajoutent aussi en chaque point de l'espace, ainsi que dans l'oreille de l'observateur. La condensation et la vitesse des particules d'air dans le conduit auditif sont égales à la somme algébrique des condensations et des vitesses appartenant à chacune des ondes en particulier. Ce mouvement unique de l'air, résultant de l'action commune de différents corps sonores, l'oreille est obligée de le redécomposer en parties correspondant aux différentes actions isolées. Elle se trouve, sous ce rapport, dans des conditions bien moins favorables que l'œil, qui embrasse la surface vibrante tout entière, tandis que l'oreille ne peut naturellement percevoir que les mouvements des molécules d'air les plus voisines. Et cependant l'oreille remplit sa fonction avec autant d'exactitude que de précision. Cette faculté de l'oreille est de la plus grande importance pour l'ouïe; sans elle nous ne pourrions distinguer les uns des autres les différents sons.

Des découvertes anatomiques récentes nous permettent de nous rendre compte de cette faculté importante de l'oreille.

Vous avez sans doute tous observé le phénomène de la communication des vibrations, sur des instruments de musique, sur des instruments à cordes surtout. Une corde de piano dont on a enlevé l'étouffoir se met à vibrer dès qu'on produit dans son voisinage, et avec une intensité suffisante, le son qu'elle rend elle-même. Lorsque le son excitateur cesse, on entend encore pendant quelques instants le son produit par la corde. Si l'on place sur cette corde de petits chevalets de papier, elle les fait tomber dès que son propre son est produit dans le voisinage. La corde se met à vibrer parce que les particules vibrantes de l'air viennent frapper contre elle et contre la table d'harmonie sur laquelle elle est posée.

Une montagne d'onde de l'air, prise isolément, agit certainement d'une manière trop faible pour imprimer à la corde un mouvement visible. Mais lorsqu'une longue série de ces montagnes viennent frapper la corde de telle façon que chacune vient augmenter le faible ébranlement produit par les ondes précédentes, l'effet devient bientôt sensible. Il se passe ici quelque chose d'analogue à ce que nous voyons se produire lorsqu'on cherche à mettre en mouvement une cloche d'un poids énorme : l'homme le plus vigoureux peut à peine l'ébranler en la poussant de toutes ses forces, tandis qu'un petit garçon peut lui imprimer peu à peu les oscillations les plus violentes, s'il a soin, en tirant la corde, de suivre le rythme qu'exécute la cloche dans les oscillations.

Dans ce cas, l'accroissement des oscillations dépend complètement du rythme que l'on suit en tirant la corde. Lorsque la cloche a commencé à exécuter des oscillations isochrones, l'enfant peut exercer une traction sur la corde au moment où elle descend, et augmenter ainsi le mouvement que possède déjà la cloche : chacun de ses efforts augmentera, quoique faiblement, l'amplitude de l'oscillation, qui deviendra bientôt très grande.

Si l'enfant voulait appliquer sa force à tirer sur la corde à des intervalles irréguliers, tantôt en augmentant le mouvement de la cloche, tantôt en agissant en sens contraire, il n'arriverait à aucun résultat.

De même qu'un enfant peut mettre en branle une cloche, de même les vibrations des particules d'air, si légères et si mobiles, peuvent mettre en mouvement la lourde et solide masse d'acier du diapason, lorsque le son qui fait vibrer l'air est à l'unisson de celui du diapason ; dans ce cas comme dans le précédent, chacune des ondes aériennes successives renforce le mouvement produit par celles qui l'ont précédée.

On peut facilement s'en assurer en fixant un diapason (Fig. 43) sur sa caisse de résonance, et en ébranlant l'air par un second diapason à l'unisson du premier et monté de la même manière. Si l'on fait vibrer fortement l'un des diapasons, l'autre commence, au bout de fort peu de temps, à vibrer par influence. Si l'on arrête le son du premier en le touchant un instant avec la main, le second continue à résonner, et le premier recommence à son tour, sous l'influence des vibrations communiquées à l'air par le second.

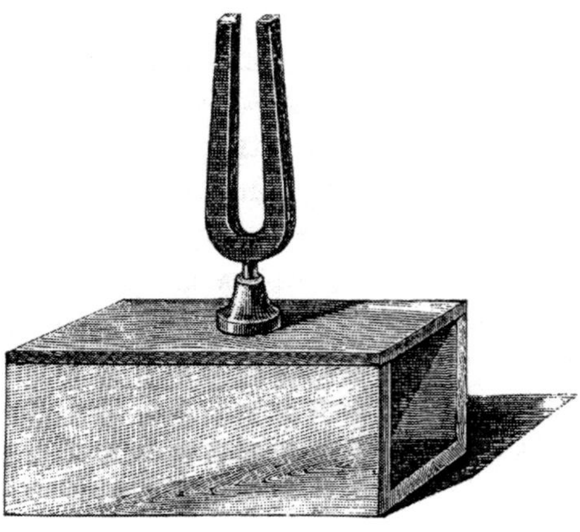

Figure 43

Si l'on fixe un petit peu de cire sur l'extrémité des deux branches de l'un des diapasons, ce qui en abaisse le son d'une manière à peine appréciable à notre oreille, il n'est plus à l'unisson du second et ne peut se mettre à vibrer. En effet, les durées des vibrations ne sont plus les mêmes, et les chocs des vibrations produites dans l'air par l'un des diapasons peuvent bien, pendant un certain temps, suivre à peu près les mouvements du second, et par suite les augmenter. Mais il arrive bientôt un moment où ils agissent en sens contraire et détruisent l'effet qu'ils ont produit au commencement.

Les corps plus légers et plus faciles à mettre en vibration, les cordes par exemple, prennent plus vite les vibrations de l'air; aussi est-il plus facile de les faire sonner sous l'influence d'un autre son, même lorsque celui-ci n'est plus tout à fait à l'unisson de leur propre son.

Si l'on produit plusieurs sons à la fois à côté d'un piano, l'une quelconque de ses cordes ne peut vibrer que si son propre son s'y trouve. Imaginez qu'on ait enlevé tous les étouffoirs d'un piano et placé sur toutes les cordes de petits chevalets de papier, qui tomberont dès que la corde sera ébranlée. Si maintenant, dans le voisinage de ce piano, des voix humaines ou des instruments produisent des sons, vous ne verrez tomber que des chevalets des cordes dont le son aura été produit. Vous voyez par là que le piano sait résoudre en ses différentes parties constituantes le pêle-mêle des ondes qui parcourent l'air.

Ce qui se passe en pareil cas dans notre oreille ressemble peut-être beaucoup à ce que nous venons de voir pour le piano. Dans la profondeur de l'os temporal, dans la portion pierreuse dans laquelle est creusée notre oreille interne, se trouve un organe particulier appelé limaçon, parce qu'il consiste en une cavité remplie d'eau, et ressemblant complètement à la partie interne de la coquille du limaçon si commun dans nos vignobles. Le limaçon est divisé dans toute sa longueur en trois parties (supérieure, moyenne et inférieure) par deux membranes tendues à la moitié de sa hauteur. Dans le compartiment moyen, le marquis de Corti a découvert des organes très remarquables, de petites plaques microscopiques innombrables, rangées régulièrement les unes à côté des autres comme les touches d'un piano, communiquant par l'une de leurs extrémités avec les fibres du nerf auditif, et par l'autre avec la membrane tendue.

La figure 44 montre cette disposition excessivement compliquée d'une portion de la membrane qui divise le limaçon. Les arcs qui quittent la membrane en *d*, pour s'y fixer de nouveau *e*, atteignent leur plus grande hauteur entre *m* et *o*; ce sont là probablement les parties susceptibles de vibrer. Ils sont entourés de fibres innombrables, parmi lesquelles on reconnaît les fibres nerveuses qui viennent s'y joindre par les trous *e*. Les fibres diamétrales, *g*, *h*, *i*, *k*, et les cellules *o*, paraissent aussi appartenir au système nerveux.

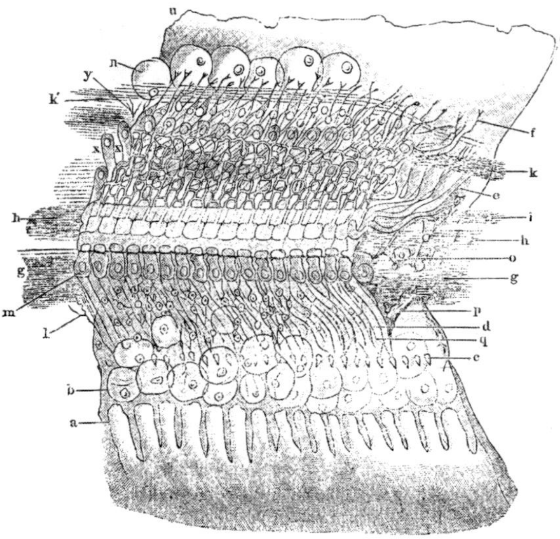

Figure 44

Ces arcs *d*, *e*, au nombre de plus de trois mille, sont placés régulièrement les uns à côté des autres, comme les touches d'un piano, sur toute la longueur de la paroi du limaçon.

On a trouvé tout récemment dans les autres portions de l'appareil auditif, dans ce qu'on appelle le vestibule – où les nerfs se répandent sur de petites poches membraneuses nageant au milieu d'un liquide aqueux – des nerfs terminés par des appendices élastiques qui ont la forme de petits poils raides. La disposition anatomique de ces appendices permet d'affirmer presque sûrement qu'ils se mettent à vibrer à l'unisson des vibrations sonores amenées dans l'oreille. Admettons, de plus, que chacun de ces arcs de l'ouïe, de même que les cordes d'un piano, soit accordé de manière à ne rendre qu'un son déterminé : ce n'est qu'une hypothèse jusqu'ici, mais une hypothèse que l'examen attentif des facultés de l'oreille me paraît rendre très probable. En vous reportant à ce qui se passe dans le piano, vous voyez que chacun de ces appendices ne pourra vibrer, et par suite la fibre nerveuse correspondante ne pourra percevoir la sensation du son, que lorsqu'un son convenable y arrivera, et que la présence d'un son particulier dans une réunion confuse de sons divers doit toujours être marquée par la sensation correspondante*.

Puis l'expérience nous prouve que l'oreille peut résoudre en leurs parties des mouvements de l'air composés.

Par mouvements de l'air composés, nous avons entendu jusqu'ici ceux qui ont pris naissance sous l'action simultanée de plusieurs corps vibrants. Comme la forme de ces ondes sonores varie avec les différents instruments musicaux qui les produisent, il pourra se faire que la manière dont vibre l'air dans le canal auditif en produisant un tel son soit identique avec le genre de vibrations qui, dans d'autres cas, se produisent sous l'influence de deux ou plusieurs instruments agissant à la fois. Si l'oreille peut, dans ce dernier cas, décomposer le mouvement en ses parties isolées, elle pourra bien aussi le faire dans le premier, lorsque le son provient d'une source unique. C'est en effet ce qui a lieu.

Je vous ai parlé plus haut de la forme d'onde aux montagnes et aux vallées doucement arrondies; je l'ai appelée l'onde simple ou pure. Le mathématicien français Fourier a énoncé un principe important, s'appliquant à ce genre d'onde; on peut le traduire en langage ordinaire, et l'exprimer à peu près ainsi : *une forme d'onde quelconque peut être composée d'un certain nombre d'ondes simples de longueurs différentes.*

* Depuis la conférence de Bonn, l'anatomie de l'oreille a fait des progrès à la suite desquels cette hypothèse a dû être modifiée par Helmholtz dans la troisième édition de son livre *Die Lehre der Tonempfindungen* paru en 1870, traduite en français sous le titre de la *Théorie physiologique de la musique* (Paris, Masson, 1874, appendice, p. 560 *sq.*).

Voici comment on peut résumer ces modifications. Les fibres de Corti n'existent point chez les oiseaux et les reptiles, comme l'a démontré Hasse ; il n'est donc plus possible de leur assigner la même fonction qu'auparavant. Or Hensen a remarqué qu'une des membranes libres du limaçon, la *membrana basilaris* est très résistante dans le sens de ses fibres, tandis qu'elle se déchire facilement dans une direction perpendiculaire. Helmholtz en a conclu que les fibres de la *membrana basilaris* pouvaient être considérées comme autant de cordes, faiblement rattachées les unes aux autres ; il a soumis cette nouvelle hypothèse au calcul, qui l'a confirmée. En sorte que, jusqu'à nouvel ordre, ce sont les fibres de la *membrana basilaris* qui jouent le rôle précédemment attribué aux fibres de Corti.

Notons aussi que, de l'étude plus approfondie du mode de liaison des osselets, Helmholtz a conclu que tout son très fort, même objectivement simple, donne lieu à la sensation d'harmoniques. L'importance de ces derniers dans la théorie et la pratique de la musique doit nécessairement s'en accroître.

La plus longue de ces ondes simples a la même longueur que l'onde donnée, les autres ont une longueur deux, trois, quatre et cinq fois plus petite.

On peut produire une variété infinie de formes en réglant différemment la rencontre des montagnes et des vallées.

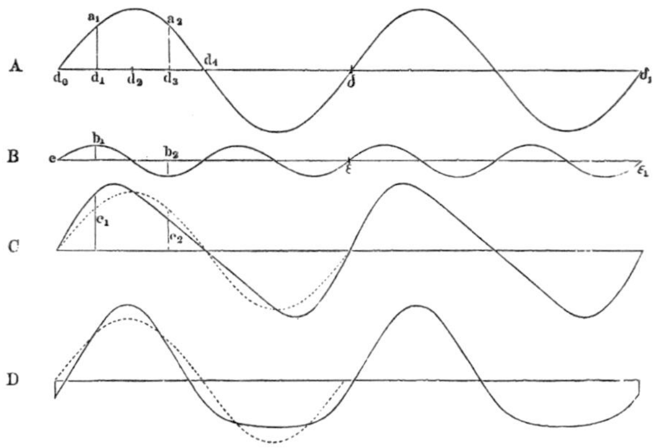

Figure 45

Les courbes A et B (Fig. 45) représentent des ondes de sons simples. B contient dans le même temps deux fois plus de vibrations que A, dont il est, par suite, l'octave. C et D représentent, au contraire, des ondes produites par la superposition des ondes A et B. La partie ponctuée au commencement de ces courbes représente le commencement de la courbe A. En C, on a placé le commencement *e* de la courbe B sur le commencement de A; en D, on a au contraire placé la première vallée b_2 de la courbe B sur le commencement de A. Il résulte de ces superpositions deux courbes composées différentes, dont la première a des montagnes s'élevant rapidement et s'abaissant en pente plus douce, dont les sommets rempliraient exactement les vallées; D, au contraire, nous montre des montagnes pointues et des vallées planes, mais symétriques en avant et en arrière.

La figure 46 nous montre d'autres formes résultant de la superposition des deux ondes simples A et B. B produit trois fois plus de vibrations par seconde que A, et par suite correspond à la quinte de l'octave supérieure de A. En C et D, les courbes en pointillé sont des vibrations de A. C a des sommets aplatis et des vallées planes, D des sommets et des vallées pointues.

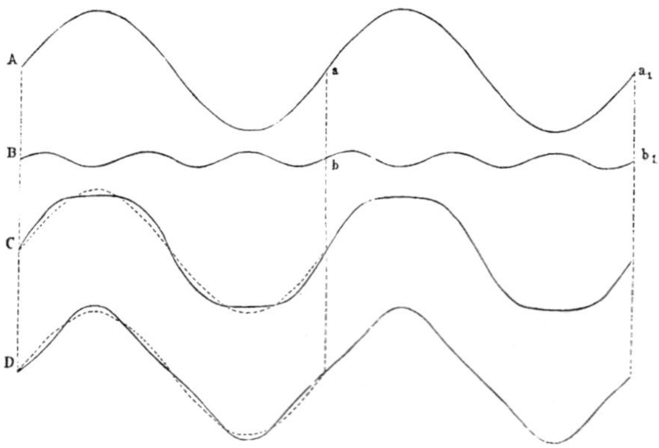

Figure 46

Ces exemples, choisis parmi les plus simples, suffisent pour vous donner une idée de la variété des formes qui peuvent être produites par des superpositions de ce genre. Si, au lieu de ne prendre que deux ondes simples, on en prend plusieurs, en variant à volonté leur origine et leur hauteur, on peut en déduire des variétés innombrables, et produire en réalité une forme d'onde quelconque[c].

Lorsque différentes ondes simples se réunissent à la surface de l'eau, l'onde composée ne subsiste qu'un instant, parce que les ondes les plus longues se propagent plus rapidement que les plus courtes; elles se séparent donc de nouveau, et l'œil peut ainsi constater qu'il y a plusieurs systèmes d'ondes en présence. Mais lorsque des ondes sonores sont ainsi composées, elles ne se séparent plus, parce que les ondes longues et courtes se propagent également vite à travers l'air. L'onde reste composée telle qu'elle est, et au moment où elle frappe l'oreille, il est impossible de reconnaître si elle est restée telle qu'elle est sortie de l'instrument musical, ou bien si elle s'est formée en route par la superposition d'un ou de plusieurs systèmes d'ondes.

Que fait maintenant l'oreille? Les analyse-t-elle, ou bien les entend-elle comme un tout? La réponse peut varier avec le sens que l'on attache à la question. Il faut, en effet, distinguer ici deux choses: la *sensation* dans le nerf auditif, telle qu'elle se produit, sans aucune intervention d'activité intellectuelle; ensuite la *représentation* que nous nous en faisons à la suite

c. Les ondes ne doivent pas, bien entendu, présenter de parties superposées; elles n'auraient d'ailleurs aucune signification acoustique.

de cette sensation. Nous sommes donc obligés de distinguer, pour ainsi dire, entre l'oreille physique du corps et l'oreille psychique de l'entendement. L'oreille physique fait toujours ce que le mathématicien fait à l'aide du principe de Fourier, ce que fait le piano par l'ensemble de ses cordes; elle analyse les formes d'ondes qui ne correspondent pas, comme les sons du diapason, à des ondes simples, en une somme d'ondes simples, et perçoit isolément le son correspondant à chaque onde, que l'onde soit sortie composée ainsi de la source qui l'a produite, ou bien qu'elle se soit composée en route.

Si nous pinçons une corde, par exemple, elle nous donne, comme nous l'avons vu, un son dont la forme d'onde s'éloigne beaucoup de celle d'un son simple. L'oreille, en décomposant cette forme en une somme d'ondes simples, entend en même temps une série de sons simples correspondant à ces ondes.

Les cordes se prêtent très bien à ces recherches, parce qu'elles peuvent elles-mêmes prendre pendant leur mouvement des formes très différentes, que l'on peut, de même que les formes d'ondes, regarder comme composées d'ondes simples. Nous avons déjà vu (Fig. 40) les formes successives que prend une corde frappée à l'aide d'un petit bâton. La figure 47 nous montre un certain nombre d'autres formes correspondant à des sons simples : la ligne pleine indique la courbure maximum que prend la corde dans un sens; la ligne pointillée indique la courbure maximum dans le sens opposé. En *a*, la corde rend le son fondamental, le son simple le plus grave qu'elle puisse donner; elle oscille dans toute sa longueur successivement dans les deux sens. En *b*, elle se divise en deux parties vibrantes, entre lesquelles se trouve un point de repos, *un nœud* β : le son produit est l'octave supérieure du son fondamental; chacune de ces deux portions donnerait isolément le même son, et, produit, ainsi que la corde totale, deux fois plus de vibrations que dans *a*. En *c*, nous avons trois nœuds, trois portions vibrantes et trois fois autant de vibrations que dans le son fondamental, dont on entend la douzième; en *d*, nous avons quatre divisions, quatre fois plus de vibrations que dans *a*, et donc la double octave supérieure.

Il peut de même se présenter des formes, avec 5, 6, 7, etc., parties vibrantes; toutes les autres formes des cordes peuvent être considérées comme composées d'une somme de vibrations simples de ce genre.

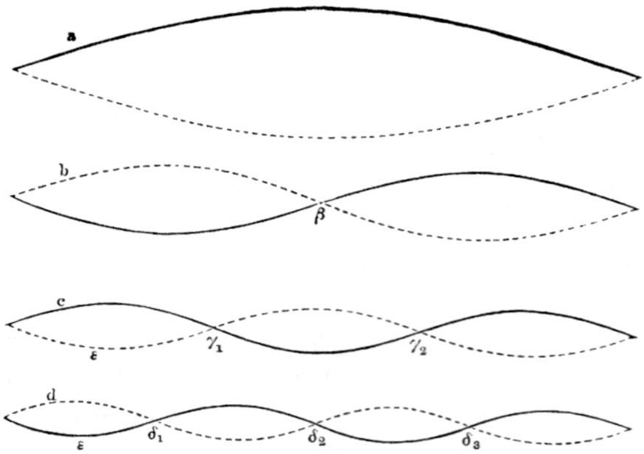

Figure 47

On peut produire la division des cordes en plusieurs parties séparées par des nœuds en touchant légèrement du doigt ou avec une petite baguette l'endroit d'un de ces nœuds, pendant que l'on fait vibrer la corde, soit par un coup d'archet, soit en la pinçant ou en laissant tomber le marteau du piano. On obtient ainsi les sons harmoniques des cordes, dont les violonistes font si souvent usage.

Si maintenant nous touchons légèrement en β (Fig. 47) une corde mise en vibration d'une manière ou d'une autre, les formes vibratoires *a* et *c* sont gênées et s'affaiblissent; les formes *b* et *d*, pour lesquelles β est un nœud ne subissent aucun changement, et continuent à vibrer. On peut donc ainsi reconnaître facilement si une corde attaquée d'une manière déterminée produit certains sons simples, et l'on peut isoler ces sons.

Si l'on a ainsi réussi à entendre les divers sons simples produits en même temps par une corde, on parvient, en redoublant d'attention, à les distinguer dans le son primitif de la corde.

La série de sons qui se joignent ainsi à un son fondamental donné est parfaitement déterminée : ce sont les sons qui correspondent à deux, trois, quatre, etc., fois plus de vibrations que le son fondamental. On les appelle *harmoniques supérieurs* du son fondamental. Si nous appelons ce son fondamental *ut*, la série des harmoniques, en langage musical ordinaire, sera :

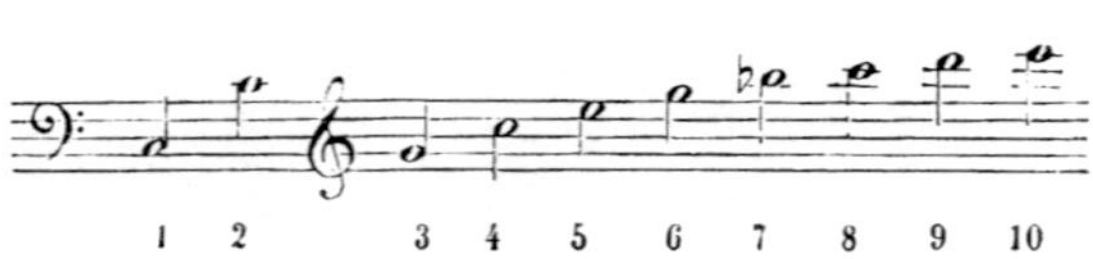

De même que les cordes, presque tous les instruments de musique produisent des ondes sonores qui ne correspondent pas complètement à la forme de l'onde pure; elles sont presque toujours composées d'un nombre plus ou moins grand d'ondes simples. L'oreille les analyse toutes d'après ce principe de Fourier, mieux que le mathématicien le plus habile; elle entend, en s'y appliquant convenablement, les harmoniques correspondant aux ondes simples isolées. Ce fait s'accorde, du reste, complètement avec l'idée que nous nous faisons des organes de Corti. L'expérience nous montre par l'exemple du piano, et la théorie mathématique nous apprend d'une manière générale, que, dans un son donné, le son fondamental n'est pas seul capable de communiquer son mouvement à un autre corps; les sons harmoniques ont aussi cette propriété. Il en résulte que dans le limaçon de l'oreille, un son extérieur ne met pas simplement en vibration la petite plaque qui correspond à sa note fondamentale; les plaques correspondant aux différents harmoniques supérieurs vibrent aussi et communiquent leurs vibrations aux fibres nerveuses, en sorte que nous percevons les harmoniques en même temps que le son fondamental.

D'après ce qui précède, on ne doit donc appeler un son simple que lorsqu'il est produit par un système d'ondes simples. Toutes les autres formes d'ondes, telles qu'elles sont produites par la plupart des instruments de musique, produisent des sensations acoustiques multiples.

Il en résulte que, du point de vue de la sensation, tous les sons produits par des instruments de musique doivent être considérés comme des accords où prédomine le son fondamental.

Toute cette étude des harmoniques vous paraît peut-être nouvelle et étrange. Vous avez tous déjà souvent entendu ou fait vous-même de la musique, vous jouissez peut-être d'une oreille musicale très bonne, et cependant je suis sûr que fort peu d'entre vous ont observé ces sons qui, d'après ce que je viens de vous dire, existent toujours. Il est à remarquer qu'il faut un certain degré d'attention pour les entendre, sans quoi ils nous restent cachés. Nos perceptions par les sens ne sont pas de simples sensations du système neveux; il faut toujours une activité particulière de l'âme pour passer de la sensation du nerf à la représentation exacte de l'objet extérieur qui a produit la sensation. Les sensations de nos nerfs sensitifs sont pour nous des signes d'objets extérieurs et l'exercice seul peut nous apprendre à tirer de nos impressions des conclusions justes sur l'objet qui les a produites. Mais il est une loi générale pour toutes les perceptions par les sens: c'est que nous ne faisons attention à nos sensations que si elles peuvent nous servir à reconnaître les objets extérieurs; sous ce rapport, nous sommes tous, plus que nous ne le pensons, partisans sans vergogne de l'utilité pratique. Nous avons l'habitude, dans notre usage ordinaire des sens, d'ignorer toutes les impressions qui n'ont pas un rapport direct avec les objets extérieurs; nous ne nous en occupons que dans des recherches scientifiques sur l'activité des sens, et dans des maladies pendant lesquelles nous dirigeons davantage nos observations sur les phénomènes de notre corps. Que de personnes voient pour la première fois nager dans leurs yeux de petits grains, de petites fibres, qu'on appelle des mouches lorsqu'elles sont atteintes d'une légère inflammation des yeux! Elles se font alors les idées les plus hypochondriaques sur la présence de ces corpuscules qu'elles se figurent provenir de la maladie et qu'elles ont eus généralement durant toute leur vie devant les yeux sans les voir.

Qui s'aperçoit facilement que, dans le champ visuel d'un œil sain, se trouve un endroit complètement privé de la faculté de voir, le point aveugle? Beaucoup de personnes savent-elles qu'elles ne voient simples que les seuls objets qu'elles fixent, et qu'elles voient doubles tous ceux qui sont placés en avant ou en arrière de ceux-là? Je pourrais vous citer une longue série de faits analogues, dont on n'a eu connaissance que par les recherches scientifiques sur les sens, et qui restent complètement cachés jusqu'à ce qu'on dirige l'attention sur eux, en employant des moyens convenables, ce qui est souvent très difficile.

Les harmoniques supérieurs rentrent dans ce genre de phénomènes. Il ne suffit pas que le nerf auditif éprouve la sensation du son, il faut que l'âme y fasse attention; c'est pour cela que j'ai distingué tout à l'heure l'oreille physique de l'oreille psychique.

Nous entendons toujours le son d'une corde accompagné d'une certaine combinaison d'harmoniques. Cette combinaison est différente pour le son de la flûte, la voix de l'homme et le hurlement du chien. Il nous importe de savoir si nous sommes dans le voisinage d'un violon, d'une flûte, d'un homme ou d'un chien: aussi notre oreille s'exerce-t-elle à distinguer les particularités de ces divers sons. Quant aux *moyens* que nous employons pour les distinguer, peu nous importe de les connaître.

Que la voix du chien contienne l'octave supérieure ou la douzième du son fondamental, il n'y a là aucun intérêt pratique, aucun objet qui puisse appeler notre attention. Ainsi les sons harmoniques rentrent dans cette particularité du son que nous ne cherchons pas à caractériser plus précisément et que nous appelons le *timbre*. Comme l'existence des sons harmoniques dépend de la forme de l'onde sonore, vous voyez que j'avais raison de dire que le *timbre* (*Klangfarbe*, couleur du son) correspond à la forme *des ondes*.

On entend le plus facilement les notes harmoniques lorsqu'elles forment une dissonance avec le son fondamental, comme cela a lieu pour les cloches. L'art de fondre les cloches consiste à donner à la cloche une forme telle que les sons plus graves et les plus forts qui accompagnent le son principal forment un accord consonnant, sans quoi la cloche n'a pas un son musical et résonne comme un chaudron ; les notes concomitantes supérieures restent toujours dissonantes, et c'est à cause de cela que le son de la cloche ne se prête pas à la musique artistique.

Il ressort, au contraire, de ce qui précède, qu'on entendra d'autant plus difficilement les harmoniques supérieurs qu'on aura entendu plus souvent les sons composés dans lesquels ils se présentent. C'est ce qui arrive surtout pour la voix humaine; de nombreux observateurs, et des plus habiles, ont cherché en vain à entendre les harmoniques de la voix humaine.

Cette manière d'envisager les choses s'est vérifiée d'une manière fort frappante; elle m'a conduit à trouver une méthode qui m'a permis d'entendre et de faire entendre à d'autres personnes les harmoniques de la voix humaine.

Il n'est pas nécessaire pour cela d'avoir une oreille musicale bien exercée, ainsi qu'on l'a cru jusqu'ici ; il suffit de diriger l'attention à l'aide des moyens convenables.

Qu'une forte voix d'homme chante la voyelle *o* à la hauteur du *ré*$_2$. Donnez sur le piano, et très doucement, le *la*$_3$, et fixez votre attention sur le son faiblissant du piano. Si ce son est l'un des harmoniques contenus dans le timbre de la voix, le son du piano a l'air de persister, l'oreille entend comme sa continuation l'harmonique correspondant de la voix. On trouve ainsi, en variant cet essai, que les différentes voyelles se distinguent par leurs sons harmoniques.

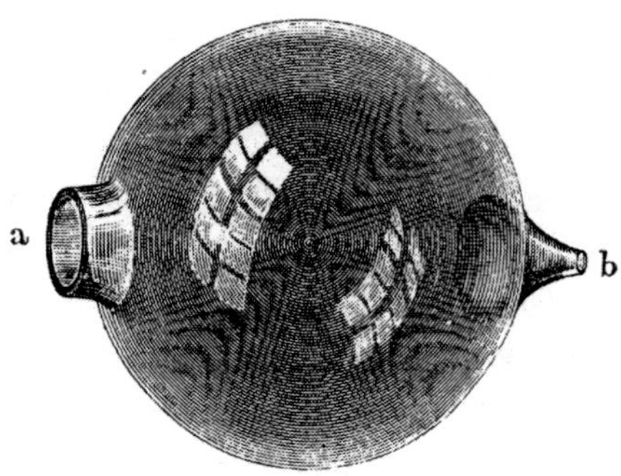

Figure 48

Ce genre de recherches est rendu bien plus facile encore si l'on a soin d'armer l'oreille de boules de cuivre ou de verre, comme celle de la figure 48. L'ouverture la plus large, *a*, est tournée du côté de la source sonore ; on introduit dans le canal auditif l'extrémité *b* étirée en entonnoir. La masse d'air suffisamment délimitée de la boule a un son propre, qu'on peut faire apparaître en y soufflant par le bord *a*. Si maintenant on produit dans le voisinage de la boule le son pour lequel elle est accordée, soit comme son fondamental, soit comme harmonique d'un son quelconque, l'air du résonateur se met à vibrer fortement, et l'oreille entend le son rendu avec bien plus d'intensité. Il est facile ainsi de décider si le son propre du résonateur fait partie d'un son ou d'une réunion de sons.

Si l'on examine les voyelles de la voix humaine, on reconnaît facilement, à l'aide des résonateurs, que les harmoniques de chaque voyelle sont particulièrement forts dans certains endroits de la gamme : dans les environs du *sib*$_3$ pour la voyelle *o*; dans les environs du *sib*$_4$, une octave au-dessus, pour la voyelle *a*. Je transcris en langage musical les parties de la gamme où les harmoniques des différentes voyelles apparaissent avec une intensité particulière, prononcées avec l'accent du nord de l'Allemagne :

Une expérience bien simple nous permet de voir que le timbre se forme lorsque les différents sons simples qui composent un son analogue à celui d'une voyelle prononcée par une voix humaine proviennent d'une source unique ou de plusieurs sources différentes. Un piano dont on a enlevé tout le système d'étouffoirs ne répond pas seulement par des sons de même hauteur que ceux qu'on produit à côté de lui : si vous chantez la voyelle *a* sur une note quelconque du piano, le piano répond, très distinctement *a*; si vous chantez *é*, *o* ou *ou*, les cordes répondent, également *é*, *o*, *ou*. Il suffit pour cela de produire bien exactement la note que vous voulez chanter. Mais le son de voyelle que répond le piano ne peut se produire que par ce fait que les cordes intérieures qui correspondent aux harmoniques de la voyelle vibrent en même temps. Si vous laissez reposer l'étouffoir sur ces cordes, l'expérience ne réussit pas.

Dans cette expérience, le son d'une seule source sonore, la voix, ébranle plusieurs cordes; il se produit ainsi dans l'air un mouvement de même forme, et par suite aussi de même timbre que le son primitif.

Jusqu'ici nous n'avons parlé que de la réunion d'ondes de différentes longueurs. Nous allons maintenant réunir des ondes d'égales longueurs, se propageant dans la même direction. Le résultat sera tout différent, selon que les montagnes des unes se superposent aux montagnes des autres, ce qui donne naissance à des montagnes de hauteur double et à des vallées deux fois plus profondes, ou qu'au contraire les montagnes des unes comblent les vallées des autres. Si les deux systèmes d'ondes ont la même hauteur, de manière que les montagnes suffisent pour combler les vallées, les montagnes et les vallées disparaîtront en même temps; les deux ondes se détruiront réciproquement. De même que deux ondes d'eau, deux ondes d'air peuvent aussi se détruire réciproquement, lorsque les parties en plein de l'une se superposent aux parties en creux de l'autre. Ce curieux phénomène de la destruction d'un son par un son de même nature s'appelle l'*interférence* du son.

La sirène que nous avons décrite plus haut permet d'étudier facilement ce phénomène. Si l'on dispose la boîte supérieure de manière que les deux porte-vent produisent en même temps le son des séries de 12 trous, les deux porte-vent se renforcent réciproquement, et l'on entend un son plein et fort correspondant à la série 12. Si l'on dispose au contraire le porte-vent supérieur de façon telle que les pulsations supérieures se produisent pendant que les trous inférieurs sont fermés, et réciproquement, le son disparaît et l'on n'entend plus que très faiblement le premier harmonique supérieur d'une octave, qui n'est pas détruit par l'interférence, dans ces circonstances.

L'interférence nous conduit aux battements. Lorsque deux sons entendus au même instant produisent des vibrations de durée complètement identique, leurs montagnes se rencontrent toujours si elles se sont superposées au commencement; et si elles ne se superposent pas dès l'origine, elles ne se superposent plus jamais.

Les deux sons se renforceront ou s'affaibliront continuellement. Si les durées des vibrations des deux sons ne sont égales que *de façon approximative*, leurs montagnes peuvent se rencontrer à l'origine, et se renforcer ainsi réciproquement; mais peu à peu les montagnes de l'un des sons devanceront celles de l'autre. Il arrivera des moments où les montagnes de l'un se placeront dans les vallées de l'autre; plus tard, les montagnes qui progressent le plus rapidement atteindront de nouveau les montagnes de l'autre son : ces rencontres se traduisent pour l'oreille par des augmentations et des affaiblissements du son, auxquels on donne le nom de *battements ou pulsations sonores.* On entend souvent des battements lorsque deux instruments qui ne sont pas complètement accordés donnent la même note. Un piano désaccordé dans lequel les deux ou trois cordes frappées par une même touche ne s'accordent plus exactement les fait entendre distinctement. Des battements lents et réguliers font un très bon effet dans les chants d'église polyphoniques : tantôt ils s'écoulent comme des vagues majestueuses, entre les voûtes élevées des cathédrales ; tantôt, par un léger tremblement, ils communiquent au son un caractère spécial de ferveur et d'émotion. Plus les différences de durée des vibrations sont grandes, plus les battements sont rapides. Tant qu'il n'y a que 4 à 6 battements par seconde, l'oreille distingue facilement les variations successives de l'intensité du son. Lorsque les battements sont encore plus rapides, le son devient rauque, ou s'il est aigu, strident. Un son rauque est un son divisé par des interruptions rapides, un son semblable au son de la lettre *r* que nous produisons en interrompant le son de la voix par des tremblements du palais ou de la langue.

Lorsque ces battements deviennent encore plus rapides, il devient difficile à l'oreille de les entendre, mais le son garde une certaine rudesse. Finalement, ils deviennent tout à fait imperceptibles, et se transforment, comme les sensations isolées qui composent un son, en une sensation sonore continue*.

Ainsi tout son musical provoque dans le nerf auditif une sensation d'une durée régulière; deux sons inégalement hauts se contrarient et se divisent en pulsations sonores distinctes, qui font naître dans le nerf auditif une irritation discontinue. Ils produisent sur l'oreille un effet désagréable, analogue à celui que produisent, sur les autres organes, des excitations intermittentes se succédant très rapidement. Je ne citerai que l'action d'une lumière vacillante ou scintillante sur l'œil ou la sensation que produit le frottement d'une brosse sur la peau. Cette rudesse du son est le principal caractère de la dissonance. Elle est particulièrement désagréable pour l'oreille lorsque les deux notes sont séparées d'environ un demi-ton, les notes de la gamme moyenne donnant alors environ 20 à 40 pulsations par seconde. Lorsque les deux sons diffèrent d'un ton entier, la rudesse est moindre; lorsque la différence est d'une tierce, elle disparaît tout à fait, au moins dans les parties supérieures de l'échelle musicale. C'est pour cette raison qu'on peut regarder la tierce comme une consonance. Lorsque les deux sons fondamentaux sont tellement différents l'un de l'autre, qu'ils ne

* M. Helmholtz a montré ce passage des battements en une dissonance rude à l'aide de deux tuyaux d'orgue, dont il désaccordait l'un de plus en plus.

peuvent plus produire de battements perceptibles, leurs harmoniques peuvent donner naissance à des battements et rendre le son rude. Par exemple, lorsque deux sons forment une quinte, c'est-à-dire lorsque dans un même temps l'un produit 2, l'autre 3 oscillations, chacun d'eux compte parmi ses harmoniques un son produisant pendant le même temps 6 oscillations. Si le rapport des sons fondamentaux est exactement de 2 à 3, les deux harmoniques de 6 oscillations sont parfaitement identiques, et ne troublent pas la consonance des sons principaux; si ce rapport de 2 à 3 n'est pas parfait, les deux harmoniques ne sont plus identiques, provoquent des battements, et le son devient rude.

On a souvent l'occasion d'entendre des battements de quintes fausses, parce que, sur le piano comme sur l'orgue, toutes les quintes sont fausses. Cette fausseté tient à la manière dont nous les accordons; d'ailleurs ces battements ne se suivent que lentement. En dirigeant convenablement l'attention, ou mieux, en se servant d'un résonateur convenable, on reconnaît facilement que l'harmonique en question exécute des battements. Ces battements sont naturellement plus faibles que ceux des sons fondamentaux, puisque les harmoniques sont eux-mêmes plus faibles. Quoique, dans la plupart des cas, nous n'ayons pas parfaitement conscience de l'existence de ces harmoniques et de leurs battements, l'oreille perçoit cependant leur effet comme inégalité ou rudesse du son total, tandis qu'une quinte parfaitement juste, pour laquelle les nombres des oscillations des deux sons sont exactement dans le rapport de 2 à 3, sonne d'une manière parfaitement régulière, sans changement, sans accroissement ni affaiblissement d'intensité, sans aucune rudesse. Nous avons déjà vu plus haut comment la sirène peut nous servir à démontrer très simplement que la quinte la plus parfaite correspond exactement à ce rapport de 2 à 3; nous venons de trouver les causes de la rudesse produite par le moindre changement dans ce rapport.

De même aussi des sons dont les nombres d'oscillations sont dans le rapport de 3 à 4 ou de 4 à 5, c'est-à-dire des sons qui forment une quarte juste ou une tierce juste, sonnent plus agréablement que des sons qui s'éloignent de ces rapports. Ainsi un son donné, pris comme son fondamental, ne doit être accompagné que de sons bien déterminés de la gamme, si l'on veut éviter l'inégalité ou la rudesse du son, ou au moins produire avec ce son un accord moins rude que les intervalles un peu plus grands ou un peu plus petits.

Ce sont là les raisons qui forcent la musique moderne, basée principalement sur l'harmonie des notes consonantes, à n'employer que des sons bien déterminés de la gamme. On peut même montrer comment, dans la musique ancienne, qui ne s'appuyait pas sur cette harmonie, les harmoniques qui accompagnent tous les sons musicaux pouvaient faire préférer des progressions avec certains intervalles définis, et comment un même harmonique commun à deux notes d'une mélodie donne à ces deux sons une espèce de parenté que l'oreille perçoit et qui peut servir de lien artistique entre eux. Le temps me presse trop pour que je puisse vous développer ces idées; nous serions obligés de remonter trop loin dans l'histoire de la musique.

Je me bornerai à vous dire qu'il existe encore une autre espèce de sons accompagnant les sons fondamentaux, les *sons résultants*, qu'on n'entend que quand deux ou plusieurs sons de différentes hauteurs sont produits en même temps, et que, dans certaines circonstances, ces sons résultants peuvent produire des battements et donner de la rudesse au son total. Si, à l'aide d'une sirène ou de tuyaux d'orgue, ou sur un violon, on donne la tierce ut_3-mi_3 (rapport des nombres d'oscillations de 4 à 5), on entend faiblement le son résultant ut_1 de deux octaves au-dessous de ut_3. Ce même ut_1 résonne lorsqu'on donne en même temps les notes mi_3 *et* sol_3 (rapport des nombres d'oscillations de 5 à 6).

Si maintenant on donne en même temps les trois notes ut_3, mi_3, sol_3; si leurs oscillations sont entre elles comme 4:5:6, on entend deux sons résultants parfaitement à l'unisson et sans battements. Mais si les trois notes ne sont pas accordées exactement comme l'exigent ces rapports, les sons résultants ut_1 ne sont pas à l'unisson et donnent des battements de peu d'intensité.

Les sons résultants sont, en général, beaucoup plus faibles que les sons harmoniques, et, par suite, leurs battements sont moins sensibles et moins rudes que ceux des sons harmoniques; on ne les perçoit bien que dans des timbres qui n'ont presque pas d'harmoniques, comme ceux des tuyaux d'orgue fermés et de la flûte. Mais on ne saurait nier que, justement pour ces raisons, dans un morceau de musique harmonique exécuté sur de semblables instruments, on saisit à peine une différence entre l'harmonie et la dissonance; le morceau paraît être sans caractère, et semble mou à notre oreille. Tous les timbres musicaux sont relativement riches en harmoniques; ils contiennent presque toujours les cinq premiers harmoniques, qui forment les octaves, les quintes et les tierces du son fondamental. Dans les jeux d'orgue on ajoute au tuyau qui donne le son fondamental des tuyaux complémentaires correspondant à la série des harmoniques du son fondamental; on obtient ainsi un timbre plus pénétrant et plus vigoureux pour accompagner le chant des fidèles. Il est donc impossible de méconnaître le rôle important que jouent les sons harmoniques dans l'effet artistique de la musique.

Nous voici arrivés au cœur de l'étude de l'harmonie. La consonance se distingue de la dissonance, parce que, dans un accord consonnant, les divers sons se propagent aussi régulièrement que si chacun d'eux était seul, tandis que dans la dissonance les sons ont quelque chose d'incompatible et se décomposent mutuellement en pulsations. Vous allez voir comme tous les phénomènes que nous avons passés en revue concordent vers ce résultat. Tout d'abord le phénomène des pulsations ou des battements repose sur l'interférence des mouvements ondulatoires; il n'a pu s'ajouter au son que parce que le son lui-même est un mouvement ondulatoire. D'un autre côté, pour établir les intervalles consonants, il fallait que l'oreille ait la faculté de percevoir les sons harmoniques et d'analyser, d'après le principe de Fourier, les systèmes d'ondes composées en ondes simples. Une conséquence nécessaire du principe de Fourier est qu'il faut que les harmoniques des sons musicaux soient, avec le son fondamental dans le même rapport que les nombres entiers avec l'unité, et que les rapports des nombres d'oscillations soient des nombres très petits. Pour nous faire une idée de cette propriété physiologique de l'oreille, nous allons la comparer à l'œil. La lumière est, elle aussi, un mouvement ondulatoire d'un milieu particulier répandu dans l'espace, de l'éther lumineux; la lumière aussi nous montre des phénomènes d'interférence. La lumière a des ondes de durées variables que l'œil perçoit comme autant de couleurs différentes: les oscillations les plus lentes correspondent au rouge; viennent ensuite l'orangé, le jaune, le vert, le bleu et le violet, dont les oscillations durent à peu près moitié moins de temps que le rouge le plus extrême. Mais l'œil ne peut pas décomposer des systèmes composés de différentes ondes lumineuses, c'est-à-dire de différentes couleurs : il les perçoit comme une sensation simple, non décomposable, celle d'une couleur mélangée. Aussi lui est-il complètement indifférent que le mélange contienne ou non des couleurs fondamentales dont les nombres de vibrations aient entre eux des relations simples. L'harmonie n'existe pas pour l'œil, au sens où elle existe pour l'oreille. L'œil n'a pas de musique.

L'esthétique cherche l'essence du Beau artistique dans sa conformité inconsciente aux lois de la raison. J'ai essayé de vous découvrir la loi cachée qui régit l'harmonie des combinaisons musicales. C'est réellement une loi dont nous n'avons pas conscience, dans la mesure où elle s'applique aux harmoniques, qui sont bien sentis par le nerf auditif, mais qui cependant n'entrent pas dans le domaine de la représentation consciente. Comme auditeur, nous ressentons la compatibilité et l'incompatibilité de ceux-ci sans savoir où se trouve la raison de ce sentiment.

Les manifestations d'un accord musical purement sensible ne sont évidemment que le degré le plus bas du beau en musique. Pour la beauté plus haute, spirituelle, de la musique, l'harmonie et la disharmonie sont seulement des moyens, mais des moyens essentiels et puissants. Dans la disharmonie, le nerf auditif est tourmenté par les chocs de sons incompatibles. Il désire entendre le cours pur des sons dans l'harmonie, et tend à celle-ci, pour se reposer, satisfait, en elle. Ainsi la disharmonie et la l'harmonie pressent-elles et apaisent-elles alternativement le flux des sons, et l'esprit contemple dans le mouvement incorporel de celui-ci une image du courant de ses propres représentations et sentiments. Il est saisi et emporté par le rythme répétitif et pourtant toujours changeant du mouvement, comme face au mouvement des vagues au bord de la mer. Mais tandis que, dans ce dernier spectacle, l'observateur est en présence de forces naturelles qui agissent de façon mécanique et aveugle, et est finalement dominé par une impression de désert, dans l'œuvre musicale, le mouvement suit le flux agité de l'âme de l'artiste. Tantôt le flot des sons s'écoule avec douceur, tantôt il bondit avec vivacité, tantôt il est violemment agité, traversé par les accents de la passion; ce flot emporte avec lui dans l'âme de l'auditeur, avec toute leur vivacité originelle, les sentiments insoupçonnés que l'artiste a dérobés à sa propre âme, et il entraîne finalement cet auditeur dans la paix de leur beauté éternelle, cette beauté dont seuls un petit nombre de favoris de la divinité ont eu mission d'être les héraults.

Mais là se trouvent les limites de la science et la fin de ma conférence.

ERNST MACH

INTRODUCTION À LA THÉORIE DE LA MUSIQUE DE HELMHOLTZ

Présentation populaire pour les musiciens [1866]*

Dédié par l'auteur au théoricien de la musique,
le Dr. A.W. Ambros, avec toute sa considération.

PRÉFACE

Depuis la parution de cet ouvrage de Helmholtz si important pour la théorie de la musique, *La théorie des sensations auditives comme fondement de la théorie de la musique* (Braunschweig, 1863[1]), je me suis efforcé à plusieurs reprises de rendre celui-ci plus populaire par des cours prononcés dans des cercles de musiciens.

Je me suis alors cependant bientôt heurté à de grandes difficultés. Ce qui semblait justement pour moi, en tant que scientifique, véritablement important, était reçu par les musiciens avec une grande indifférence, et a

*E. Mach, « Einleitung in die Helmholtz'sche Musiktheorie. Populär für Musiker dargestellt », dans *Populär-wissenschaftliche Vorlesungen* [*Cours scientifiques populaires*], Wien-Köln-Graz, Böhlau Verlag, 1923 ; rééd. Vaduz-Liechtenstein, Sändig Reprint Verlag, 1987 ; traduction Céline Vautrin. En plus de nos propres notes de traduction, nous donnons en bas de page les notes de l'auteur, appelées alphabétiquement.

1. Une traduction française de cet ouvrage par G. Guéroult, « avec le concours, pour la partie musicale », de M. Wolff a été publiée en 1868 aux Éditions Masson, rééd. sous le titre de *Théorie physiologique de la musique fondée sur l'étude des sensations auditives*, Sceaux, Jacques Gabay, 1990.

même corrompu chez eux, je crois, le goût pour ce qui était susceptible de leur être utile.

Du fait de cette circonstance, je fus conduit peu à peu à traiter et à présenter l'objet d'une autre façon, qui est, il faut croire, à juger d'après les résultats favorables obtenus par la suite, plus conforme aux besoins du musicien. Ce qui fait l'originalité de cette présentation peut être résumé de la façon suivante.

1) Toute théorie physique qui ne se rapportait pas rigoureusement à la question a été évitée. L'enseignement de faits physiques s'est limité à ce qui est absolument indispensable pour comprendre la théorie de la musique. Ces faits ont en outre été présentés sous une forme qui leur permettait d'être observés partout avec la plus grande facilité, sans préparation spéciale. L'augmentation de la hauteur des sons lorsque s'accroît la fréquence des oscillations est ainsi démontrée au moyen d'un livre ayant une couverture rugueuse, la propagation du son au moyen d'une série de pièces de monnaie[a]. On n'est effectivement amené à n'utiliser aucun appareil physique, pour autant que l'on accepte de ne pas nommer ainsi le piano et l'harmonium.

2) Même le calcul le plus élémentaire est évité autant que possible. À sa place, j'utilise un modèle extrêmement simple, qui m'a toujours rendu de bons services. J'ai exposé ailleurs le fondement scientifique sur lequel repose ce modèle[b].

3) Enfin, seuls les points principaux de la théorie de Helmholtz ont été retenus. Il est nécessaire de procéder ainsi pour que le non-physicien ne perde pas la ligne directrice au milieu d'une masse de détails.

Bien que ce fascicule se range parmi les écrits populaires, conformément à ce que j'ai écrit plus haut, je me suis pourtant autorisé à indiquer ici ou là les cas dans lesquels je tiens les fondements de la théorie physique de la musique pour insuffisamment approfondis.

J'ai interprété l'attention de façon plus physique ou physiologique que ne semble le faire Helmholtz, qui la prend au sens purement psychologique, et je l'ai mise en rapport avec *le sens de la hauteur des sons*. Le fait curieux que l'on puisse décider d'entendre l'accord 1 du schéma présenté ci-dessous sonner tantôt comme 2, tantôt comme 3, est certainement digne d'intérêt et me porte à croire à un changement physique dans l'oreille pendant l'audition, analogue à l'accommodation de l'œil.

a. Dans mes cours de physique, je montre aussi au moyen d'une série de grosses pièces de monnaie, qui butent contre une série de plus petites, comment le son se brise contre un obstacle et est réfléchi.

b. *Schlömilch's Zeitschrift für Mathematik und Physik*, 1864.

J'ai de même mis en évidence que la reconnaissance de toute quarte comme quarte, de toute quinte comme quinte, etc., c'est-à-dire, *le sens des intervalles*, n'a aucunement été expliquée par la théorie de Helmholtz.

Or des faits si fondamentaux ne peuvent pas être indifférents pour la physiologie de l'audition ni donc pour la théorie de la musique. C'est d'une certaine manière une question d'honnêteté que de les mentionner, même dans une présentation élémentaire[c].

Mes conférences m'ont coûté quelque réflexion et quelque peine, et la théorie de la musique ne peut parvenir à se parfaire que par l'action commune et zélée des musiciens et des physiciens : je crois donc faire quelque chose d'utile en publiant un abrégé de celles-ci. Par ces pages, je n'espère rien de plus que ceci : que de nombreux musiciens puissent surmonter leur appréhension première à l'égard de l'œuvre de Helmholtz.

Sommaire

INTRODUCTION

Le commerce, matériel et spirituel, est un signe caractéristique de notre temps. Des pays qui se tenaient jusqu'à présent à l'écart échangent désormais leurs produits grâce au chemin de fer et, grâce au télégraphe, mettent un pied dans l'échange rapide des idées. Les sciences, qui s'étaient développées

c. On trouvera plus de précisions sur ce sujet dans mes études, *Sitzungsberichte der Wiener Akademie* [*Comptes rendus des sessions de l'Académie de Vienne*] 1862-1865. *Cf.* également mes *Populären Vorlesungen über musikalische Akustik* [*Cours populaires d'acoustique musicale*], Graz, 1865.

indépendamment les unes des autres et qui manifestaient une certaine hostilité à l'égard les unes des autres, ont commencé à s'intéresser les unes aux autres, à empiéter les unes sur les autres en se supportant à tour de rôle. Il est probable que ce dernier phénomène soit essentiellement dû à la facilité des échanges qui existe aujourd'hui parmi les savants grâce au mot imprimé, du fait notamment de l'existence de nombreuses revues scientifiques.

Il n'est plus rare aujourd'hui que soient établies entre des sciences de nature apparemment très différente des liens d'importance historique. Nous rappellerons simplement l'introduction par Herbart de la méthode mathématique et des sciences de la nature en psychologie, le traitement scientifique de la politique, des statistiques et de l'économie politique par Mill, Quételet et d'autres, l'union de la physique et de la psychologie en psychophysique par Fechner. Des exemples de ce genre sont nombreux.

La théorie de la musique de Helmholtz que je me propose d'examiner est elle aussi un exemple de ce genre : en fondant les lois de l'art musical sur de simples lois physiques et physiologiques, elle met en rapport l'acoustique, la théorie de la musique et l'esthétique.

Le savoir de toutes les époques a toujours été composé de plusieurs parties. Une partie est largement répandue, « populaire », comme on dit. Une deuxième partie est consignée dans la littérature scientifique, et n'est dans cette mesure accessible qu'aux savants. Une troisième partie vit enfin dans les têtes des savants, et reste pendant longtemps, pour ainsi dire, leur propriété privée, avant d'oser paraître en public, dans la littérature.

Il est assurément très rare qu'une œuvre scientifique présente une pensée entièrement nouvelle. Les idées que l'on rencontre dans une œuvre nouvelle sont la plupart du temps examinées en secret depuis longtemps déjà, et souvent par plusieurs chercheurs à la fois. Quelqu'un peut donc estimer qu'il n'y a là rien de nouveau, que lui-même avait aussi déjà pensé à cela, avait aussi déjà fait cette découverte, etc. Cela n'est pas tout à fait faux. Seulement, il ne faut pas oublier qu'il existe malgré tout une grande différence entre les deux cas. On peut conserver pendant longtemps une certaine vue scientifique hypothétique, et il est possible que celle-ci soit correcte. Elle ne pourra toutefois être reconnue comme un fait scientifique que lorsqu'un autre aura exprimé et justifié cette vue de façon si claire qu'elle cessera d'être une simple supposition.

Quand une partie de science appartient à la littérature, il reste à accomplir la seconde tâche : rendre celle-ci aussi populaire que possible. Ce second travail a lui aussi son importance et ses difficultés propres. Il a son importance, car hormis le fait que la diffusion du savoir accroisse sa valeur, la quantité de savoir qui a pénétré dans l'espace public n'est pas indifférente pour le développement ultérieur de la science elle-même. Il a ses difficultés propres, car il faut tout d'abord connaître exactement le sol sur lequel on veut transplanter le savoir.

On pense très fréquemment que les enfants ne sont pas capables de former des concepts précis et de raisonner correctement, mais à tort. Un enfant est plus judicieux que son professeur. Il peut très bien saisir ce qu'on lui explique, pour autant qu'on ne lui présente pas trop de choses à la fois, qu'on relie convenablement le nouveau à l'ancien. Face à ce qui est entièrement nouveau, l'adulte est un enfant, et le savant lui-même est un enfant face à une matière qui lui est étrangère. L'enfant est un enfant dans tous les domaines, justement parce que tout est nouveau pour lui. L'art de la vulgarisation consiste à éviter l'excès de nouveauté.

Helmholtz a fondé sa théorie de la musique sur la physique comme sur la physiologie, il a mené à bien un travail préparé depuis longtemps par Rameau[1], Scheibler[2], Young[3], Smith[4],

1. Jean-Philippe Rameau (1683-1764) : compositeur français et auteur de très nombreux écrits sur la théorie de la musique, parmi lesquels son *Traité de l'harmonie réduite à ses principes naturels* (1722), son *Nouveau Système de musique théorique* (1726), *La Génération harmonique* (1737) ou encore sa *Démonstration du principe de l'harmonie servant de base à tout l'art musical* (1750). Rameau marque le passage de l'harmonie d'intervalle à l'harmonie d'*accord*, introduit la notion de *basse fondamentale* d'un accord, distincte de la basse réelle, et donne toute leur importante aux trois degrés principaux de la gamme (tonique, dominante, sous-dominante) et à l'accord parfait. S'appuyant sur les travaux d'acoustique de Joseph Sauveur (1653-1716), il pose les principes de l'harmonie classique. Abromont et Montalembert estiment que le système de la tonalité, dont l'élaboration est progressive, en Europe, jusqu'au XVIIe siècle, ne devient complet qu'avec la publication du *Traité de l'harmonie* de Rameau en 1722 et la composition par Bach du premier volume du *Clavier bien tempéré* (*cf.* C. Abromont et E. de Montalembert, *Guide de la théorie de la musique*, Paris, Fayard-Henry Lemoine, 2001, p. 70). Dans sa *Théorie des sensations auditives*, Helmholtz indique que « Rameau avait déjà distingué les harmoniques de la voix, et cela, sans aucun secours artificiel » (Helmholtz, *Théorie physiologique de la musique*, *op. cit.*, p. 70).

2. Johann Heinrich Scheibler (1777-1837) : auteur de plusieurs ouvrages, notamment sur l'accordage des instruments et sur le tempérament.

3. Thomas Young (1773-1829) : physicien et médecin anglais, très connu pour ses travaux sur la lumière, puis considéré comme le fondateur de l'optique physiologique. Young a également développé une méthode pour accorder les instruments de musique. Helmholtz salue par ailleurs ses découvertes en acoustique (*cf.* Helmholtz, *Théorie physiologique de la musique*, *op. cit.*, p. 71-72) et renvoie à son hypothèse (p. 185) portant sur l'existence de trois sortes de fibres nerveuses dans l'œil pour expliquer les sensations de couleur. Cette hypothèse, formulée par Young en 1802, est développée en 1850 par Helmholtz et porte aujourd'hui encore le nom d'*hypothèse Young-Helmholtz*. Au sujet des battements, en revanche, Helmholtz rejette l'hypothèse de Young selon laquelle « les battements se produisant avec une grande vitesse devaient se transformer en son résultant » (*ibid.*, p. 210 *sq.*).

4. Robert Smith, dont le nom est orthographié de façon assez fantaisiste dans plusieurs occurrences de l'original allemand a poursuivi les travaux de Sauveur en acoustique et est

Ohm[1], Seebeck[2] et d'autres. Il a justifié sa théorie de telle sorte que, dans ses traits essentiels, sa justesse ne peut plus être mise en doute.

La lecture de l'ouvrage de Helmholtz présente pourtant des difficultés pour les musiciens, auxquels elle est destinée en première ligne. Celui qui se trouve être à la fois physicien et musicien trouvera évidemment l'ouvrage très clair et facile. Mais celui à qui sont étrangères les considérations physiques doit faire autrement montre de courage. Il trouve à chaque

en particulier l'auteur de l'ouvrage *Harmonics or the philosophy of musical sounds*, Cambridge, 1749.

1. Georg Simon Ohm (1789-1854) : physicien allemand, qui fournit en 1827 une théorie complète de l'électricité, dans le cadre de laquelle est établie la célèbre *loi d'Ohm*, loi de proportionnalité entre intensité et tension d'un courant électrique. Ohm est un prédécesseur direct de Helmholtz, puisqu'il avait déjà cherché à utiliser les décompositions de Fourier pour la compréhension de l'audition, en proposant, en 1843, une loi acoustique énonçant que l'oreille ne peut percevoir que des vibrations simples (c'est-à-dire sinusoïdales), et en avançant alors l'hypothèse selon laquelle l'oreille décompose un son complexe en somme de sons partiels harmoniques, lesquels correspondent aux termes de la série de Fourier de la fonction périodique représentant le son complexe (*cf.* Bailhache, *Une histoire de l'acoustique musicale*, *op. cit.*, p. 150). Les travaux d'Helmholtz lui permettent de trancher en faveur de Ohm, dans la polémique qui oppose celui-ci à Seebeck, ce dernier contestant que seules des ondes simples (sinusoïdales) donnent les sons entendus par l'oreille (Helmholtz, *Théorie physiologique de la musique*, *op. cit.*, chap. IV, « Analyse des sons au moyen de l'oreille », p. 74 *sq.*). Helmholtz donne raison à Ohm, et prouve expérimentalement la loi d'analyse des sons de celui-ci, mais il n'est toutefois pas excessivement sévère envers Seebeck, qui, justement, n'avait pas encore pu profiter des dispositifs expérimentaux qu'Helmholtz s'est employé à développer: « Bien qu'expérimentateur et observateur distingué en acoustique, le savant Seebeck n'était pas toujours en état de reconnaître la présence des harmoniques là où elle était réclamée par la loi d'Ohm. Mais aussi, empressons-nous de l'ajouter, il n'avait pas eu recours aux méthodes précédemment décrites, pour diriger l'attention de l'oreille sur les sons partiels en question. Et quand il les entendait, ils lui paraissaient trop faibles, comparés à l'intensité qu'ils auraient dû théoriquement avoir » (*ibid.*, p. 81, traduction légèrement modifiée). Par ailleurs, Helmholtz « excuse » dans une certaine mesure l'erreur de Seebeck, en distinguant entre « *sensation* pure et simple de l'ouïe » et *perception* : les harmoniques relèvent de la *sensation*, des « phénomènes subjectifs » qui ne sont justement pas tous retenus par la *perception*, mais simplement déchiffrés, synthétisés par celle-ci, pour répondre à nos besoins pratiques : « Ainsi, non seulement nous ne nous exerçons pas à observer ces phénomènes subjectifs, mais nous sommes même tout à fait exercés à en faire continuellement abstraction, parce qu'ils nous gêneraient dans l'observation du monde extérieur (*ibid.*, p. 83, traduction légèrement modifiée). Sur cette distinction entre *sensation* et *perception*, cf. *supra* p. 23 *sq.*

2. August Ludwig Friedrich Wilhelm Seebeck (1805-1849) : professeur à l'université technique de Dresde, il est connu pour ses travaux sur les sons et la perception sonore, et en particulier pour ses expérimentations menées grâce à la sirène qu'il inventa, et dont Helmholtz s'est fait construire un modèle au moment où il a commencé, à son arrivée à Bonn, à travailler sur les sensations auditives. Helmholtz a par la suite grandement contribué au perfectionnement de cette sirène (cf. *supra*, p. 32). Sur la controverse entre Ohm et Seebeck, voir la note précédente.

page une grande quantité de choses nouvelles, il ne sait pas les hiérarchiser, distinguer ce qui est essentiel et ce qui ne l'est pas, et perd finalement le fil. Qui ne s'est pas convaincu, par ses fréquentations personnelles et des discussions de vive voix, à quel point les conceptions physiques restent étrangères, y compris à des musiciens extrêmement cultivés, la remarque de Marx sur l'ouvrage de Helmholtz (*Musiklehre*, 7e édition, p. 139[1]) devrait suffire à fonder une telle conviction. En bref, tout ce qui devrait être réalisé dans ce sens n'est pas encore fait. L'ouvrage de Helmholtz n'est pas écrit pour des musiciens, ou plutôt, les musiciens ne sont pas encore prêts pour l'ouvrage de Helmholtz. Il s'agit d'un inconvénient qui réside dans la nature des choses et dont les musiciens ne portent aucunement la responsabilité.

Poussé par ces réflexions, j'ai cherché dans ce qui suit à rendre plus accessibles les belles recherches de Helmholtz à ce cercle auquel elles sont effectivement destinées. J'ai souligné les points qui sont importants et utiles pour les musiciens et j'ai évité autant que possible tout ce qui a trait à la physique et ne se rapporte pas directement à l'essentiel. Partout, j'ai fait appel à des représentations qui sont familières au musicien. L'exposé est présenté, autant que possible, dans la langue musicale.

Si l'on parvient déjà de cette manière à rendre familiers aux musiciens ne seraient-ce que les points principaux de la théorie de Helmholtz, le pont sera tendu entre physiciens et musiciens, le reste se découvrira de lui-même.

1. Adolf Berhard Marx (1799-1866) : professeur, compositeur, éditeur et auteur de nombreux écrits théoriques importants sur la musique, dont les principaux sont : *Die Lehre von der musikalischen Komposition* [*Théorie de la composition musicale*], 1837-1847 et *Allgemeine Musiklehre* [*Théorie générale de la musique*], 1839. La référence à laquelle Mach fait allusion ici est simplement une remarque faite par Marx en note, dans un chapitre consacré à la mesure de la force du son, au livre de Helmholtz, qui se contente de préciser que « des recherches fines et spirituelles sur la nature du son, entre autres choses, ont été présentées récemment par Helmholtz (*Théorie des sensations auditives*, 1863), bien que, pour ce qui concerne le lien avec l'art musical, celles-ci méritent encore d'être justifiées de plus près », *Feine und geistreiche, wenn auch in Bezug auf Tonkunst noch näher zu bedingende Untersuchungen über das Wesen des Schalls u.s.w. hat neuerdings Helmholtz (Die Lehre von den Tonempfindungen, 1863) angestellt*, dans *Allgemeine Musikehre*, 7e éd., 1863, p. 139. On peut en effet considérer que les travaux de Helmholtz ne sont, pour le moins, guère pris au sérieux par le théoricien de la musique, et même, qu'ils sont reçus avec une méfiance certaine et un certain mépris : les recherches « fines et spirituelles » de Helmholtz semblent non seulement ne rien remettre en cause ou compléter dans la théorie exposée par Marx, mais en outre, elles-mêmes sont décrites comme sujettes à caution. On comprend que Mach s'offusque d'une telle réception et cherche à mieux faire connaître et comprendre l'importance de l'approche physiologique de Helmholtz auprès des musiciens et théoriciens de la musique.

Bruits et sons

Presque tout changement dans le monde matériel donne lieu à des sensations auditives, produit du bruit. Ce sont toujours des mouvements de masses qui se font remarquer par l'oreille. Nous pouvons difficilement nous déplacer sans risquer d'être entendus. Les corps solides, liquides, gazeux produisent un bruit en se mouvant. La voiture qui roule vrombit, le torrent qui se précipite au-dessus des rochers mugit, l'air déplacé frémit. La cloche, la corde, le diapason émettent un bruit lorsqu'ils sont frappés ou frottés, le sifflet émet un bruit lorsqu'on souffle à l'intérieur. Si le royaume du bruit est si grand, c'est que presque aucun changement dans la nature ne se fait sans que des masses se meuvent et ce mouvement est le plus souvent audible.

Les nombreux noms (bruit, fracas, cliquetis, éclat, son musical[1]) mettent déjà en évidence qu'il existe des espèces très différentes de sensations auditives. Il n'échappera cependant pas à l'observateur attentif, qui a exercé son oreille, que ces sensations auditives si diverses ne sont pas toutes d'une nature également simple, mais que certaines sont composées à partir d'autres, et décomposées ensuite en éléments simples par la seule oreille.

Cette sensation auditive qui, considérée de façon superficielle, paraît être relativement simple est le *son* [*Klang*]. Il est aisé de remarquer qu'un bruit n'est en fait rien d'autre qu'un grand ensemble de divers sons. Avec l'attention voulue, dans un bruit, on distingue toutefois nettement à l'écoute une série de sons de hauteurs différentes, qui, rapidement, deviennent plus forts ou plus faibles, ou disparaissent totalement, alors que d'autres sons prennent leur place, se comportant de la même façon. Inversement, on peut produire un bruit en émettant simultanément de nombreux sons de différentes hauteurs et en les faisant changer. Ainsi c'est bien un bruit qui est engendré lorsqu'on appuie au hasard sur un grand nombre de touches d'un orgue, d'un physharmonica[2] ou d'un piano, lesquelles produisent

1. Les mots allemands sont les suivants : *Schall*, *Geräusch*, *Getöse*, *Gepolter*, *Gerassel*, *Klang*, *Ton*.

2. Le physharmonica est l'ancêtre de l'harmonium, de l'harmonica et de l'accordéon. Inventé à Vienne en 1818 par Anton Häckl, et essentiellement utilisé en Allemagne, il est constitué d'un seul clavier et équipé d'anches libres, et non, comme l'orgue, de tuyaux. À la différence de l'harmonium, il ne dispose pas de différents registres. La soufflerie est activée grâce à une paire de pédales. Le physharmonica ressemble assez aux petits harmoniums

chacune individuellement un son. On peut de nouveau distinguer de ce bruit, en se donnant quelque peine, les sons élémentaires qui le composent.

Dans le grondement de l'eau, on entend distinctement de nombreux sons aigus et graves brièvement interrompus, qui alternent rapidement avec d'autres. On obtiendra la même chose pour le vacarme d'un torrent ou d'un moulin, pour le tintement de verres, pour tout bruit sourd. Une détonation est un son très fort et rapidement interrompu, qui a la plupart du temps une hauteur nettement déterminée.

On ne peut décrire ni définir plus avant le type de sensation qu'est un son. Par *son*, on désigne une sensation auditive généralement connue, comme celle qui naît lorsqu'on appuie sur la touche d'un piano bien accordé ou d'un orgue. Cette sensation conserve les mêmes caractères pendant tout le temps de son existence. D'autres types de sensations auditives ne sont, nous l'avons dit, pas aussi simples, dans la mesure où elles sont justement composées de plusieurs sons.

Les mouvements par lesquels les différentes sortes de sensations auditives sont produites sont aussi divers que celles-ci. Pourtant, seul un certain type de mouvements produit un bruit. Nous commencerons par examiner le mouvement particulier qui correspond au son [*Klang*] compris comme étant le bruit [*Schall*] le plus simple.

Prenons une tige d'acier assez longue et épaisse, comme celle utilisée pour des aiguilles à tricoter par exemple. Nous la posons à plat sur la table de telle sorte qu'une partie longue de 2 pieds[1] environ dépasse du bord, nous tenons fermement appuyée l'extrémité qui repose sur la table et donnons un coup à la partie libre. Nous voyons alors celle-ci effectuer des oscillations régulières et lentes. Si nous raccourcissons l'extrémité libre de la tige, ces oscillations resteront encore *cadencées*, mais se feront plus rapides. Ces oscillations deviendront en fin de compte si rapides qu'on ne pourra plus les suivre avec les yeux, qu'elle cesseront d'être visibles, et elles se feront alors remarquer par un son grave. Le son sera d'autant plus aigu que la tige sera courte et les oscillations rapides.

Des oscillations cadencées, régulières, produisent donc un son, qui apparaît d'autant plus aigu que les oscillations se succèdent rapidement. Les coups cadencés qui sont communiqués à l'air par le corps oscillant sont

indiens, posés à même le sol, qui fonctionnent grâce à un soufflet activé par la main gauche, tandis que l'autre main joue sur le clavier.

1. Un pied correspond à environ 30,5 cm. La tige en question mesure donc une soixantaine de centimètres.

ici l'élément principal. On peut s'en convaincre par de très simples expériences. Si l'on prend un livre dont la couverture est recouverte d'une toile faite de fines cannelures et que l'on passe rapidement et uniformément avec son ongle sur celle-ci, en entend distinctement un son rauque. Celui-ci est plus aigu si le mouvement du doigt est plus rapide, plus grave si le mouvement est plus lent. Dans ce cas, aucun corps n'oscille effectivement, mais l'ongle exerce des coups sur les saillies de la toile, ces coups cadencés se succédant rapidement se propagent à travers l'air jusqu'à l'oreille et provoquent la sensation d'un son. Les coups cadencés constituent donc le phénomène essentiel.

Les physiciens ont tenté d'étayer cette même conception par bien d'autres expériences encore, et ont construit à cette fin de très ingénieux appareils, parmi lesquels nous mentionnerons les plus simples. L'un de ceux-ci est la roue de Savart, appelée ainsi d'après le nom de celui qui l'a découverte. Il s'agit d'une roue métallique pourvue de nombreuses dents (Fig. 1), qu'on fait tourner rapidement autour de son axe à l'aide d'une courroie et d'une manivelle. Si, pendant la rotation, on tient un morceau de carton rigide près des dents, de telle sorte que celles-ci le heurtent de façon répétée, on entend un son dont la hauteur monte continuellement avec la vitesse de rotation. Un deuxième appareil de ce type est la sirène de Seebeck. Elle consiste en un disque (Fig. 2) qu'on fait tourner comme la roue de Savart autour de son axe. Le disque contient un certain nombre de trous situés à égale distance les uns des autres. Si l'on souffle avec un petit tube à travers les trous pendant que le disque tourne, l'air ne le traverse que par à-coups et de façon cadencée, l'air environnant est déplacé par à-coups cadencés. De nouveau, un son est produit, dont la hauteur augmente avec le nombre de tours et le nombre de trous dans le disque de la sirène.

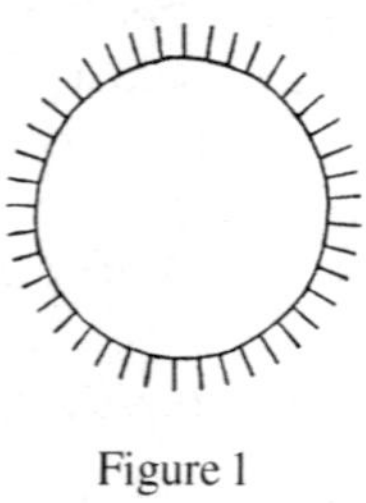

Figure 1

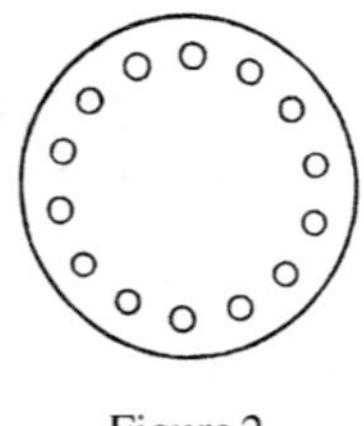

Figure 2

Ce sont toujours des coups réguliers, qui se suivent à des intervalles de temps tout à fait égaux, qui produisent un son. Et ce phénomène a lieu dans tous les corps qui émettent un son. Comme la physique l'a démontré grâce a de très ingénieuses méthodes, les cloches, cordes, tiges, sifflets, etc., dès lors qu'ils émettent un son, administrent à l'air des chocs[1] tout à faits réguliers.

Une petite boule de plomb est accrochée à un fil; dès que son repos est brisé, elle oscille en cadence d'un côté et de l'autre. Elle oscille plus rapidement lorsque le fil est plus court, plus lentement lorsqu'il est plus long. Bien d'autres corps se comportent de manière comparable à cette petite boule de plomb au bout de son fil. Des cordes tendues oscillent également lorsqu'elles sont frappées, et les cordes longues oscillent plus lentement que les courtes. Les cloches, tiges et sifflets oscillent la plupart du temps d'autant plus vite qu'elles sont petites. Des corps petits donnent en général des sons plus aigus.

Un bruit est engendré, comme nous l'avons déjà vu, lorsque nous produisons beaucoup de sons en même temps. Quelle sorte de mouvement provoque donc un bruit? Il s'agit manifestement d'un mouvement très irrégulier. Car à chaque son particulier correspondent des chocs réguliers; selon la hauteur, les chocs se succèdent seulement plus lentement ou plus rapidement. Quand un très grand nombre de tels chocs cadencés, mais à un *tempo* différents, sont donc produits ensemble, il en résulte nécessairement un enchevêtrement irrégulier de chocs. Nous entendons alors un bruit. Ce cas aussi, les physiciens l'ont examiné de la façon la plus précise. Les différentes sortes de sons sont donc produits par des sortes de mouvements également différents, tantôt par des coups cadencés de façon simple, tantôt par des coups irréguliers. Mais ce sont toujours des mouvements, des tremblements qui, par saccades, provoquent des sons. Des mouvements progressant de manière uniforme ne produisent pas de son. De l'eau coulant tranquillement dans un tuyau ne provoque aucun bruit. On n'entend pas des parties de machines en mouvement uniforme, ou seulement dans la mesure où de petits tremblements sont inévitables.

1. Nous avons traduit le mot allemand *Stoß*, *Stösse*, le plus souvent par « choc », parfois par « coup ». C'est la traduction qui nous semble être la plus fidèle pour l'époque. Au XVIIe siècle (Descartes, Mersenne), et encore au XVIIIe (Euler), on parlait de « coups ». Mais il faut remarquer que Blaserna, dans sa traduction des *Causes physiologiques de la perception sonore* (cf. *supra*, p. 51 *sq.*), utilise le mot français « pulsation » pour le même mot allemand. À la fin du XIXe siècle, on a bien compris que le son n'est pas constitué de « coups », mais de vibrations continues. Nous devons ces explications à Patrice Bailhache.

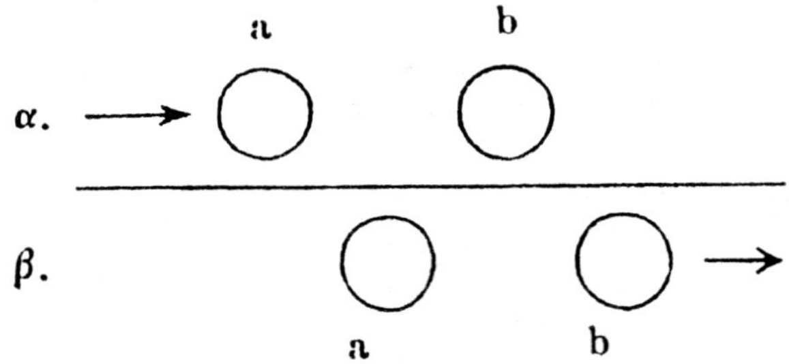

Figure 3

Lorsqu'un mouvement sonore a lieu quelque part dans l'air, celui-ci se propage à grande vitesse. Pour nous faire une image de ce phénomène, considérons un cas dans lequel la propagation du mouvement peut être observée plus aisément que dans l'air. Nous posons deux pièces de monnaie identiques *a*, *b*, sur une table lisse (Fig. 3α). Lançons *a* contre *b* dans la direction de la flèche; *a* reste en repos aussitôt qu'elle rencontre *b*, tandis que *b* seule est propulsée en avant. À l'instant suivant, les pièces de monnaie se présentent comme dans la figure 3β. La pièce *a* est restée immobile à la place où elle a rencontré *b*, tandis que *b* a été lancée plus loin dans la direction de la flèche. Les deux corps élastiques identiques ont donc pour ainsi dire échangé leur vitesse lors du choc. Il se passe la même chose dans chaque cas de ce genre.

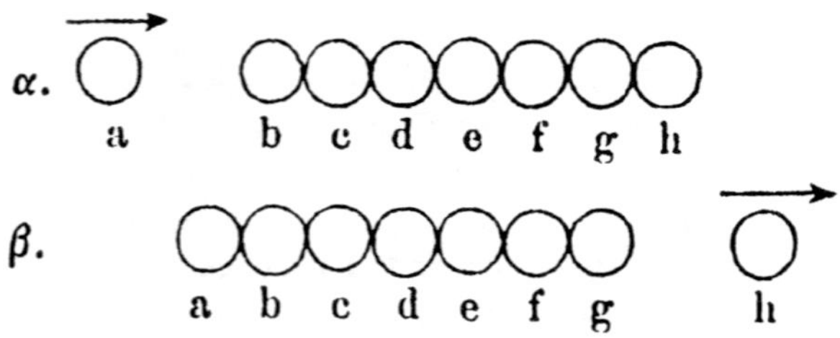

Figure 4

Prenons maintenant toute une rangée de corps élastiques identiques, une rangée de pièces de monnaie identiques par exemple, comme le représente la figure 4. Celles-ci doivent être étroitement collées les unes contres les autres. Nous conférons une vitesse à la pièce *a* dans la rangée α, suivant la direction de la flèche. Aussitôt qu'elle heurte *b*, elle communique toute sa vitesse à celle-ci, tandis que *a* reste en repos. La pièce *b* cède instantanément son mouvement à *c*, *c* à *d*, *d* à *e*, et ainsi de suite. Seule la dernière pièce du rang n'en trouve pas d'autre avec laquelle elle pourrait échanger sa vitesse, elle se meut par conséquent elle même en avant. Au moment suivant, après que *a* a été lancé contre la rangée *b*… *h*, l'arrangement des pièces de monnaie se présente comme dans la figure 4β. La pièce *a* reste immobile dès qu'elle rencontre la rangée, et aussitôt, la dernière pièce *h* bondit à l'autre extrémité de la rangée. C'est de cette manière singulière que se propage le mouvement provoqué dans une rangée de corps élastiques identiques. – Ces expériences peuvent trouver de très jolies variantes. Si nous lançons 2, 3, *n* pièces d'un coup contre une rangée de pièces de monnaie, les premières restent immobiles dès qu'elles rencontrent la rangée, et à l'autre extrémité de la rangée, 2, 3, *n* pièces bondissent.

Nous devons nous représenter de façon similaire la propagation du mouvement du son dans l'air. Figurons-nous une colonne d'air, depuis le lieu où se trouve le corps oscillant jusqu'à l'oreille, divisée en parties identiques. Dans un premier temps, seule la partie de la colonne d'air qui le jouxte reçoit les chocs du corps oscillant, chocs qui se propagent cependant à travers toute la colonne d'air, jusqu'à la dernière partie qui jouxte l'oreille. L'oreille reçoit donc par l'intermédiaire de la colonne d'air les chocs qui proviennent du corps oscillant. Ces chocs de l'air exercés sur l'oreille provoquent la sensation du son.

Ces considérations nous permettent de mettre en évidence l'importance des principes suivants.

1) La sensation du son est provoquée par des coups se succédant très rapidement, lorsque ceux-ci sont propagés à travers l'air ou un autre corps élastique jusqu'à l'oreille.

2) Ce sont des coups réguliers et cadencés, c'est-à-dire des coups qui laissent entre eux toujours les mêmes pauses, qui provoquent la sensation du son. Le son apparaît d'autant plus aigu que les pauses entre les coups sont courtes, c'est-à-dire que les coups se succèdent plus rapidement.

3) Des coups irréguliers mais se succédant rapidement donnent lieu à l'émergence de bruits.

4) Le son est une sensation auditive très simple.

5) Dans le bruit, on peut nettement reconnaître de nombreux sons simultanés et qui changent rapidement.

LE SON

Lorsque, sur un piano, j'enfonce la même touche tantôt faiblement, tantôt avec force, j'obtiens dans les deux cas un son de même *hauteur*, mais d'*intensité* différente. Frapper différentes touches d'un piano donne des sons de *hauteurs* différentes. Si je joue finalement la même note sur un piano et à la flûte, avec à peu près la même intensité, je distinguerai toutefois les deux sons à l'oreille par une particularité que l'on appelle le *timbre*.

Pour un son, on doit alors prendre en considération

1) l'intensité,

2) la hauteur,

3) le timbre,

auxquels nous nous intéresserons à présent plus en détail.

1) L'intensité du son donne peu de peine, car on se convainc aisément qu'elle ne dépend que de la violence du mouvement du son, de l'énergie des chocs de l'air. La corde de piano frappée avec force, la corde de violon frottée vigoureusement, prend son élan plus loin dans son mouvement que si le coup d'envoi est plus faible. Elle transmet par conséquent à l'air et à la table d'harmonie des chocs plus puissants et donne ainsi un son plus fort. Nous ne nous attarderons pas plus longuement sur cette remarque simple.

2) Ce dont dépend la hauteur du son est déjà plus difficile à établir. Nous avons cependant déjà remarqué que des chocs cadencés de l'air donnent un son d'autant plus aigu qu'ils se succèdent rapidement. On peut désormais encore ajouter qu'à un son d'une *hauteur déterminée* correspond une vitesse des chocs de l'air précisément déterminée.

À des fins musicales, on a ressenti le besoin de désigner de façon non univoque certains sons de certaines hauteurs, souvent utilisés. Cela se fait aujourd'hui au moyen de la notation suivante.

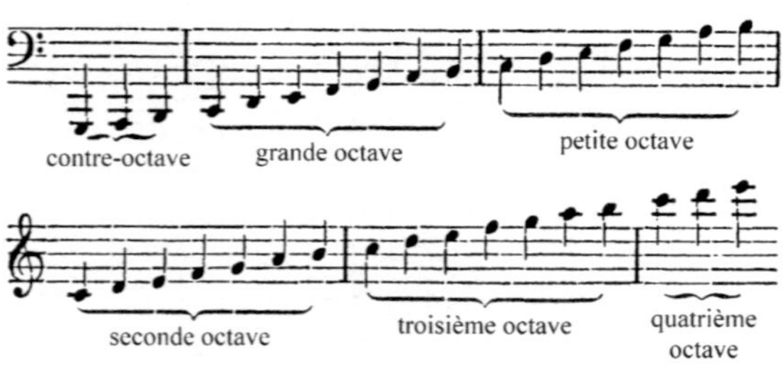

Les sons de la contre-octave sont aussi désignés par $\underline{C}$, $\underline{D}$, $\underline{E}$, $\underline{F}$, $\underline{G}$, $\underline{A}$, $\underline{H}$, celles de la grande octave par *C*, *D*, *E*, *F*, *G*, *A*, *H*, de la petite octave par *c*, *d*, *e*, *f*, *g*, *a*, *h*, de la deuxième octave par $\bar{c}$, $\bar{d}$, $\bar{e}$, $\bar{f}$, $\bar{g}$, $\bar{a}$, $\bar{h}$, et ainsi de suite. L'appellation de Sondhans est encore plus pratique. Il nomme les sons de la petite octave c^0, d^0, e^0, f^0, g^0, a^0, h^0. Si l'on doit désigner 1, 2, 3 octaves supérieurs ou plus, on écrit d'après Sondhans c^1, c^2, c^3, etc. Les octaves plus graves seront au contraire indiquées par c^{-1}, c^{-2}, c^{-3}, etc.

Les Français et les Italiens nomment ces sons qui chez nous s'appellent *c*, *d*, *e*, *f*, *g*, *a*, *h*, respectivement par *ut*, *ré*, *mi*, *fa*, *sol*, *la*, *si*. Si nous plaçons les signes français sous les signes allemands, nous avons :

$\underline{C}$,	$\underline{D}$,	$\underline{E}$,	$\underline{F}$,	$\underline{G}$,	$\underline{A}$,	$\underline{H}$
ut_{-1},	$ré_{-1}$,	mi_{-1},	fa_{-1},	sol_{-1},	la_{-1},	si_{-1}
C,	D,	E,	F,	G,	A,	H
ut_1,	$ré_1$,	mi_1,	fa_1,	sol_1,	la_1,	si_1
c,	d,	e,	f,	g,	a,	h
ut_2,	$ré_2$,	mi_2,	fa_2,	sol_2,	la_2,	si_2
$\bar{c}$,	$\bar{d}$,	$\bar{e}$,	$\bar{f}$,	$\bar{g}$,	$\bar{a}$,	$\bar{h}$
ut_3,	$ré_3$,	mi_3,	fa_3,	sol_3,	la_3,	si_3

Si un son utilisé en musique est donné, le physicien peut dire, à l'aide de ses instruments, combien de chocs d'air cadencés par seconde sont nécessaires pour produire ce son. On a par exemple frappé le son la_4[1], de la troisième octave, sur le piano, et on veut savoir combien de chocs d'air à la seconde ont été nécessaires pour sa formation. On met en rotation rapide le disque de la sirène de la figure 2, jusqu'à obtenir, en soufflant en direction de la série des trous, un son de même hauteur que le son donné. Si le disque fait alors par exemple 10 tours par seconde, et qu'il a 87 trous, il est évident que, lorsqu'on souffle, l'air le traverse par à-coups 870 fois par seconde,

1. Il existe plusieurs systèmes de notation possibles des octaves. Pour les deux qui sont en usage encore aujourd'hui, le la_3 du diapason est la note de référence. Les octaves supérieures sont indiquées par des indices croissants (3, 4, 5, etc.), et les octaves inférieures par des indices décroissants. Toutefois, deux systèmes de notations coexistent, l'un passant de l'octave d'indice 1 à l'octave d'indice 0, et l'autre passant de l'octave d'indice 1 à l'octave d'indice (−1), sans admettre d'octave d'indice 0. C'est cette dernière notation qui semble prévaloir (*cf.* Abromont et Montalembert, *Guide de la théorie de la musique*, *op. cit.*, p. 564 et 38), et c'est celle qui a donc été retenue pour la présente traduction. Outre le fait qu'elle est la plus courante, cette notation est celle que Mach présente (schéma ci-dessus) comme la notation « française ». Il convient cependant de remarquer que Guéroult, dans sa traduction de la *Théorie des sensations auditives* de Helmholtz, adopte encore un autre système de notation des octaves, puisqu'il admet l'indice 0 et surtout attribue l'indice 2 au *la* du diapason (*cf.* Helmholtz, *Théorie physiologique de la musique*, *op. cit.*, p. 22-23). Le souci de Guéroult est de rester aussi proche que possible du système de notation allemand (*cf.* note 1, p. 23), mais il nous semble qu'une telle notation, qui ne correspond en aucune manière à nos repères usuels, peut aisément être source de confusions.

et l'on sait que 870 chocs d'air par seconde produisent le son *la*$_4$ de la troisième octave.

Comme on peut en outre le constater, tout corps qui donne le son *la*$_4$ communique à l'air 870 chocs par seconde (dans la même direction). Les fourches d'un diapason qui donnent *la*$_4$ par exemple vont et viennent 870 fois par seconde. En ce qui concerne la hauteur du son, la nature du corps oscillant n'importe donc pas, mais seulement le nombre des chocs d'air qu'il provoque par seconde.

La hauteur des sons caractérisés par les signes qui portent un nom n'a pas toujours été la même à différentes époques et en différents endroits, selon l'accord de référence choisi. Celle-ci est établie au moyen d'un corps sonore peu susceptible de variations, le diapason.

Quelques exemples nous permettront de rendre plus intuitive la variabilité de l'accord.

Le *la*$_3$ normal (deuxième octave) correspondait à Paris,

en 1680, sous Lully, ...	à 404 chocs d'air à la seconde,		
en 1774, sous Gluck (*Iphigénie*), ...	à 410	"	"
en 1807, sous Spontini (*Vestalin*), ...	à 420	"	"
en 1829, sous Rossini (*Tell*), ...	à 430	"	"

Depuis 1859, le *la*$_3$ normal est fixé à 435 chocs d'air à la seconde; cette mesure est donnée par un diapason dont les fourches vont et viennent 435 fois par seconde.

Le *la*$_3$ normal allemand a été fixé par l'association allemande des scientifiques de Stuttgart (1834), à la demande de Scheibler, à 440 chocs.

En Angleterre, le *la*$_3$ a 444 chocs. – L'Opéra de Vienne a, depuis le 1er novembre 1862, repris le *la*$_3$ normal français avec 435 chocs.

Si nous voulions à présent établir au moyen de la sirène le nombre de chocs de l'air par seconde qui correspond aux sons musicaux d'après le tempérament actuel de l'Opéra de Vienne, on constaterait aisément les nombres suivants. Le *la*$_{-1}$ de la contre-octave donne 54,37 chocs, le *la*$_1$ de la grande octave, 108,75 chocs, le *la*$_2$ de la petite octave, 217,5 chocs, le *la*$_3$ de la deuxième octave, 435 chocs, le *la*$_4$ de la troisième octave, 870 chocs, le *la*$_5$ de la quatrième octave, 1740 chocs. Le nombre de chocs d'air ou, comme on le dit aussi, le nombre de vibrations, de tous les autres sons musicaux peut être déterminé ainsi de la manière la plus précise.

Si nous prenons comme base le *la*$_3$ normal de Scheibler de 440 vibrations, qui est celui qu'on utilise habituellement, nous obtenons pour les sons musicaux les nombres de vibrations du tableau suivant.

ut_{-1} …	33	ut_1 …	66	ut_2 …	132	ut_3 …	264	ut_4 …	528	ut_5 …	1056
$ré_{-1}$ …	37,125	$ré_1$ …	74,25	$ré_2$ …	148,5	$ré_3$ …	297	$ré_4$ …	594	$ré_5$ …	1188
mi_{-1} …	41,25	mi_1 …	82,5	mi_2 …	165	mi_3 …	330	mi_4 …	660	mi_5 …	1320
fa_{-1} …	44	fa_1 …	88	fa_2 …	176	fa_3 …	352	fa_4 …	704	fa_5 …	1408
sol_{-1} …	49,5	sol_1 …	99	sol_2 …	198	sol_3 …	396	sol_4 …	792	sol_5 …	1584
la_{-1} …	55	la_1 …	110	la_2 …	220	la_3 …	440	la_4 …	880	la_5 …	1760
si_{-1} …	61,875	si_1 …	123,75	si_2 …	274,5	si_3 …	495	si_4 …	990	si_5 …	1980

Il est vraiment possible de réaliser pratiquement de telles déterminations du nombre de vibrations au moyen de la sirène. On fera immédiatement quelques remarques sur le tableau précédent, accessibles à tout un chacun. Prenons deux sons quelconques du tableau qui forment un intervalle d'une octave, *ré*$_{-1}$ et *ré*$_1$ par exemple. Nous trouvons alors 37,125 vibrations pour *ré*$_{-1}$, 74,25 pour *ré*$_1$, et donc le double pour *ré*$_1$ que pour *ré*$_{-1}$. La même chose vaut pour mi_1 et mi_2, pour fa_1 *et* fa_2 pour sol_2 et sol_3, soit dans tous les cas où l'on a deux sons qui sont distants d'un intervalle d'une octave. À l'octave correspondent toujours deux fois plus de vibrations ou de chocs d'air que la note fondamentale. Pour une vibration de la note fondamentale, on a toujours deux vibrations de l'octave. On parvient à des considérations similaires pour d'autres intervalles. Prenons les sons ut_1 et sol_1, qui forment une quinte, à ut_1 correspondent 66, à sol_1, 99 vibrations par seconde. Pour deux vibrations de ut_1, on a donc manifestement toujours trois vibrations de sol_1 dans le même temps. Mais la même chose vaut pour toutes les quintes. Dans la quinte fa_{-1}-ut_1, fa_{-1} donne 44 chocs, ut_1, 66 chocs, on a donc de nouveau trois chocs de ut_1 pour deux chocs de fa_{-1}.

À l'aide de notre tableau, nous pouvons facilement constater que, pour l'échelle diatonique des sons :

pour 8 vibrations de la note fondamentale, on a 9 vibrations de la seconde,
4 " " , 5 " la tierce,
3 " " , 4 " la quarte,
2 " " , 3 " la quinte,
3 " " , 5 " la sixte,
8 " " , 15 " la septième,
1 " " , 2 " l'octave.

Si l'on ne connaît à présent que le nombre de vibrations d'un son, on peut dire aussitôt, à l'aide du théorème introduit, combien de vibrations donnent l'octave, la quinte etc. s'y rapportant. Pour obtenir le nombre de vibrations de l'octave, on multipliera simplement par deux le nombre de vibrations de la note fondamentale. Nous trouvons le nombre de vibrations de la quinte en divisant par deux celui de la note fondamentale, puis en multipliant par trois le résultat obtenu, ou, ce qui revient au même, en multipliant le nombre de vibrations de la note fondamentale par 3/2. Il en va de même pour les autres intervalles.

Le nombre de vibrations de la note fondamentale multiplié par
9/8 donne le nombre de vibrations de la seconde,
5/4 celui de la tierce,
4/3 celui de la quarte,
3/2 celui de la quinte,
5/3 celui de la sixte,
15/8 celui de la septième,
2 celui de l'octave.

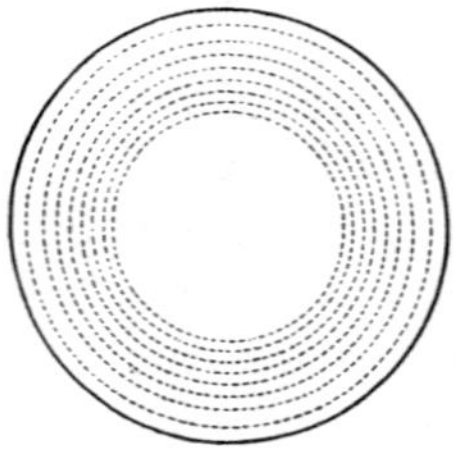

Figure 5

Ainsi, pour que deux sons forment ensemble un intervalle musical déterminé, leurs nombres de vibrations doivent donc être dans un rapport déterminé. Ce n'est pas la *différence*, mais le *rapport*, qui importe ici. Cela peut être démontré par une expérience simple et élégante sur un disque de sirène, comme celle réalisée à Paris par König. Le disque utilisé contient 8 séries de trous qui sont indiquées par les lignes pointillées (Fig. 5). La série de trous qui se trouve le plus à l'intérieur comprend 24 trous, la suivante, en allant vers l'extérieur, 27; suivent ensuite des séries avec 30, 32, 36, 40, 45 trous, et la série la plus extérieure compte 48 trous. Lorsqu'on tourne rapidement le disque et que l'on souffle avec un tube tout d'abord à travers la série de trous la plus intérieure, puis à travers la suivante, et ainsi de suite, on entend distinctement une gamme diatonique. Lorsqu'on tourne le disque plus rapidement, les sons dans leur ensemble deviennent plus aigus, lorsqu'on tourne plus lentement, ils deviennent tous plus graves, mais ils ne cessent jamais de former une gamme diatonique. Car les nombres de trous de deux séries qui, à une vitesse donnée, pendant un même intervalle de temps, passent sous le souffle du tube, restent toujours dans le même rapport.

3) Il nous reste encore à considérer le *timbre*, cette particularité du son qui fait que des sons provenant d'instruments différents sont différents. Il convient toutefois de réserver cette investigation pour un chapitre ultérieur.

Nous pouvons à présent considérer comme établi que

1) l'intensité du son dépend de la violence du mouvement par lequel il est produit;

2) la hauteur du son croît avec le nombre de vibrations ou chocs d'air, et qu'à des intervalles déterminés correspondent des rapports déterminés du nombre de vibrations.

L'ÉCOUTE MUSICALE

Dans toute perception sensible, l'exercice et l'attention jouent un rôle prodigieusement important. La justesse et la précision de la perception en dépendent essentiellement. Les personnes qui sont contraintes par leur mode de vie à accorder beaucoup d'attention à leur environnement sensoriel se distinguent fréquemment sous ce rapport par un don particulier d'observation. La finesse des sens de l'Indien qui est entièrement à la merci de la nature est déjà devenue légendaire.

Le portraitiste a une habileté à découvrir et à fixer les détails des traits du visage qui semble quasiment incompréhensible à celui qui n'est pas exercé. Nous retrouvons une situation comparable chez le musicien. L'écoute musicale, à laquelle on est plus ou moins disposé, peut être grandement développée par l'exercice et l'attention. Le non-musicien ne se représente pas quelle vue d'ensemble un maître de chapelle doit acquérir sur quantité de sons.

Des exemples peuvent faire apparaître clairement le rôle de l'attention et de l'exercice pour la finesse de l'observation sensible. Le botaniste remarque des détails et des différences dans les plantes, et reconnaît distinctement deux espèces différentes, là où l'œil du profane ne discerne souvent aucune différence, ou seulement une différence très confuse.

Il faut particulièrement prendre en considération la possibilité de diriger l'attention à son gré. J'ai un texte mal écrit; je ne parviendrai pas immédiatement à le déchiffrer. Je rassemble tantôt telles lignes, tantôt telles autres, sans que par là un caractère prenne forme. C'est seulement lorsque j'attache mon attention à des groupes de lignes qui vont vraiment ensemble que la lecture est possible. Quelqu'un qui est entraîné réussit plus rapidement que quelqu'un qui manque d'exercice. – Des écrits qui consistent en petites figures et ornementations ne peuvent être lus que d'un peu loin, lorsque l'attention n'est plus détournée des contours généraux au profit des détails. Les images bouffonnes, dans lesquelles des figures plus grandes sont représentées à partir de l'assemblage de figures plus petites, une tête humaine à partir de fruits par exemple, donnent un bel exemple de ce qui nous intéresse ici. De près, on ne voit que les détails, qui attirent l'attention sur eux, de plus loin en revanche, seulement la figure d'ensemble. Il est toutefois aisé de choisir une distance à laquelle on n'a aucune difficulté, en dirigeant son attention de façon adéquate, à voir tantôt la figure tout entière, tantôt les figures plus petites qui la composent. – La représentation du tombeau de Napoléon est une image que l'on trouve fréquemment. Le tombeau est entouré d'arbres sombres, à travers lesquels perce au fond le ciel clair. On peut contempler longtemps cette image sans rien remarquer d'autre que ces seuls arbres. Mais soudain, on aperçoit la figure de Napoléon à travers les arbres, si l'on oriente involontairement son attention vers le fond clair. Ce cas montre de la façon la plus nette l'importance du rôle que joue l'attention. Le même objet sensible peut par la seule intervention de celle-ci donner lieu à des perceptions tout à fait différentes. Il m'est arrivé une fois de construire des patrons de broderie de deux couleurs, qui étaient pour ainsi dire à double sens. Ils présentaient deux dessins et figures tout à fait différents selon que l'on regardait l'une ou l'autre couleur comme *fond*.

Chacun sait que nous pouvons fixer des yeux un objet et que nous voyons ensuite cet objet plus distinctement et plus nettement que tous les autres objets alentours. Celui qui réussit en outre à *observer* des objets qui se trouvent sur le côté, sans toutefois tourner les yeux vers eux et sans les fixer, remarquera que ceux-ci apparaissent flous et imprécis.

Une personne qui porte des lunettes à verres concaves peut faire aisément l'observation suivante. Si la flamme d'une bougie se tient derrière l'observateur, de côté, celle-ci produit dans les lunettes un petit reflet très net, se trouvant très près de l'œil, alors qu'avec ces lunettes, on peut voir aussi en même temps des objets éloignés. Que l'on regarde à présent au loin et que l'on considère en même temps cette petite image, elle apparaît alors tout à fait floue et imprécise. Mais dès que l'on fixe la petite image de la flamme, ce qu'on parvient à faire avec quelque effort, elle devient peu à peu plus distincte et finalement tout à fait précise, alors que les objets au loin semblent se fondre. La simple attention entraîne ici un changement dans l'œil, qui a pour effet une vision plus nette.

On retrouve des phénomènes similaires dans le cas de l'oreille. L'oreille peut aussi se fixer sur des sons particuliers, comme l'œil se fixe sur des points particuliers. Les mouvements et modifications de l'œil sont simplement plus perceptibles que les modifications qui interviennent vraisemblablement dans l'organe auditif du fait de l'attention. Tout le monde ne s'y entend pas pour suivre une symphonie en isolant les voix. Le musicien doit aussi apprendre à écouter, comme le peintre apprend à voir.

Nous avons déjà mentionné que l'on peut distinguer par l'écoute un grand nombre de sons différents dans chaque bruit. Cela est plus aisé ou plus difficile, selon le degré d'exercice que l'on a acquis. On y parvient plus aisément lorsque peu de sons opèrent ensemble, comme lors d'un morceau de musique, plus difficilement lors d'un bruit tout à fait irrégulier. On y parvient plus aisément lorsque les sons individuels sont de timbre différent que lorsque ce n'est pas le cas, plus aisément par exemple lors d'une interprétation orchestrale que lors d'un morceau joué par quelqu'un au physharmonica.

Pour s'exercer dans cette direction, commençons par des exemples tout à fait simples; enfonçons par exemple simplement deux touches du physharmonica.

Si l'on frappe 1, on entend aisément, selon que l'on fait attention au son le plus aigu ou au son le plus grave, tantôt *si*, tantôt *do*. Le son auquel on ne fait pas attention apparaît dès lors considérablement plus faible, et comme un simple supplément. Par un simple changement de l'attention, on parvient bientôt à entendre l'accord 1 presque comme cassé, d'une façon comparable à 5. Cela est plus facile pour les dissonances comme 1 et 2, plus difficile pour les consonances comme 3 et 4. – Si quelqu'un rencontre déjà des difficultés dans des cas aussi simples, il peut les écarter en faisant entrer un son plus tard que l'autre. Celui qui apparaît en dernier attire alors l'attention sur lui et l'on peut se convaincre aisément que le même accord *do-si* sonne autrement en 6 qu'en 7. En 6, on entend plus distinctement le *si*, en 7 plus distinctement le *do*. On peut remarquer qu'une oreille non exercée fixe de préférence la voix supérieure.

Après s'être exercé pour deux sons, on progresse vers la combinaison de trois sons ou plus. Le physharmonica est ici toujours préférable au piano en raison de la durée de ses sons.

Même dans des accords à trois sons comme 1, on réussit à entendre les sons singuliers de 2 presque comme cassés. Au début, on se facilite beaucoup la tâche en faisant intervenir deux sons en même temps, et le troisième plus tard. Par la suite, on n'a plus besoin de cet appui. Le même accord *mi-sol-si* sonne différemment en 3, en 4, en 5. On entend toujours le son frappé dans un second temps plus distinctement que les autres.

Si l'on est parvenu une fois à fixer son attention sur chaque son dans un accord, et sans effort particulier, on entend la même suite d'accords de façon tout à fait différente selon la voix à laquelle on prête attention.

Si l'on fixe en 1 la voix supérieure *mi*, on a l'impression que l'ensemble des sons tout entier reste le même et que seul le timbre a changé. Lorsqu'on considère cependant la basse *mi-la*, l'ensemble entier des sons semble descendre dans les graves. On remarque la même chose lorsqu'on fixe attentivement une voix quelconque en 2. Dans chaque cas, seul le timbre semble changer. C'est seulement si l'on suit le pas *mi-fa* qu'on l'entend distinctement.

Nous avons déjà vu que l'attention est attirée sur une voix lorsque celle-ci apparaît plus tard. Nous remarquons quelque chose de similaire, lorsque, inversement, une voix disparaît dans un accord.

Aussitôt qu'une voix se retire, l'attention glisse sur celle qui est située la plus près. Celle-ci retentit de façon sensiblement plus forte, presque comme si elle venait d'entrer. La phrase 1 au physharmonica ou au piano sonne presque comme la phrase 2, 3 comme 4, 5 comme 6. En 5, toutes les voix se retirent les unes après les autres, et l'on entend celles qui restent les unes après les autres comme venant d'être jouées. La même chose vaut pour la phrase 7, qui sonne comme 8. – On voit à quel point importe la façon dont on dirige volontairement son attention dans l'exemple 9, lequel, selon que l'on s'efforce de considérer les sons plus aigus ou plus graves, sonne comme 10 ou comme 11 (dans le second cas).

L'exercice systématique de l'oreille, tel qu'il a été décrit ici, est très important pour tout musicien. Le développement de l'oreille est hélas le plus souvent laissé au hasard. Habituellement, il intervient seulement chez les musiciens dont l'activité est propice à un tel développement, ce qui est le cas des chanteurs et des violonistes, qui cherchent eux-mêmes leurs sons et doivent s'ajuster à l'accompagnement. On trouve en revanche souvent une très mauvaise oreille chez les pianistes, qui ne sont absolument pas contraints à un tel exercice. Un pianiste peut rarement nommer les sons d'un accord.

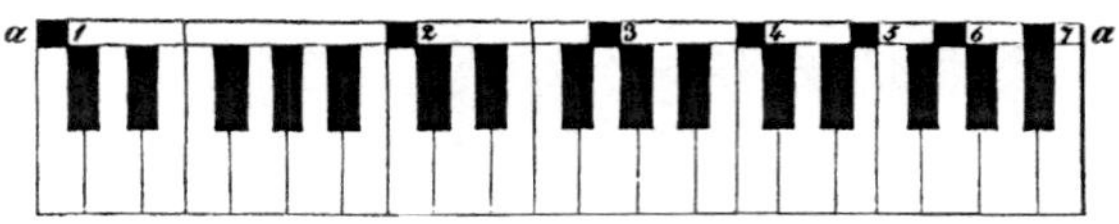

Figure 6

L'oreille bien exercée peut dissoudre tout accord, harmonieux ou non, en les sons qui le composent. Mais elle peut encore faire plus. À l'intérieur même de chaque son musical, qui est tenu pour simple par la plupart des musiciens eux-mêmes, l'oreille bien exercée entend encore des parties de différentes hauteurs. Nous nommerons dorénavant *sons élémentaires* ces différentes parties différentiables d'un *son*. – Lorsqu'on frappe par exemple sur le piano la touche désignée par la marque 1 de la figure 6, on entend, si l'on accroît l'attention, outre le son fondamental, que tout le monde entend, encore d'autres sons plus aigus et plus faibles, l'*octave* du son fondamental tout d'abord, qui est désignée par la marque 2, puis la *douzième* (3), la *double-octave* (4), la *tierce* de la double-octave (5), la *quinte* de la double-octave (6), la *septième* de la double-octave (7), et parfois encore aussi la *triple-octave* et la *seconde* de celle-ci. Ces sons dits *sons partiels* de la note *ut* (1) sont la plupart du temps plus faibles que le son fondamental *ut*, mais toutefois distinctement audibles[d].

Nous attirons donc l'attention sur le fait que dans tout son qu'on peut utiliser en musique, on peut entendre, outre le son fondamental de ce son, d'après lequel la hauteur est déterminée et nommée en musique, d'autres

d. Nous faisons ici provisoirement abstraction des différences minimes entre le mode naturel et le mode tempéré.

sons *partiels* plus aigus, ou harmoniques. La hauteur de ces sons partiels change avec la hauteur du son (ou de son son fondamental). Mais les rapports d'intervalle entre les sons partiels et le son fondamental restent toujours les mêmes. Ce sont toujours l'octave, la douzième, la double-octave, la tierce de la double-octave, la quinte de la double-octave, etc., du son fondamental, qui apparaissent comme sons partiels du son, avec une intensité plus ou moins grande.

Pour la note *ut*$_{-1}$ par exemple, nous trouvons le son fondamental *ut*$_{-1}$, et les sons partiels plus aigus que nous entendons dans cette même note sont dans l'ordre *ut*$_1$, *sol*$_1$, *ut*$_2$, *mi*$_2$, *sol*$_2$, *sib*$_2$, *ut*$_3$, *ré*$_3$, etc. La note *sol*$_{-1}$ contient, hormis le son fondamental, les harmoniques *sol*$_1$, *ré*$_2$, *sol*$_2$, *si*$_2$, *ré*$_3$, *fa*$_3$, *sol*$_3$, *la*$_3$, etc. La note *mi*$_{-1}$ est composée des sons *mi*$_1$, *si*$_1$, *mi*$_2$, *sol*$^{\#}_2$, *si*$_2$, *ré*$_3$, *mi*$_3$, *fa*$^{\#}_3$ etc. Pour que les choses soient plus claires, nous indiquons ici sur une portée les sons partiels de quelques notes[e].

Les notes les plus graves désignent toujours le son fondamental et le nom de la note. Les harmoniques sont le plus souvent d'autant plus faibles qu'ils deviennent plus aigus; seuls les sons partiels les plus graves peuvent donc pour l'essentiel être entendus de façon distincte dans chaque note.

Représentons-nous comme mobile la réglette *aa* dans la figure 6, sur laquelle les marques pour les sons partiels de la note *ut* sont rapportés. Elle indique alors toujours le son fondamental d'une note avec ses premiers harmoniques, quelle que soit la place où nous la placions sur le clavier. Un tel modèle est dès lors, pour qui n'a pas l'oreille exercée, un instrument de travail très utile pour l'étude des harmoniques.

Le clavier de la figure 6 est construit de manière spécifique, pour des raisons qui devront apparaître clairement par la suite. Une personne attentive découvre immédiatement que les touches du *do*, du *mi*, du *fa*, du *si*, sont plus étroites que les autres touches du bas du clavier[1]. En revanche,

e. On remarque aisément que plus les sons partiels sont aigus, plus ils sont proches les uns des autres. D'autres sons partiels que ceux indiqués ici peuvent intervenir. Mais ils sont presque toujours très faibles et sans signification pour la musique.

1. La terminologie utilisée ici par Mach ne rend pas l'explication très claire. En fait, il faut comprendre que « le bas du clavier » désigne les touches blanches, « le haut », les touches

les touches du haut du clavier ont toutes la même largeur. Par ce moyen, on obtient que les touches auxquelles correspondent des intervalles égaux dans la partie haute du clavier se trouvent aussi à des distances égales.

Le son n'est donc pas la sensation auditive la plus simple, il peut être décomposé en un certain nombre de sensations plus simples, celles des sons élémentaires. Dans chaque son, on distingue plusieurs sons élémentaires. Les plus aigus et plus faibles se trouvent dans le rapport d'intervalle déterminé que nous avons indiqué, relativement au son le plus grave de la note, le son fondamental.

On entend les sons partiels plus aisément sur un orgue que sur un piano. Les tuyaux d'orgue ouverts font entendre dans leurs sons l'octave, la douzième, la double-octave, etc. Dans le son du tuyau fermé manquent les octaves du son fondamental. C'est dans les derniers tuyaux qu'on entend le plus facilement les harmoniques. Si l'on souffle très faiblement dans un tuyau fermé, on ne perçoit distinctement que le son fondamental. Lorsqu'on souffle très fort, on entendra presque seulement la douzième, et quand le souffle est mesuré, on entend distinctement le son fondamental et la douzième.

Chez ceux qui sont moins exercés, l'attention doit être dirigée surtout vers les harmoniques, par exemple de la manière suivante. On frappe un ut_{-1} au piano, et on laisse la touche appuyée, pendant qu'on frappe doucement et *staccato* un sol_1. Après avoir lâché la touche sol_1, on entend alors aussi le son sol_1 qui continue de sonner, son sur lequel notre attention a été attirée par la frappe. Mais cela ne peut provenir que des cordes de ut_{-1} à présent, puisque les cordes du sol_1 ne vibrent plus. On procède de la même manière pour rendre perceptibles les autres harmoniques. Si on laisse appuyée une touche du physharmonica pendant plusieurs minutes, on entend au début le son fondamental, et plus tard alternativement tantôt tel harmonique, tantôt tel autre. L'oreille se fatigue en effet qu'on porte l'attention sur un seul son et se tourne involontairement vers les autres.

Nous devons encore mentionner quelques autres moyens arti-ficiels aisément accessibles au musicien, qui permettent de se convaincre de l'existence des harmoniques. Certains sont heureusement de nature très simple.

La corde d'un piano commence à émettre un son aussitôt qu'est donné avec force le son que, frappée, elle produirait elle-même. Lorsqu'on soulève par exemple l'étouffoir du piano et que l'on chante avec force à

noires. Les touches correspondant à *mi-fa* et *si-do* sont resserrées de telle manière que *mib* et *fa*# – et *sib* et *do*# – soient à la même distance que *fa*# et *lab*, *lab* et *sib*.

l'intérieur un son de celui-ci, il fait lui-même distinctement écho, même après que nous avons déjà cessé de chanter. Ceci ne se produit plus dès que l'on change simplement un peu l'accord, de sorte que le son chanté n'est plus redonné exactement par aucune touche du piano.

On appuie doucement sur la touche la_3 du piano et on pose le diapason qui donne le la_3 sur la table d'harmonie. Aussitôt après avoir éloigné le diapason, on entend le la_3 du piano lui faire écho, si celui-ci est accordé exactement au même diapason, et dans ce cas seulement.

La corde du piano est donc excitée à vibrer par son propre son. Mettons deux pianos accordés de la même manière l'un à côté de l'autre. Sur le premier, nous frappons brièvement et avec force quelques accords, après avoir éloigné l'étouffoir dans le second. Chaque accord que nous frappons sur le premier piano, nous l'entendons résonner distinctement dans le deuxième. Pour prouver maintenant que ce sont les mêmes cordes qui sont frappées dans l'un des pianos et qui résonnent dans l'autre, nous répétons l'expérience d'une manière un peu différente. Nous laissons l'étouffoir abaissé sur le deuxième piano également, et tenons sur celui-ci seulement les touches *do*, *mi*, *sol*, tandis que nous frappons brièvement *do*, *mi*, *sol*, sur le premier. L'accord *do*, *mi*, *sol*, sonne aussi maintenant dans le deuxième piano. Mais si nous tenons seulement *sol* sur un piano, tandis que nous frappons *do*, *mi*, *sol* sur l'autre, alors seul *sol* résonne à la suite. Nous pouvons inversement tenir *do*, *mi*, *sol*, et ne frapper que *sol*. Seul *sol* résonnera alors aussi à la suite. Ce sont donc toujours les cordes accordées de la même manière des deux pianos qui s'excitent à tour de rôle.

L'émission de ces sons en écho peut être utilisée pour prouver l'existence des harmoniques de la façon suivante. Si je frappe 1 brièvement (Fig. 6), tandis que les touches 2, 3, etc. jusqu'à 7, les unes après les autres, sont simplement tenues appuyées, j'entends les touches 2, 3, jusqu'à 7, résonner à la suite. Ce doit donc être la touche 1 qui fait sortir des sons, par lesquels les cordes de 2, 3, etc. jusqu'à 7, sont excitées. Ce sont précisément les harmoniques.

Inversement, lorsque je tiens 1 appuyée et que je frappe brièvement 3, j'entends 3 résonner à la suite, aussi longtemps que je tiens 1. Je peux donc faire sortir le son 3 uniquement à partir de la corde 1. Il en va de même avec les autres harmoniques.

Qu'il soit permis de mener encore une petite expérience. Lorsque, de deux touches qui ont un harmonique en commun, j'en tiens une appuyée et frappe l'autre, alors l'harmonique commun résonne à la suite.

Les rondes représentent les touches tenues appuyées dans l'exemple ci-dessus, les noires les touches brièvement frappées et les blanches les sons qui se prolongent ensuite. Lorsqu'en 1 fa_{-1} est tenu appuyé et ut_{-1} est frappé, ut_2 résonne ensuite. De même, ut_2 résonne lorsque dans 2 ut_{-1} est tenu appuyé et fa_{-1} est frappé. Comme l'enseignent 3 et 4, on peut aussi faire résonner des accords tout entiers.

Résumons à présent les points essentiels. Nous pouvons constater ce qui suit :

1) L'oreille exercée peut, par une attention suffisante, décomposer tout accord, harmonieux ou non, en sons de différentes hauteurs, qui sont les sons qui le constituent.

2) Chaque son musical est lui aussi décomposé par l'oreille. On entend dans celui-ci, à côté du son fondamental, également plusieurs sons élémentaires plus aigus comme l'octave, la douzième, la double-octave etc., du son fondamental.

3) Le son élémentaire est la sensation auditive la plus simple, à laquelle est attribuée une hauteur déterminée, et qui ne peut pas être décomposée plus avant.

Le timbre

Nous sommes maintenant en mesure d'examiner de plus près sur quoi repose ce qu'on appelle le timbre, par quoi se différencient les sons des divers instruments. Il n'échappera pas à un observateur attentif que les sons d'un piano ne restent pas identiques dans toute leur durée, mais qu'ils sont plus forts à l'attaque et deviennent rapidement de plus en plus faibles. Les sons du physharmonica, du violon, des instruments à vent, peuvent garder la même intensité pendant toute leur durée. Mais alors que le piano attaque de manière franche, les sons des instruments à vent commencent le plus souvent de façon incertaine. En outre, les sons de la plupart des instruments de musique sont également accompagnés de bruits nets et caractéristiques. On entend distinctement le bruit de frottement de l'archet sur la corde pour les instruments à cordes, le sifflement de l'air propulsé pour les instruments à vent.

Il existe donc suffisamment de signes caractéristiques dans l'attaque, dans l'extinction des sons, et dans les petits bruits qui les accompagnent, pour distinguer les sons des différents instruments et reconnaître leur provenance.

Mais ce n'est pas tout. Nous savons déjà que la plupart des hommes tiennent le son pour une sensation simple, alors que celui qui est exercé peut le décomposer en une série de sons, le son fondamental, l'octave, la douzième, la double-octave, etc. Or ces sons partiels apparaissent, comme on peut s'en convaincre par une observation précise, avec une intensité différente dans les sons des différents instruments, des sons partiels particuliers peuvent même faire défaut totalement dans certains sons. Jamais toutefois n'apparaissent dans une note de musique d'autres sons partiels que ceux que nous avons désignés, à savoir le son fondamental, l'octave, la douzième etc. Il semble donc que le timbre dépende principalement de l'intensité avec laquelle les sons partiels particuliers sont représentés dans le son. Et l'on peut en effet s'en convaincre aisément. Tout ce qui modifie l'intensité des sons partiels d'un son a une influence sur le timbre.

Si l'on souffle dans une bouteille bombée, elle donne un son dans lequel, en plus du son fondamental, on ne peut découvrir aucun son plus aigu. On obtient un même son dès que l'on approche de l'orifice de la bouteille un diapason vibrant accordé sur la même note que celle donnée par la bouteille lorsqu'on souffle à l'intérieur. Des tuyaux d'orgue bouchés, de grande dimension, donnent un son sans harmoniques si l'air est envoyé faiblement. Tous ces sons dans lesquels on ne peut distinguer de sons plus aigus que le son fondamental sont *étouffés* et *doux*.

Le timbre des instruments à cordes change de façon significative en fonction de la manière dont on traite la corde. Considérons tout d'abord les instruments dans lesquels les cordes sont frottées ou frappées. Si nous pinçons une corde avec une aiguille métallique, nous obtenons un son mordant et entendons distinctement, outre le son fondamental, de nombreux harmoniques aigus et forts. Le son devient moins acéré si nous frottons la corde avec les doigts, et les harmoniques les plus aigus, dans le même temps, deviennent plus faibles. Nous découvrons un son encore plus doux si la corde est frappée par un marteau recouvert de feutre épais, comme c'est le cas pour le piano. Les harmoniques sont encore plus en retrait.

L'endroit où est frappée la corde a une influence très importante sur le timbre des sons du piano. Si l'on extrait un marteau du piano et que l'on frappe les cordes avec celui-ci, après les avoir libérées de l'étouffoir, tantôt à l'extrémité, tantôt à peu près au milieu, on entend tout d'abord un timbre agréable, et ensuite un timbre *nasillard* et *creux*. Dans le premier cas, on entend de nombreux harmoniques, dans le second, en revanche manquent l'octave, la double-octave, la quinte de la double-octave, c'est-à-dire les second, quatrième et sixième sons partiels. Même si l'on frappe au tiers de la longueur de la corde, on obtient un son relativement creux, dans lequel manquent la douzième du son fondamental, et l'octave de cette douzième.

Le timbre change donc en fonction de la localisation de la frappe, et de celle-ci dépend également l'intensité des harmoniques qui se font entendre. Le timbre et les harmoniques se trouvent donc manifestement dans une relation réciproque. Les facteurs de pianos, doués d'un sens pratique, ont fixé l'endroit de la frappe entre le septième et le neuvième de la longueur de la corde, ce qui donne un timbre très agréable et utilisable en musique.

Tout pianiste sait que le timbre dépend aussi de la façon de frapper, que l'on peut à son gré émettre un son dit *acéré* ou *doux*. Il n'existe toutefois aucune recherche à ce sujet susceptible d'être exploitée immédiatement par les musiciens. Travailler dans ce domaine présenterait pourtant un très grand intérêt.

Dans le son des instruments à cordes frottées, le violon par exemple, le son fondamental est plus fort que dans les sons du piano. Les premiers harmoniques sont en retrait dans le son du violon. Les harmoniques plus aigus sont en revanche plus forts que dans le son du piano. Le timbre du violon apparaît par conséquent plus acéré que celui du piano.

Les sons du jeu de flûte de l'orgue présentent tous les harmoniques qui ont été désignés plus haut. Dans le son du tuyau fermé manque en revanche l'octave, la double-octave, c'est-à-dire les sons partiels de nombre pair, ce qui le fait apparaître creux.

Ce qui vient d'être dit rend manifeste à quel point la teneur d'un son en harmoniques et la couleur de ce son sont liées entre elles. On tient un son pour simple aussi longtemps que l'on fixe son attention sur le son fondamental. Les harmoniques plus aigus apparaissent alors comme un supplément indistinct qui donne son caractère au son fondamental. Mais avec une attention plus soutenue, on peut entendre distinctement chaque harmonique plus aigu, et le son fondamental ainsi que les autres sons partiels apparaissent alors comme des suppléments indistincts. Cela est plus difficile, car le son fondamental de la note est le plus souvent bien plus fort que les harmoniques. Il n'y a de timbre qu'aussi longtemps qu'on entend indistinctement toutes les composantes de la note en dehors du son fondamental.

Un son change de timbre – qu'il soit permis de le remarquer ici – quand on l'écoute à une distance différente, et donc en fonction de son intensité. Si l'on s'éloigne peu à peu d'un corps qui émet un son, les harmoniques commencent à prendre le dessus, alors que le son fondamental se retire, le son devient, ainsi qu'on a coutume de le dire, vide. Le contraire a lieu lorsqu'on s'approche, le son fondamental prend de nouveau le dessus, le son devient plein. – Dans le cas des voix, de très loin, on entend souvent seulement la douzième du son fondamental, alors que le son plein et le son fondamental n'apparaissent que de près. Le changement de timbre en fonction de la distance n'est pas aussi remarquable pour tous les instruments de musique.

En ce qui concerne le lien entre le timbre et les harmoniques, on peut faire quelques remarques simples.

1) Des sons qui, outre leur son fondamental, ne contiennent pas d'harmoniques, ou seulement des harmoniques très faibles, apparaissent doux et étouffés.

2) Des sons avec quelques harmoniques supérieurs d'une relative intensité sont plus pleins et plus agréables.

3) Lorsqu'un son fondamental est plus fort que les harmoniques d'une manière significative, le son est *plein*, il est *vide* dans le cas contraire.

4) Des sons dans lesquels manquent les sons de nombre pair (l'octave, la double-octave) sont *creux* et *nasillard*. Cela se produit à un degré moindre lorsque manquent seulement les sons partiels de nombre impair (la douzième et son octave).

5) Un son qui a des harmoniques nombreux et aigus est acéré.

LA PARENTÉ DES SONS

Toute note de musique contient un certain nombre de sons partiels qui restent certes dissimulés à l'oreille non formée musicalement, mais qui peuvent toujours être entendus distinctement grâce à un exercice préalable de l'attention. Si deux notes sont maintenant données l'une après l'autre, soit les sons partiels de l'une sont différents dans leur ensemble des sons partiels de l'autre, soit certains sons partiels d'une note coïncident avec certains sons partiels de l'autre note. Étrangement, ces deux cas de figure apparaissent déjà comme entièrement distincts à l'oreille moins formée, qui ne peut pas distinguer individuellement les sons partiels. Si les deux notes données l'une après l'autre n'ont absolument aucun son partiel commun, on entend aussitôt qu'elles sont totalement étrangères l'une à l'autre. Des notes avec des sons partiels en commun apparaissent apparentées simplement à l'oreille, même sans voir été décomposées en sons partiels. On entend dans les notes elles-mêmes, pourrait-on dire, qu'elles contiennent des composantes communes. Pour deux sons de cette sorte, la sensation auditive est en effet en partie la même. L'un des sons répète une partie de ce que l'on a déjà entendu dans d'autre. – Il en va ici comme de la ressemblance de famille de deux visages, que l'on reconnaît très bien, même si l'on ne peut absolument pas indiquer sur quoi elle repose.

Des sons qui, dans leur succession, simplement à l'oreille, semblent appropriés à une liaison mélodique, se révèlent toujours, lors d'un examen plus précis, être ceux qui contiennent pour partie des sons partiels identiques. Nous appelons de tels sons *apparentés*. Manifestement, les sons sont plus apparentés lorsque les sons partiels qui coïncident sont plus nombreux et de plus grande intensité. Il existe donc des degrés dans la parenté des sons.

Si nous faisons suivre le son *ut*(1) du son *ut*#(2), n'importe quelle oreille reconnaît ce pas comme *non mélodique*, les deux sons n'ont rien en commun qui justifierait leur liaison. La décomposition en sons partiels, dont les sept premiers sont donnés sur la portée, enseigne en effet que les deux sons sont entièrement différents. Il en va autrement si au son *ut*(3) suit l'octave *ut*(4). La parenté entre l'octave et la note fondamentale saute immédiatement aux yeux, elle est si importante qu'elle peut même conduire à des confusions. La décomposition des sons 3 et 4 enseigne que ces deux sons n'ont pas moins de trois sons partiels en commun. On remarque qu'il existe une concordance, même si l'attention ne s'est pas portée suffisamment loin pour qu'on puisse indiquer quels sont les sons partiels qui coïncident.

Il existe une parenté évidente, même si elle est moindre, entre la note fondamentale *ut*(5) et la quinte *sol*(6). Les deux sons ont deux sons partiels en commun.

Dans la figure 7 sont représentés des claviers. Sur ceux-ci se trouvent les réglettes *aa*, *bb*, qu'il faut concevoir comme étant mobiles; ces réglettes, comme celles de la figure 6, sont munies de marques qui, de quelque façon qu'on déplace les réglettes sur les claviers, indiquent toujours les sons partiels d'une note. Dans la figure 7α, *aa* indique les sons partiels de *ut* et *bb* les sons partiels de la tierce *mi*. Le quatrième son partiel de la tierce coïncide donc avec le cinquième son partiel de la note fondamental. Dans la figure 7β, nous trouvons représentés deux sons qui forment un intervalle d'une octave. Trois sons partiels de l'octave coïncident de façon évidente avec trois sons partiels de la note fondamentale, à savoir le premier, le deuxième, le troisième de l'octave, avec respectivement le deuxième, le quatrième, le sixième de la note fondamentale.

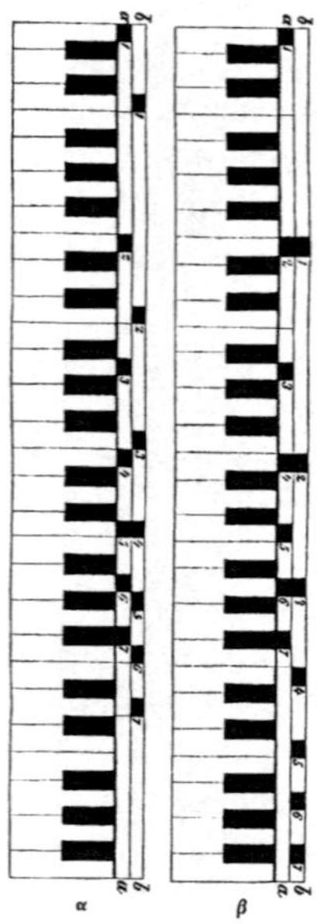

Figure 7

Si nous découpons la figure 7 dans du papier rigide et que nous déplaçons lentement la bande *bb* par exemple le long du clavier, tandis que nous laissons *aa* posée sur le clavier comme sur le dessin, nous pouvons découvrir facilement tous les sons qui sont apparentés à *c*. On peut aussi établir les degrés de parenté[f].

Menons réellement l'expérience. La marque 1 de *a* reste sur *ut*. La bande *b* est placée de telle sorte que sa marque 1 tombe aussi sur *ut*. Alors, toutes les marques sont superposées, les deux bandes désignent deux notes qui se trouvent à l'unisson. Déplaçons maintenant *b* de telle sorte que 1

f. Il suffit évidemment de copier la bande *bb*, de la découper et de la placer sur la figure.

tombe sur le $ut^{\#}$ suivant. Toutes les marques de *b* se trouvent alors *à côté* de celles de *a*, c'est-à-dire que tous les sons partiels de $ut^{\#}$ sont à côté des sons partiels de *ut*. Les sons *ut* et $ut^{\#}$ n'ont donc absolument aucun son partiel en commun, ils ne sont pas apparentés. La même chose vaut encore si *a*.1 est sur *ut* et *b*.1 sur *ré*. Les sons *ut* et *ré* ne sont pas apparentés non plus.

Que l'on avance à présent *b*.1 jusqu'à *mib*. Alors, *b*.5 tombe sur *a*.6 et *b*.6 sur *a*.7. Les sons *ut* et *mib* sont donc apparentés, même si c'est à un degré minime, puisque les sons partiels qu'ils ont en commun sont très aigus et le plus souvent très faibles.

Lorsqu'on place *a*.1 sur *ut* et *b*.1 sur *mi*, *b*.4 tombe sur *a*.5, ce qui fonde une parenté entre *ut* et *mi*. Sont également apparentés *ut* et *fa*, car avec la position correspondante des bandes, on trouve une coïncidence entre *b*.3 et *a*.4. La parenté est très prononcée pour les sons dont les troisième et quatrième sons partiels sont assez forts. Et ceci est effectivement le cas pour tous les timbres utilisés en musique.

La parenté est moindre entre *ut* et $fa^{\#}$, puisque seuls les sons partiels aigus et faibles *b*.5 et *a*.7 coïncident.

Nous nous trouvons en revanche face à une très étroite parenté entre *ut* et *sol*, car *b*.2 coïncide avec *a*.3 et *b*.4 avec *a*.6. – Les sons *ut* et $sol^{\#}$ (*lab*) ne sont pas apparentés pour le timbre que nous avons choisi comme exemple dans notre dessin[g]. Pour *ut* et *la* coïncident *b*.3 et *a*.5. Pour *ut* et *sib*, nous trouvons une coïncidence entre *b*.4 et *a*.7.

Les sons *ut* et *si* n'ont à leur tour absolument aucune parenté. En revanche, au moins 3 sons partiels des deux notes coïncident si nous poursuivons jusqu'à l'intervalle d'octave. Les sons partiels *b*.1, *b*.2, *b*.3, sont en effet identiques avec, respectivement, les sons partiels *a*.2, *a*.4 et *a*.6. L'octave se trouve donc dans une parenté très étroite avec la note fondamentale.

Si nous déplaçons la bande *bb* au-delà de l'octave, quelques-unes de ces relations se répètent. La première coïncidence de sons partiels a lieu pour l'intervalle ut_2-mib_3 (*b*.3 et *a*.7), la deuxième pour ut_2-mi_3 (*b*.2 et *a*.5), et la troisième pour ut_2-sol_3 (*b*.1 et *a*.3, *b*.2 et *a*.6), la quatrième pour ut_2-sib_3 (*b*.2 et *a*.7), la sixième pour ut_2-ut_3 (*b*.1 et *a*.2). Au-delà de l'octave, nous trouvons deux autres parentés prononcées : la douzième et la double octave. Mais plus nous accroissons encore l'intervalle, plus les parentés deviennent insignifiantes.

g. Nous nous sommes en effet limités aux timbres qui contiennent les sept premiers sons partiels.

Pour une autre note fondamentale, nous retrouverions les mêmes relations de parenté que celles que nous avons trouvées pour *ut*, pour les mêmes intervalles. Si nous disposions par exemple la bande *aa* sur la note fondamentale $fa^{\#}_2$, le déplacement de la bande *bb* mettrait en évidence que la quinte $ut^{\#}_3$ de $fa^{\#}_2$, l'octave $fa^{\#}_3$, la douzième $ut^{\#}_4$, etc., ont la même parenté avec $fa^{\#}_2$ que la quinte sol_2 à ut_2, l'octave ut_3, la douzième sol_3 à ut_2. *La parenté de deux sons dépend donc de l'intervalle qui les sépare.*

Les notes qui ont la plus grande parenté sont celles qui concordent dans la plupart de leurs sons partiels, et dans leurs sons partiels les plus forts[h]. Si l'on prend n'importe quel son fondamental et qu'on ordonne d'après ce principe les notes qui lui sont apparentées, on trouve alors, en commençant par l'intervalle pour lequel la parenté est la plus grande, l'ordre suivant :

octave	tierce majeure
double octave	tierce mineure
quinte	sixte majeure
douzième	septième mineure
quarte	quarte augmentée

À propos de la sixte mineure, il faut remarquer que, prise au-dessus du son fondamental, elle n'a certes aucun son partiel en commun avec celui-ci, mais qu'elle peut être reconnue comme un renversement de la tierce majeure. De petites modifications se produisent dans l'ordre établi ici dès que l'on prend en considération les différences entre mode naturel et mode tempéré, que nous avons volontairement laissées de côté pour le moment.

Du fait de leurs sons partiels communs, deux sons peuvent donc être reconnus par l'oreille comme apparentés, et c'est cette parenté qui nous engage à combiner ensemble ces sons de façon mélodieuse, à les faire se suivre de préférence à d'autres qui ne sont pas apparentés.

Dans les gammes déjà, qui sont à la base de toute mélodie, les sons sont combinés et ordonnés d'après le principe de la parenté. Il a dû manifestement apparaître très tôt à tout fabriquant d'instruments de musique que certains sons allaient mieux les uns avec les autres que d'autres. Les premiers furent alors liés en une gamme.

Il a existé, comme le montre l'histoire de la musique, différentes gammes à différentes époques. Seul le principe d'après lequel elles ont été construites, la parenté des sons, semble être resté de tout temps le même.

h. Rappelons que les sons partiels plus aigus sont pour presque tous les timbres bien plus faibles que les plus graves.

Helmholtz imagine qu'au début l'oreille non exercée n'avait la capacité de découvrir que les sons les plus apparentés. Ce n'est que peu à peu, lorsque des sons moins apparentés se furent trouvés réunis par hasard, que l'oreille s'est tant affinée que même ces parentés plus lointaines furent reconnues et utilisées intentionnellement. Cette hypothèse est en vérité très vraisemblable, et la façon de voir de Helmholtz jette une grande lumière sur l'histoire de la musique.

La gamme pentatonique, chinoise et gaélique, dans laquelle manquent la tierce et la sixte, fait manifestement partie des gammes les plus anciennes :

ut, ré, fa, sol, sib, ut.

On peut aisément se représenter que même une oreille non formée est capable de reconnaître et de découvrir la quinte comme un son caractérisé par une très grande parenté. La gamme présentée ci-dessus a pu être engendrée par l'ajout à un son donné *sib* du son apparenté *fa*. À partir de *fa*, on trouve une nouvelle quinte, *ut*, puis de *ut*, *sol* et *ré*. Grâce aux cinq progressions par quinte,

sib-fa-ut-sol-ré,

apparaissait une série de sons apparentés, qui pouvaient être disposés pour former la gamme

ut, ré, fa, sol, sib, ut.

Cette même gamme a aussi pu être engendrée de façon différente. On trouve, pour un son *ut*, facilement la quinte et l'octave. Si ces trois sons

ut_2, sol_2, ut_3,

sont mis ensemble, sol_2 forme ainsi une quarte avec ut_3. Si la quarte a pu ne pas être immédiatement découverte, en raison de sa moindre parenté, même l'oreille non exercée reconnaîtra pourtant cette parenté si elle est donnée par hasard, et s'y habituer. L'oreille apprend ainsi à découvrir les quartes et construit alors facilement les quartes *ut-fa* et *fa-sib*. Si l'on ajoute alors encore la quinte *sol-ré*, la gamme pentatonique est de nouveau complète.

À partir de ces gammes en naissent de nouvelles, du fait que tantôt tel son, tantôt tel autre, sont choisis comme point de départ. On obtient de cette façon cinq gammes :

1) *ut, ré, fa, sol, sib, ut* (sans tierce ni sixte)
2) *fa, sol, sib, ut, ré, fa* (sans tierce ni septième)
3) *sol, sib, ut, ré, fa, sol* (sans seconde ni sixte)
4) *sib, ut, ré, fa, sol, sib* (sans quarte ni septième)
5) *ré, fa, sol, sib, ut, ré* (sans seconde ni quinte).

Il existe dans toutes ces gammes d'anciennes mélodies gaéliques. Ce qui distingue pour l'essentiel ces gammes de nos gammes modernes, ce sont les sauts d'intervalles qui leur sont propres. Les gammes ne sont entre elles pas simplement différentes en raison des hauteurs des sons, comme le sont nos gammes majeures modernes, mais chacune a ses propres intervalles, comme on peut s'en convaincre en les déplaçant toutes sur la note fondamentale *ut*.

De la même manière que les gammes gaéliques, il est possible que les gammes grecques anciennes soient nées de l'ajout à un son donné de nouveaux sons apparentés à partir de sauts de quinte. La gamme diatonique

ut, ré, mi, fa, sol, la, si, ut

peut en effet être fabriquée à partir de sons trouvés par des sauts de quinte

fa-ut-sol-ré-la-mi-si.

En choisissant chacun des sons à tour de rôle comme point de départ, on obtient sept gammes tonales[1] :

1) *do, ré, mi, fa, sol, la, si, do*
2) *ré, mi, fa, sol, la, si, do, ré*
3) *mi, fa, sol, la, si, do, ré, mi*
4) *fa, sol, la si, do, ré, mi, fa*
5) *sol, la si, do, ré, mi, fa, sol*
6) *la, si, do, ré, li, fa, sol, la*
7) *si, do, ré, mi, fa, sol, la, si.*

La première de ces gammes grecques correspond à notre gamme majeure, la sixième à notre gamme mineure. Les autres ne sont plus utilisées dans la musique actuelle. Toutes ces gammes se distinguent ici encore les unes des autres, non pas uniquement par la hauteur de leurs notes, mais aussi par leurs intervalles propres, que l'on peut rendre visibles en les transposant sur une même note fondamentale (*ut* par exemple).

Qu'on nous permette encore quelques remarques d'ordre plus général. Lorsqu'on monte une gamme diatonique ou chromatique sur un instrument quelconque, on a distinctement le sentiment de la montée, qui s'interrompt toutefois soudainement dès qu'on arrive à l'octave. C'est comme si, en montant, on retombait toujours sur le même son, ou, pour employer une autre image, comme si on gravissait un escalier en colimaçon par lequel on s'élève certes, mais en effectuant toujours le même mouvement de rotation[i]. Le sentiment de retour lorsqu'on arrive à l'octave s'explique simplement par la coïncidence des sons partiels de la note fondamentale et de

i. D'après ce que je sais, l'hélice a été utilisée pour la première fois comme image pour la suite des notes par Drobisch.

1. On emploiera indifféremment « *ut* » ou « *do* ».

l'octave. Plus mystérieux est le sentiment de montée lorsqu'on produit des sons de plus en plus aigus.

Nous avons déjà démontré, par quelques expérimentations non équivoques, que l'oreille est en mesure, si plusieurs sons sont donnés en même temps, d'en choisir arbitrairement un quelconque et de l'entendre plus distinctement que les autres, que l'oreille peut pour ainsi dire fixer un son, comme l'œil peut se tourner vers un objet quelconque. On ne doutera pas que le fait de fixer ainsi attentivement un son par l'oreille est lié à un certain sentiment d'effort, comme lorsqu'on regarde attentivement. Ce sentiment d'effort semble assurément plus grand pour les sons plus aigus que pour les sons plus graves, de même que considérer par la vue un objet qui se trouve tout près, au bout du nez, requiert plus d'efforts que regarder un objet éloigné. Cette simple supposition expliquerait le sentiment de montée lors de l'apparition de sons toujours plus aigus, de même que le fait que nous ne reconnaissions pas seulement les différents sons en tant que différents, mais que nous les ordonnions en série en fonction de leur «*hauteur*». Il semble qu'il en aille ici comme pour l'œil, qui ne reconnaît pas seulement différents objets comme différents (comme de couleurs différentes par exemple), mais peut aussi indiquer lequel est plus éloigné et lequel est plus proche.

L'oreille suffit pour reconnaître la parenté de deux sons (par la coïncidence des sons partiels).

Mais son pouvoir dépasse cette seule reconnaissance: l'oreille suffit également pour reconnaître l'intervalle dans lequel se trouvent les sons qui se succèdent. L'oreille reconnaît distinctement le pas 1-2 comme une tierce majeure, ainsi que le pas 3-4, bien que les sons partiels soient totalement différents dans les deux cas. Pour 1-2, le son partiel commun est 5, pour 3-4, c'est 6. Les deux sensations des suites de sons ont pourtant en elles quelque chose de commun et qui les caractérise toutes deux comme des sauts de tierce majeure. Cela ne peut pas reposer sur la coïncidence des sons partiels. Il semble donc qu'il existe directement une sensation de l'intervalle. Ces questions concernant la sensation de la hauteur des sons et des intervalles ne sont encore pas élucidées. De leur explication, la théorie de la musique peut attendre des progrès significatifs.

Au demeurant, on peut déjà tirer de très riches conséquences de la seule remarque selon laquelle la parenté des sons repose sur une coïncidence de leurs sons partiels, ainsi que l'a montré Helmholtz.

Les accords

Lorsqu'on fait entendre deux sons en même temps, ceux-ci provoquent dans certaines circonstances un curieux effet d'ensemble sur l'oreille. Prenons un diapason. Si on le frappe contre quelque chose, il donne un son tout à fait égal et lisse, qui ne fait entendre, outre le son fondamental, quasiment aucun harmonique. Si nous faisons résonner en même temps un autre diapason, l'accord des deux reste toujours tout à fait lisse et égal. Ce n'est cependant plus le cas si l'on colle un peu de cire sur l'une des fourches de l'un des diapasons, de telle sorte qu'il devienne un rien plus grave. Les deux diapasons, frappés ensemble et posés sur la table, ou tenus en même temps près de l'oreille, ne donnent plus un accord lisse et égal, mais un certain nombre de chocs sonores. Ces chocs sonores deviennent d'autant plus rapides que nous désaccordons l'un des diapasons par rapport à l'autre par l'ajout de cire collée. Le résultat est très désagréable pour l'oreille si les chocs sonores se produisent de 30 à 40 fois par seconde. On appelle *battements* les chocs sonores qui apparaissent dans l'accord.

De tels battements ou chocs sonores apparaissent pour tous les instruments de musique, lorsque deux sons décalés l'un par rapport à l'autre sont émis en même temps. Ils sont plus aisés à entendre sur les instruments à sons tenus comme le physharmonica que sur ceux dont les sons décroissent rapidement (le piano).

Au physharmonica, lorsque les sons de 1 sont joués en même temps, on entend, comme on peut s'en convaincre en comptant avec un chronomètre, environ 5,3 battements ou chocs sonores par seconde. Les mêmes sons pris une octave plus bas donnent seulement la *moitié* des battements, soit 2,6 chocs par seconde. À l'octave supérieure, en 2, on entend en revanche le nombre multiplié par 2, soit 10,6 battements, en 3 le nombre multiplié par 4, soit 21,2 battements par seconde. Et l'on trouve ainsi toujours que les notes de même nom, à l'octave supérieure, donnent un nombre double de battements.

Lorsque l'intervalle augmente, le nombre de battements s'accroît. On obtient par exemple un nombre double de 1 lorsqu'on frappe ensemble les sons de 5, lorsqu'on choisit donc l'intervalle d'un ton au lieu de celui d'un demi-ton. Ici aussi, le nombre de battements est doublé lorsque les notes sont transposées à l'octave supérieure.

Nous trouvons encore plus de battements quand l'intervalle est une nouvelle fois accru en 6. On remarque cependant distinctement que si les battements deviennent plus nombreux avec l'accroissement de l'intervalle, ils deviennent dans le même temps toujours plus faibles. Dans les grands intervalles, ils deviennent finalement inaudibles.

Pour que tout soit relativement clair au sujet de la production des battements, prenons deux métronomes de Mälzel à la main et réglons-les de façon presque identique. Nous pouvons même directement les régler tous deux de façon strictement identique. Nous n'avons pas à craindre pour autant qu'ils battront aussi réellement de façon identique. Les métronomes que l'on trouve dans le commerce sont suffisamment mauvais pour produire des battements sensiblement décalés pour un même réglage. Mettons alors en marche ces métronomes qui battent de façon un peu décalée. Nous remarquons ainsi aisément que leurs coups, alternativement, tantôt coïncident, tantôt tombent les uns entre les autres. L'alternance est d'autant plus rapide que le rythme des deux métronomes est différent. À défaut de métronomes, nous pouvons mener l'expérience avec deux montres dont le tic-tac est légèrement décalé.

Les battements se produisent de la même manière. Lorsque les vitesses des oscillations ne sont pas identiques, c'est-à-dire pour des hauteurs de sons différentes, les chocs de l'air cadencés de deux corps émettant un son tantôt coïncident, tantôt tombent les uns entre les autres, en quoi ils se renforcent et s'affaiblissent alternativement. D'où l'enflement par à-coups de l'accord, que l'on nomme justement battement. Les enflures se succèdent évidemment d'autant plus rapidement que les vitesses d'oscillation des deux corps diffèrent, c'est-à-dire que les hauteurs des sons diffèrent, que le désaccord entre eux est plus grand. Il en va tout à fait de même que pour les métronomes qu'on lance en même temps. Seulement, dans le cas des métronomes, on entend chacun des coups marquant les temps, tandis que, pour les sons, on entend seulement le renforcement ou l'affaiblissement résultant de la coïncidence ou de la frappe décalée des chocs d'air de part et d'autre.

Considérons les choses de façon encore un peu plus précise. Supposons qu'un métronome (*A*) fasse entendre 10 coups en un quart de minute, qu'un deuxième métronome (*B*) en fasse entendre 11 dans le même temps. Le second bat donc un peu plus rapidement. Lorsque les premiers coups de *A* et de *B* coïncident, le deuxième coup de *B* doit donc déjà intervenir un peu avant le deuxième coup de *A*. Le troisième coup de *B* doit encore plus devancer le troisième de *A*, etc. Le onzième coup de *B* doit être déjà tellement en avance sur le onzième de *A* qu'il intervient aussitôt après le dixième coup de *A*. Le douzième coup de *B* et le onzième de *A* coïncident, puisqu'ils marquent le commencement du deuxième quart de minute, et l'ensemble du processus recommence depuis le début. Lorsque le nombre de battements des deux métronomes pour la même période présente une différence de 1 seulement, la coïncidence des battements se produit seulement *une fois* pendant ce temps. Si nous faisons battre les deux métronomes deux fois plus vite, si *A* effectue donc 20 et *B* 22 coups dans un quart de minute, il se produira en un huitième de minute ce qui se passait auparavant dans un quart. Il y aura donc coïncidence des coups deux fois dans le quart de minute. Lorsque le nombre de coups des deux métronomes pour la même période présente donc une différence de 2, il y a coïncidence des coups *deux fois* dans cette période.

On peut remarquer de façon tout à fait générale, et aussi le prouver facilement en faisant l'expérience, que lorsque le nombre de coups de deux métronomes pendant une période déterminée présente une différence de 1, 2, 3, 4, 5, etc., il y a coïncidence des coups 1, 2, 3, 4, 5, etc. fois, pendant cette période.

La même chose vaut pour le nombre d'oscillations de deux sons. Lorsque le nombre d'oscillations de deux sons en une seconde présente une différence de 1, 2, 3, 4, 5, etc., il y a coïncidence des chocs de l'air de part et d'autre, et donc un enflement de l'accord, 1, 2, 3, 4, 5, etc. fois dans la seconde. *Le nombre de battements par seconde qui interviennent lors de l'accord de deux sons est égal à la différence du nombre des oscillations des deux sons*. De fait, si l'on entendait dans l'accord de deux sons quelque chose comme 11 battements par seconde, et qu'on voulait se donner la peine de déterminer le nombre d'oscillations des deux sons à l'aide de la sirène, on découvrirait que l'un a 11 oscillations de plus que l'autre.

Voilà pour ce qui concerne l'établissement du *nombre* des battements. L'*intensité* des battements dépend d'autres facteurs auxquels il nous faut nous intéresser plus précisément. Un son seul, qu'il soit aussi fort ou aussi faible qu'on veut, ne produit aucun battement. Pour que des battements apparaissent, il faut qu'intervienne un deuxième son de hauteur un peu différente. Les battements ont *la plus grande intensité* lorsque les deux sons qui résonnent ensemble *sont de la même intensité*. Ils s'affaiblissent lorsqu'un des sons devient moins fort, et lorsqu'un son disparaît de l'ensemble, les battements disparaissent aussi, car un son ne peut pas battre tout seul. Il est facile de se convaincre de cela.

Nous avons en outre déjà remarqué que les battements qu'on entend sont d'autant plus faibles que l'intervalle des sons qui leur donne naissance est grand. Les intervalles les plus petits provoquent les battements les plus forts. Si l'on continue à faire croître l'intervalle, les battements deviennent finalement tout à fait inaudibles. La raison de ce phénomène curieux se trouve dans la constitution et les propriétés de l'oreille. Entrer ici dans le détail des hypothèses qui ont été avancées pour expliquer ce fait nous mènerait néanmoins trop loin.

Dès qu'ils deviennent un peu plus rapides (lorsqu'ils apparaissent environ 30-40 fois par seconde), les battements sont un phénomène très désagréable à l'oreille. Ils donnent à l'accord quelque chose de rude et d'acéré. On peut même affirmer que tout ce qui est désagréable dans la musique harmonique provient des battements. Les battements sont les causes de la dissonance. C'est Helmholtz qui a mis en évidence ce principe, de façon très détaillée et avec une grande minutie. – Dans une œuvre plus ancienne (Robert Smith, *Harmonies or the philosophy of musical sounds*, Cambridge, 1749), la dissonance est déjà rapportée aux battements. Pourtant, on a prêté peu d'attention à ce livre précieux, et les importantes recherches qui y étaient menées furent ainsi perdues. À Helmholtz revient le mérite d'avoir une nouvelle fois exploré ce champ.

On ne peut naturellement pas mesurer ni indiquer précisément le degré du désagrément causé par les battements. On peut seulement dire dans quelles circonstances les battements sont plus désagréables, et dans lesquelles ils sont plus supportables.

On peut tout d'abord se convaincre que la rudesse des battements augmente avec leur nombre, jusqu'à ce qu'ils se produisent environ 30 à 40 fois par seconde. Des battements encore plus rapides perdent de nouveau de leur rudesse, de sorte qu'on ne remarque quasiment plus 130 battements par seconde.

Les battements sont du reste, pour un même nombre, d'autant plus rudes que l'intervalle qui les provoque est petit.

Les plus petits intervalles utilisés en musique donnent des battements plus rudes dans les octaves plus graves que dans les octaves supérieures. Dans ces dernières, les battements sont en effet très rapides et deviennent par conséquent imperceptibles.

Les battements d'un intervalle d'un demi-ton sont incontestablement désagréables sur presque toute l'étendue de la tessiture des sons utilisés en musique. L'intervalle d'un ton produit des battements rudes depuis les notes les plus graves jusqu'à la fin de la quatrième octave[1]. La tierce mineure, qui sonne très bien à la deuxième octave[2], devient désagréable dans les octaves plus graves. Plus l'intervalle est grand, plus on peut le placer dans les graves sans provoquer de rudes battements.

En fin de compte, nous pouvons constater que, *dans un registre médium, seuls les intervalles inférieurs à un ton produisent des battements désagréables.*

Nous avons jusqu'ici supposé de façon tacite que les sons que l'on joue ensemble n'ont aucun harmonique, ou seulement de très faibles harmoniques, comme c'est effectivement le cas du diapason par exemple. Nous n'avons par conséquent pris en considération que les sons fondamentaux et leurs battements. Mais lorsque plusieurs sons, désaccordés l'un par rapport à l'autre, sont émis en même temps, les sons partiels les plus aigus de l'un produisent également des battements perceptibles avec les sons partiels les plus aigus de l'autre.

Les sons partiels d'un seul et même son ne produisent habituellement les uns avec les autres aucun battement perceptible, les sons partiels individuels de véritables sons musicaux formant les uns avec les autres de trop grands intervalles.

Dans le son de 1, le plus petit intervalle est par exemple une tierce mineure, et celle-ci est déjà formée de sons partiels faibles et aigus. Cependant, les sons qui contiennent des sons partiels encore plus aigus sont rudes, notamment lorsque ces sons partiels aigus sont forts. La rudesse provient ici effectivement des battements que les sons partiels produisent les uns avec les autres. Dans le son 2 par exemple, qui a 10 sons partiels, des intervalles d'un ton et d'un demi-ton apparaissent déjà entre les sons partiels les plus aigus, et ceux-ci peuvent réellement produire des battements audibles. Mais de tels sons ne sont pas vraiment utilisables en musique.

1. La quatrième octave est celle dans laquelle se trouve le la_5.

2. La deuxième octave est celle dans laquelle se trouve le la_3.

Si l'on y prête suffisamment attention, on entend bien les battements que produisent les uns avec les autres les sons partiels de deux sons. Si nous jouons les sons ut_{-1} et $ut^{\#}_{-1}$ sur le physharmonica, en fixant la note fondamentale ut_{-1}, nous entendons les battements lents des sons fondamentaux. Mais les harmoniques ut_1 et $ut^{\#}_1$ produisent aussi des battements, des battements deux fois plus rapides que ceux de ut_{-1} et de $ut^{\#}_{-1}$. Si l'on fixe le troisième son partiel sol_1, on entend également celui-ci battre avec $sol^{\#}_1$, trois fois plus vite que ut_{-1} ne bat avec $ut^{\#}_{-1}$.

Lorsque des sons qui forment un grand intervalle font entendre des battements, ceux-ci proviennent le plus souvent des sons partiels supérieurs. On peut s'en convaincre facilement. Si l'on frappe les notes ut_1 et si_1, qui forment un intervalle de septième, on entend de forts battements.

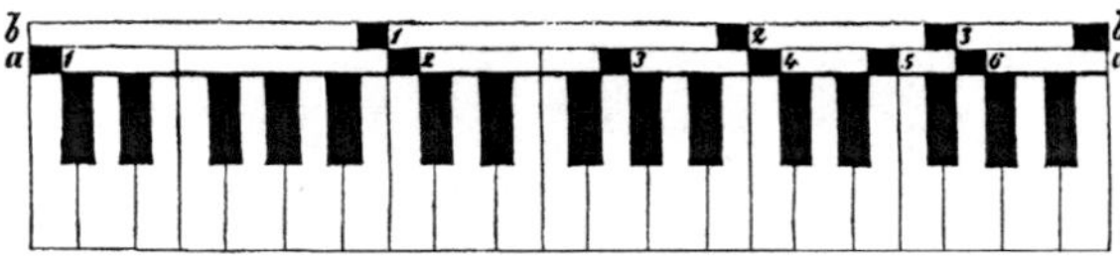

Figure 8

Ils devraient cependant être bien plus rapides, comme on peut le vérifier par le calcul du nombre des oscillations, s'ils provenaient des sons fondamentaux ut_1 et si_1 des notes jouées. Mais les battements naissent bien plutôt entre le son fondamental si_1 de la note si_1 et le premier harmonique ut_2 de la note ut_1. Un regard sur la figure 8 fait apparaître cela plus clairement. Les bandes *aa* et *bb* désignent de nouveau au moyen de la marque 1 les sons fondamentaux, et au moyen des marques 2, 3, etc. les sons partiels supérieurs. Les sons partiels *b*.1 et *a*.2 tombent très près l'un de l'autre, ils forment un intervalle d'un demi-ton, lequel produit, comme nous l'avons déjà remarqué, des battements très nets. Ce sont ceux-ci qu'on entend lorsqu'on enfonce en même temps les touches *a*.1 et *b*.1. Ce sont en effet les mêmes battements que ceux qu'on obtient dès qu'on enfonce les touches *b*.1 et *a*.2. Ils sont aussi rapides dans les deux cas. Ils sont simplement un peu plus forts dans le deuxième cas, parce que les sons qui interagissent ensemble sont aussi forts l'un que l'autre. Dans le premier cas, un son partiel supérieur agit en effet avec un son fondamental et le premier est d'habitude extraordinairement plus faible que le second.

On entend aussi les battements des sons partiels *b*.2 et *a*.4, *b*.3 et *a*.6, qui naissent lorsqu'on appuie sur les touches *a*.1 et *b*.1, et qu'on dirige son attention vers les sons partiels supérieurs.

On entend également des battements pour d'autres grands intervalles.

Les notes 1 et 2 (notées par leurs trois premiers sons partiels) produisent ensemble des battements qui proviennent des sons partiels α et β. On obtient également le même nombre de battements en frappant α et β. Il en va de même pour les notes 3 et 4, et dans tous les cas similaires. Le plus souvent, on entend distinctement les battements qui prennent naissance entre les sons partiels les plus graves parce que les sons partiels les plus aigus, ainsi que leurs battements, sont trop faibles.

L'importance qu'ont tous ces faits pour la théorie de la musique va pouvoir très bientôt nous apparaître clairement.

Il nous faut simplement encore mentionner un autre phénomène, celui de ce qu'on appelle les *sons résultants* [*Combinationstöne* [1]].

On frappe légèrement la touche d'un piano en prêtant attention aux sons partiels qu'on peut entendre; on procède également de la même manière avec une deuxième et une troisième touche; ensuite, on frappe, de la même façon, légèrement, les touches qu'on avait appuyées les unes après les autres : on entend alors, en les appuyant en même temps, seulement les sons qui avaient auparavant été entendus les uns après les autres. Cela vaut pour presque tous les instruments de musique, aussi longtemps que les sons restent faibles.

Appuyons à présent individuellement seules les touches correspondant à 1 puis 2 sur le physharmonica, à fort souffle. Nous entendons les sons fondamentaux des sons 1 et 2, ainsi que leurs sons partiels supérieurs. Lorsque nous appuyons ensemble les touches 1 et 2, nous entendons en même temps tout ce que nous pouvions entendre auparavant individuellement et à la suite, *et en outre, un son plus grave et plus faible, que ne*

1. Helmholtz consacre tout un chapitre (chap. VII) de sa *Théorie des sensations auditives* à ces «sons résultants» (*cf.* Helmholtz, *Théorie physiologique de la musique*, *op. cit.*, p. 191-198).

produisait aucune des deux touches prise séparément. La frappe simultanée de 1 et de 2 fait entendre, comme cela est représenté en 3, les sons joués α et β avec leurs sons partiels, et en outre un son γ (*fa*) plus grave et plus faible. On appelle ce son qui n'est pas donné directement, mais qui est entendu en sus lorsque sont donnés les deux sons, qui est donc seulement engendré par la combinaison des sons, un *son résultant.*

De tels sons résultants apparaissent toujours lorsque deux ou plusieurs sons (sons complexes ou élémentaires) *de forte intensité* interagissent. On ne peut pas les entendre avec des sons faibles.

Il existe deux sortes de sons résultants, les sons dits *différentiels* et les sons dits *additionnels.* Lorsque deux sons, qui ne contiennent en plus de leur son fondamental aucun harmonique ou seulement de très faibles harmoniques, sont donnés en même temps, un premier son résultant apparaît, si ces sons sont suffisamment forts, son dont le nombre de vibrations est égal à la différence des nombres de vibrations des sons donnés (le son différentiel), et un second, dont on trouve le nombre de vibrations en additionnant les nombres de vibrations des sons mentionnés (le son additionnel).

Faisons par exemple sonner ensemble les notes ut_1 et la_1. Nous obtenons alors pour celles-ci les nombres de vibration 132 et 220 (d'après le tableau établi plus haut[1]). La différence $220 - 132 = 88$ donne le son différentiel fa_1, comme on peut le voir dans le tableau. La somme $220 + 132 = 352$ donne le son additionnel fa_3. Les notes ut_2-la_2 forment une sixte majeure, le son différentiel fa_1 est la quinte au-dessous de ut_2, le son additionnel la quarte de ut_2 déplacée à l'octave immédiatement supérieure. – Prenons maintenant ensemble les notes $ré_2$ et si_2, auxquelles correspondent 148,5 et 274,5 vibrations, qui forment à leur tour une sixte majeure. Nous obtenons alors comme son différentiel de nouveau la quinte diminuée de $ré_2$, à savoir sol_1, et comme son additionnel la quarte de $ré_2$ à l'octave supérieur sol_3. On peut facilement se convaincre de cette manière que chaque fois que deux sons donnés en même temps forment un intervalle déterminé, l'intervalle des sons résultants de ceux-ci est lui aussi déterminé.

Mais lorsqu'on a calculé les sons résultants pour un certain nombre d'intervalles à une hauteur et dans une tonalité données, une simple transposition pour d'autres hauteurs et tonalités suffit pour découvrir quels sont pour celles-ci les sons résultants de l'intervalle concerné.

Pour quelques intervalles, notés par les blanches, faisons à présent apparaître les sons différentiels, notés par les noires.

1. Cf. *supra*, p. 99.

Pour 1, le son résultant fait défaut, parce que l'accord n'en produit aucun. Pour 10, le son différentiel se trouve entre les deux noires.

De la même manière, nous voulons désormais rendre visibles les sons additionnels pour quelques intervalles.

Là où sont indiquées deux noires, le son additionnel se trouve entre les deux.

Si l'on voulait découvrir les sons résultants pour une autre hauteur et pour une autre tonalité, une simple transposition suffirait. Pour l'intervalle indiqué ci-contre en blanches par exemple, on trouverait aisément les sons résultants produits, à l'aide des indications données sur la portée ci-dessus (transposition directe de *ut*$_1$ à *si*$_1$).

Pour donner en passant une vue d'ensemble sur les sons résultants, j'ai construit le tableau présenté en annexe 1, duquel il ne faut néanmoins pas attendre une trop grande précision. L'usage de ce tableau est très simple. On reproduit le clavier, on le découpe, et on le pose contre le tableau. Lorsqu'on le déplace vers le haut, d'une façon telle qu'il reste toujours parallèle aux lignes horizontales du tableau, les lignes en traits continus désignées par *gg* et *ii* marquent deux touches, là où elles rencontrent le bord supérieur du clavier. Mais au même endroit, la ligne intermittente *dd* marque la touche du son différentiel, la ligne pointillée *ss* celle du son additionnel. Aussi longtemps que le clavier reste parallèle aux lignes horizontales du tableau, on peut comme toujours le déplacer vers le haut ou vers le bas, ainsi que de droite à gauche. Les lignes en traits continus marquent toujours un intervalle qui doit être joué directement tandis les lignes pointillées et intermittentes donnent les sons résultants. Le tableau rend donc visibles les sons résultants pour tous les intervalles, toutes les tessitures et les toutes les tonalités.

De la façon dont le clavier est dessiné sur le tableau, il donne progressivement, lorsqu'il est simplement poussé vers le haut (sans déplacement à droite ou à gauche), tous les intervalles à partir de ut_2 vers le haut et leurs sons résultants. Si nous voulions avoir les intervalles pour une autre note fondamentale, nous devrions entreprendre, avant de pousser le clavier vers le haut, un déplacement vers la droite ou vers la gauche, ce qui correspondrait à une transposition dans une autre tonalité.

Sans recopier ni découper le clavier, on peut toujours trouver les sons résultants pour les intervalles de ut_2 vers le haut (de ce ut_2, sur lequel se rencontrent les deux lignes en traits continus). On veut par exemple avoir le son différentiel pour ut_2-la_2. On cherche alors la touche *a*, on avance de celle-ci vers le haut (parallèlement aux lignes verticales du tableau), jusqu'à ce qu'on rencontre la ligne *ii*. De ce point, on va vers la gauche (parallèlement aux lignes horizontales), jusqu'à ce qu'on rencontre la ligne *dd*, et de là, en descendant, on arrive à la touche du son différentiel. On procéderait de la même façon pour chercher le son additionnel. Il faudrait seulement aller dans ce cas de la ligne *ii* vers la droite jusqu'à la ligne *ss*.

Disposons à présent notre clavier en bas du tableau, et poussons-le lentement vers le haut. Les intervalles des sons directement joués deviennent alors de plus en plus grands à partir de l'unisson, et croissent jusqu'à deux octaves. Nous remarquons alors aisément la chose suivante. Lors de la moindre perturbation de l'unisson apparaît aussitôt un son différentiel très grave, qui monte (devient plus aigu) au fur et à mesure que l'intervalle croît. Lorsque l'intervalle atteint une tierce majeure, le son différentiel se trouve deux octaves sous la note fondamentale de l'intervalle. Lorsque l'intervalle continue de croître, le son différentiel devient continuellement plus aigu et coïncide avec le son le plus grave pour l'intervalle d'octave. Pour des intervalles encore plus grands, le son différentiel apparaît entre les sons qui l'engendrent et se rapproche alors d'autant plus du plus aigu d'entre eux que l'intervalle est grand.

Le son additionnel, pour les intervalles qui sont proches de l'unisson, se trouve presque une octave au-dessus de la note de base de l'intervalle, et se rapproche peu à peu du son le plus aigu au fur et à mesure que l'intervalle croît.

Comme nous l'avons dit, les sons résultants n'interviennent de façon perceptible que si deux sons de forte intensité sont joués ensemble. La meilleure façon d'entendre le son différentiel est d'appuyer à fort souffle deux touches *dans les aigus* du physharmonica, qui forment un petit intervalle (inférieur à une octave). Pour des intervalles plus grands ou des sons plus graves, les sons différentiels sont indistincts. On entend distinctement les sons additionnels sur le physharmonica à fort souffle lorsqu'on émet un petit intervalle (inférieur à une octave) dans les graves.

Les sons additionnels sont toujours bien plus faibles que les sons différentiels. C'est la raison pour laquelle les sons différentiels sont bien plus importants pour le *musicien*, et il est vraisemblable que celui-ci ne se trouve que rarement obligé de prendre en considération les sons additionnels.

Lorsqu'on fait sonner ensemble deux sons forts qui contiennent des harmoniques, les sons fondamentaux ne sont pas les seuls à produire des sons différentiels, les harmoniques en produisent également. Parce que les harmoniques sont toutefois plus faibles que les sons fondamentaux, leurs sons résultants le sont également. *Presque dans tous les cas, quand on fait entendre des sons ensemble, le musicien peut se contenter de prendre en compte les sons différentiels de leurs sons fondamentaux.*

Deux sons de forte intensité joués ensemble produisent un son différentiel. Si l'on ajoute un autre son, celui-ci produit à son tour un son différentiel avec chacun des deux premiers sons. De cette manière sont souvent engendrés un grand nombre de sons résultants.

Dans l'exemple donné ci-contre, les trois sons notés par des blanches donnent les trois sons différentiels indiqués par des noires, parmi lesquels deux coïncident, comme on peut le voir.

Les sons résultants peuvent aussi produire des battements perceptibles, lorsqu'ils coïncident presque avec une autre note, et sont suffisamment forts. Si l'on émet deux sons de forte intensité qui forment une octave, et qu'on désaccorde un peu l'un des deux, le son différentiel tombe dès lors très près du plus grave des deux sons et produit des battements distincts. On peut s'en convaincre en utilisant des sons sans harmoniques, des tuyaux d'orgue de grande dimension par exemple. Les battements intervenant lorsqu'on désaccorde l'octave ne peuvent pas provenir des harmoniques, car il n'y en a pas.

Résumons à présent de façon synthétique les phénomènes importants de l'accord.

1) Des sons de hauteurs peu différentes émis ensemble produisent des battements.

2) Dans le registre médium, les battements sont désagréables lorsque les sons qui interagissent sont distants d'un intervalle inférieur à un ton.

3) Lorsque des intervalles plus grands produisent des battements dérangeants, ceux-ci proviennent le plus souvent des harmoniques des sons.

4) Des sons forts, lorsqu'ils sont joués ensemble, produisent des sons résultants parmi lesquels les sons dits différentiels sont les plus importants pour les musiciens.

5) Les sons résultants peuvent eux aussi donner lieu à des battements.

L'HARMONIE

Après avoir appris à connaître les battements et les sons résultants, nous pouvons passer à l'étude des lois de l'harmonie. Nous pouvons nous demander sur quoi repose le fait que certains intervalles donnent un accord agréable, d'autres un accord désagréable.

Les expériences premières et les plus simples relativement à l'harmonie sont ancestrales. Mais il n'en va pas ainsi de l'explication de l'harmonie et de la dissonance. Celle-ci ne fut entièrement découverte qu'à l'époque la plus contemporaine, par Helmholtz. Qu'on nous permette un bref rappel historique.

Pythagore savait déjà que le son d'une corde d'une tension déterminée passe à l'octave lorsqu'on réduit la longueur de la corde à sa moitié, à la quinte lorsqu'on la réduit à deux tiers, et que le premier son fondamental consonne avec les deux autres. Il savait également que la même corde, avec la même tension, donne des sons consonants lorsqu'on lui confère peu à peu des longueurs qui se trouvent dans des rapports numériques très simples, par exemple ce que 1 est à 2, 2 à 3, 3 à 4, 4 à 5, etc.

Les causes de cette loi, Pythagore ne pouvait pas les trouver. Qu'est-ce que les sons consonants ont à voir avec les nombres simples? Nous poserions aujourd'hui la question ainsi. Mais cette circonstance est certainement apparue moins étrange qu'inexplicable. Pythagore en chercha la raison dans la nature secrète et merveilleuse des nombres. Cela contribua au développement d'une mystique des nombres dont on trouve aujourd'hui encore les traces dans les clefs des songes, et chez certains savants, qui préfèrent le merveilleux à la clarté.

Euclide (330 av. J.-C.) donna déjà une définition de la consonance et de la dissonance, telle que, mot à mot, nous ne saurions en trouver aujourd'hui de meilleure. La consonance (συμφνία) de deux sons, dit-il, est le mélange (κρίσις) de ceux-ci, la dissonance (διαφωνία) est au contraire leur incapacité à se mélanger (μιξία), raison pour laquelle ils deviennent rudes à l'oreille. Qui connaît l'explication correcte du phénomène la reconnaît pour ainsi dire dans les mots d'Euclide. Celui-ci ne connaissait toutefois pas les vraies causes de l'harmonie. Il s'était sans le savoir approché très près de la vérité, sans cependant la saisir réellement.

Leibniz (1646-1716 ap. J.-C.) reprit de nouveau la question que ses prédécesseurs avaient laissée sans solution. Il savait bien que les sons sont produits par des oscillations, qu'à l'octave correspond deux fois plus d'oscillations qu'au son de base. L'amoureux passionné des mathématiques qu'il était cherchait les causes de l'harmonie dans le secret des nombres et de la comparaison des nombres d'oscillations, et dans le secret de la joie que l'âme éprouve à cette occupation. Tout cela est bien beau, se dira-t-on : mais si l'on ne soupçonne absolument pas que les sons sont des oscillations, alors le calcul et le plaisir pris au calcul doivent rester si secrets qu'aucun être humain n'en connaît certainement rien ! C'est pourtant à cela que se consacrent les philosophes ! Quelle occupation ennuyeuse que de faire du calcul le principe de l'esthétique ! Cette objection n'est pas tout à fait injuste, mais il est pourtant certain que la pensée de Leibniz n'était pas totalement absurde, même s'il est très difficile de comprendre immédiatement ce qu'il entendait par ses nombres secrets.

De même que Leibniz, le grand Euler (1707-1783) chercha les causes de l'harmonie dans le plaisir pris par l'âme à la perception de l'ordre existant entre les nombres d'oscillation.

Rameau et d'Alembert (1717-1783) s'approchèrent davantage de la vérité. Ils savaient que chaque son utilisable en musique laisse entendre, outre sa note fondamentale, également la douzième et la tierce encore au-dessus, et que, de plus, la similitude entre la note fondamentale et l'octave était évidente pour tous. Ajouter l'octave, la quinte et la tierce à la note fondamentale devait par conséquent leur sembler « naturel ». Ils estimaient néanmoins, à juste titre, que le chercheur ne peut se satisfaire de seulement reconnaître un phénomène comme naturel, car c'est précisément ce qui est naturel qu'il cherche à expliquer.

La réflexion de Rameau a encore laissé des traces à travers toute l'époque, sans toutefois amener à découvrir plus complètement la vérité. Marx la place au sommet de sa théorie de la composition, sans en faire plus d'usage. Goethe et Zelter, dans leur correspondance, frôlent, pour ainsi dire, eux aussi la vérité. La conception de Rameau est connue de ce dernier.

On trouve une explication correcte de l'harmonie et des dissonances par les battements dans l'ouvrage déjà cité de Robert Smith (1749).

Mais ce livre a fait l'objet de si peu d'attention et a été si peu connu que l'on peut dire d'Helmholtz qu'il a conduit l'acoustique sur la bonne voie pour la deuxième fois et de façon entièrement indépendante.

Selon Helmholtz, la *consonance* est un accord *sans battement remarquable*, la dissonance au contraire est un accord qui devient rude du fait des battements engendrés. Que seuls certains sons qui se trouvent à des intervalles déterminés les uns des autres produisent des consonances tient aux intervalles particuliers que les sons partiels de la note forment avec le son fondamental. Cela se laisse aisément démontrer.

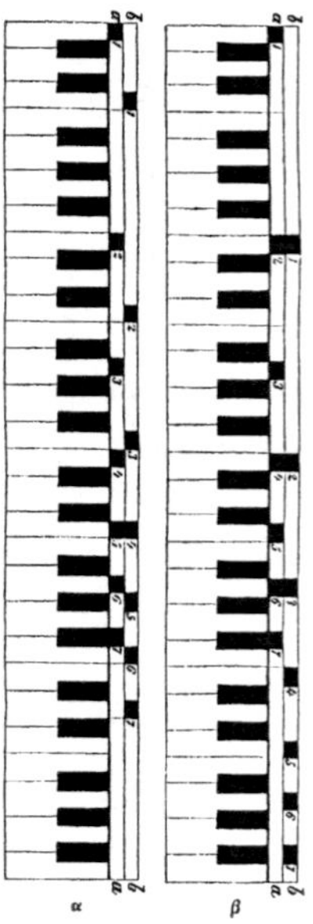

Figure 9

Pour effectuer cette démonstration, et pour des raisons de clarté, nous choisirons de nouveau le modèle déjà utilisé plusieurs fois. Dans la figure 9, on représente de nouveau deux sons avec leurs sons partiels au moyen des marques inscrites sur des réglettes mobiles. Disposons tout d'abord deux bandes de telle sorte que les marques 1 tombent sur *c*, et que toutes les marques suivantes désignées par les mêmes nombres coïncident par conséquent aussi. La figure nous présente alors deux sons à l'unisson. Tous les sons partiels de l'un coïncident avec les sons partiels correspondants de l'autre. Aucun battement ne peut être engendré dans cette situation, si chacun des sons n'en produit pas par lui-même. Mais ceci n'est pas le cas, comme nous l'avons déjà mentionné, pour la plupart des sons utilisables en musique, et notamment pas pour ceux qui ne contiennent pas de sons partiels au-delà du septième, comme l'exemple que nous avons choisi ici. Les sons partiels pris individuellement sont ici trop loin l'un de l'autre pour produire des battements perceptibles.

Dès que nous entreprenons de déplacer la réglette supérieure, de désaccorder l'un des sons, vers le haut par exemple, pour chaque doublet, les sons partiels sont décalés. Le premier son partiel de *b* tombe à côté du premier de *a*, le second à côté du second, etc. Les sons partiels désignés de la même manière produiront à présent entre eux des battements, dont la vitesse et la rudesse augmentent avec la grandeur du désaccord. L'accord de deux sons un peu désaccordés l'un par rapport à l'autre doit devenir désagréable, en raison des battements générés. Nous appelons « dissonance » un tel accord désagréable.

Poussons le désaccord des sons l'un par rapport à l'autre jusqu'à un intervalle d'un demi-ton. Les battements deviennent sans cesse plus rudes, en raison de l'augmentation de leur vitesse. Au-delà du demi-ton, le nombre de battements augmente certes toujours, mais l'intervalle croissant entre les sons partiels qui battent fait maintenant sentir son influence, en rendant les battements nettement plus faibles, à tel point que l'accord est bien moins désagréable pour un désaccord d'un ton que pour un désaccord d'un demi-ton.

Si *a*.1 se trouve sur *ut*, *b*.1 sur *ré*, tous les sons partiels forment les uns avec les autres des intervalles qui sont plus grands qu'un demi-ton, seuls *b*.5 avec *a*.6, et *b*.6 avec *a*.7, constituent des intervalles d'un demi-ton. Mais ces intervalles plus petits sont justement formés par des sons partiels plus faibles. L'ensemble total des battements doit donc être bien plus important pour l'intervalle *ut-ut*#, dans lequel tous les sons partiels se trouvent à un intervalle d'un demi-ton, que pour l'intervalle *ut-ré*, où ce n'est le cas que pour deux paires de sons partiels plus aigus et plus faibles.

Allons maintenant jusqu'à l'intervalle de tierce mineure, en laissant *a*.1 sur *ut* et en déplaçant *b*.1 jusqu'à *mib*. Nous sommes alors face à la disposition suivante. Les sons partiels *a*.1, *b*.1 forment une tierce mineure dont les battements sont déjà très faibles. La même chose vaut pour *a*.2 et *b*.2, de même que pour *a*.3 et *b*.3, de même encore pour toutes les autres paires de sons partiels qui portent le même nom. Ce n'est qu'entre *b*.3 et *a*.4 qu'apparaît un intervalle d'un ton avec des battements assez forts, et entre *b*.4 et *a*.5 un intervalle d'un demi-ton. Les sons partiels *b*.5 et *a*.6 coïncident entièrement, de même que *b*.6 et *a*.7; ils ne peuvent donc absolument pas produire de battements. L'intervalle de tierce mineure donnera donc encore un meilleur accord que toute seconde augmentée, parce que les plus petits intervalles entre les sons partiels, produisant de forts battements, y sont encore moins représentés.

Lorsque nous plaçons notre réglette sur la tierce majeure, nous remarquons la chose suivante : les sons partiels plus graves et assez forts sont plus éloignés les uns des autres (dans l'intervalle d'une tierce majeure). Pour ce qui est des intervalles plus petits, nous ne remarquons que les trois intervalles d'un demi-ton *b*.3-*a*.4, *a*.6-*b*.5, *a*.7-*b*.6. Par ailleurs, les sons partiels *b*.4 et *a*.5 coïncident, ce qui fait que leurs battements cessent. Ces sons partiels sont en général plus forts que ceux qui coïncident pour la tierce mineure. La tierce majeure sonne également la plupart du temps mieux que la tierce mineure, parce que l'ensemble total des battements désagréables qu'elle engendre est moindre pour la plupart des timbres.

Lorsqu'on s'ajuste sur la quarte pure *ut-fa*, tous les sons partiels de ces deux notes qui portent le même nom forment naturellement les uns avec les autres également des quartes justes, qui ne produisent pas de battement sensible. Entre quelques sons partiels de nom différent sont toutefois engendrés de plus petits intervalles. Ainsi, *b*.2 et *a*.3 forment un intervalle d'un ton, de même que *b*.4 et *a*.6, *b*.5 et *a*.7. On trouve des intervalles d'un demi-ton entre *b*.4 et *a*.5, *b*.5 et *a*.7, c'est-à-dire entre des sons partiels aigus et faibles le plus souvent. Les sons partiels les plus forts, *b*.3 et *a*.4, coïncident. La quarte sonne de façon générale encore mieux que la tierce, elle est une pure consonance.

L'accord *ut-fa*# (quarte augmentée) paraît rude, c'est une dissonance : même les sons partiels plus graves et plus forts forment des intervalles d'un demi-ton et produisent par conséquent des battements plus puissants. Il en va ainsi de *b*.2 avec *a*.3, de *b*.3 avec *a*.4, de *b*.4 avec *a*.6. Que les sons partiels *b*.5 et *a*.7 coïncident ne change rien d'essentiel à la rudesse.

Passons à la quinte juste. Les sons partiels *b*.2 et *a*.3, qui produisaient des battements puissants dans la quarte augmentée, coïncident à présent, leurs battements cessent. Les sons *b*.3 et *a*.1 s'éloignent l'un de l'autre, tandis que *b*.4 et *a*.6 coïncident de nouveau. Seuls les sons partiels aigus et faibles *b*.5 et *a*.1 produisent de faibles battements. La quinte est un accord avec de faibles battements seulement, peu gênants. La quinte est une consonance. Cela vaut évidemment seulement pour la quinte juste. Un désaccord ferait immédiatement naître de nouveau des battements entre les sons partiels *b*.2 et *a*.3, *b*.4 et *a*.6.

Nous disposons la marque 1 de la réglette *bb* sur *sol*#. Nous reconnaissons aussitôt l'accord comme une dissonance. Car tous les sons partiels de l'un des sons se trouvent *à côté* des sons partiels de l'autre, et pas moins de trois paires de sons partiels produisent des intervalles d'un demi-ton et, par conséquent, de puissants battements. La quinte augmentée est une dissonance.

Lorsque nous posons nos réglettes *aa* et *bb* sur la sixte majeure *ut-la*, nous la reconnaissons comme consonante. Seuls *b*.4 et *a*.7 forment un intervalle d'un demi-ton. Mais puisque l'un de ces sons (*a*.7) est très faible, les battements seront donc eux aussi minimes. Pour le reste n'apparaissent plus que des intervalles d'un ton, des tierces mineures et majeures. En outre, les sons partiels *b*.3 et *a*.5 coïncident. La sixte majeure fait partie des meilleures consonances.

La septième mineure *ut-sib* se caractérise en revanche par le fait qu'elle est une dissonance. Seuls les sons partiels plus faibles *b*.4 et *a*.1 coïncident, tandis que tous les autres forment des intervalles relativement petits et produisent donc les battements correspondants. On peut notamment souligner l'intervalle d'un ton entre les sons partiels graves *b*.1 et *a*.2.

La septième majeure *ut-si* est encore plus dissonante. Tous les sons partiels tombent ici à côté les uns des autres, et parmi ceux-ci se trouvent quatre paires qui constituent des intervalles d'un demi-ton.

On peut en revanche immédiatement reconnaître l'octave comme une consonance. Car *b*.1 tombe sur *a*.2, *b*.2 sur *a*.4, *b*.3 sur *a*.6. Ces sons ne peuvent donc pas produire de battements. Quant aux autres, ils forment des intervalles suffisamment grands pour ne pas déranger. L'octave est après l'unisson la consonance la plus parfaite.

Si l'on va plus loin que l'octave, quelques-unes des relations que nous venons de commenter se répètent. La seconde, mineure et majeure, de l'octave supérieure (la neuvième), est de nouveau une dissonance. Les dixièmes mineure et majeure sont des consonances. La quarte juste à l'octave supérieure n'a pas de caractère résolu. Les autres consonances qui méritent encore d'être remarquées sont la douzième (quinte à l'octave supérieure) et la double-octave.

Les intervalles conservent en général aussi leur caractère dans des registres supérieurs. Il est toutefois naturel que la différence entre consonance et dissonance devienne toujours moindre, plus nous appliquons de grands intervalles, car les sons partiels des deux sons sont de moins en moins en rapport les uns avec les autres.

Lorsque nous désaccordons peu à peu deux sons l'un par rapport à l'autre (lorsque nous décalons les réglettes *aa* et *bb* l'une par rapport à l'autre), nous découvrons donc qu'il existe certains degrés de désaccord (certaines positions des réglettes) pour lesquels la quantité des battements est moindre que pour d'autres, et l'euphonie de l'accord par conséquent plus grande. Cette euphonie est attachée à certains intervalles, qui sont toujours les mêmes. Nous avons ainsi découvert comme étant les meilleurs accords, en partant de ut_2, la quinte sol_2 et l'octave ut_3. Mais si nous partions d'un autre son fondamental, il nous faudrait reconnaître de nouveau la quinte et l'octave de ce son fondamental comme les sons qui sonnent le mieux avec celui-ci.

Les accords remarquables par leur euphonie, qui portent en musique le nom de *consonances*, se différencient donc des dissonances par deux signes caractéristiques : *tout d'abord, les accords consonants sont plus simples pour l'oreille, parce que quelques sons partiels des deux notes coïncident. Ensuite, comme nous l'avons dit, le nombre total des battements est bien moindre pour les consonances.*

Que l'essentiel de la consonance consiste en l'évitement des battements, on peut s'en convaincre simplement à l'oreille. On peut réellement entendre les battements qui sont engendrés entre les sons partiels *b*.3 et *a*.4, *b*.5 et *a*.6, et entre *b*.6 et *a*.7, lorsqu'on frappe la tierce *ut-mi*, et se convaincre, en frappant directement les paires de sons *b*.3 et *a*.4, etc., que ce sont les mêmes battements, en même nombre, que l'on a entendus auparavant dans l'accord *ut-mi*.

Ce n'est pas le rapport des hauteurs des sons émis ensemble, mais l'absence de battements, qui est la raison de leur consonance. Helmholtz a mené une belle expérience pour prouver cela. On accorde deux tuyaux d'orgue fermés, lesquels produisent donc des sons sans harmoniques, sur une tierce majeure, et on souffle dans les deux en même temps. On peut alors désaccorder peu à peu l'intervalle jusqu'à une tierce mineure, sans que l'euphonie soit perturbée. Ce qui se trouve entre la tierce majeure et la tierce mineure sonne dans ce cas tout à fait aussi bien que les tierces majeures et mineures elles-mêmes. L'absence d'harmoniques entraîne en effet l'absence de battements, et l'euphonie ne dépend pas du rapport des hauteurs. Il en va naturellement autrement avec des sons qui contiennent des harmoniques. Pour ceux-ci, les battements ne peuvent justement être évités que dans certains intervalles.

Les sons résultants peuvent eux aussi exercer une perturbation sur l'accord et provoquer une dissonance par leurs battements. Un tel cas a déjà été évoqué. Le désaccord de deux sons sans harmoniques qui se trouvent à l'intérieur d'un intervalle d'une octave est immédiatement perceptible du fait de leurs battements. Les battements se produisent entre le son résultant des deux sons et le son le plus grave. Toutefois, les sons résultants jouent finalement un rôle mineur par rapport aux harmoniques. Ils doivent donc habituellement rester hors de considération.

Nous avons soumis à un examen plus poussé le désaccord graduel de deux sons l'un par rapport à l'autre et le phénomène tantôt de renforcement, tantôt d'affaiblissement des battements et de la rudesse du son. Le caractère incomplet d'un tel examen n'échappera pas au lecteur, lorsque cet examen est mené de façon si générale : la force des battements dépend évidemment de l'intensité des sons partiels par lesquels ils sont engendrés. Nous ne pouvons donc rien dire de précis sur le degré d'euphonie d'une consonance, nous ne pouvons pas évaluer précisément une consonance par rapport à une autre, aussi longtemps que nous ne connaissons pas précisément l'intensité des sons partiels particuliers – ou, pour le dire autrement, le timbre.

Néanmoins, puisque tous les timbres utilisables en musique ont ceci de commun que les sons partiels supérieurs, au delà du septième, soit manquent tout à fait, soit sont nécessairement très faibles, que les sons partiels supérieurs doivent être en outre le plus souvent beaucoup plus faibles que les sons partiels plus graves, d'après ce que nous avons exposé plus haut, il est possible d'établir provisoirement une hiérarchie des consonances valable généralement, dans laquelle elles sont ordonnées en fonction de leur euphonie. Si nous commençons par la consonance la plus euphonique, cette hiérarchie devrait être la suivante :

1) octave
2) douzième
3) double-octave
4) quinte
5) quarte
6) sixte majeure
7) tierce majeure
8) tierce mineure
9) septième mineure
10) sixte mineure.

Les éléments de cette liste qui se trouvent tout en bas viennent immédiatement se rattacher aux dissonances.

Pour nous faire une image concrète du degré d'euphonie des consonances, considérons la figure 10. On y reconnaît un clavier.

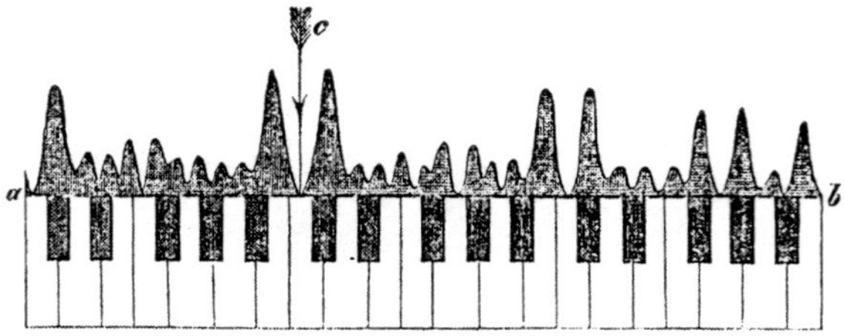

Figure 10

Au-dessus des touches de celui-ci, on voit se dresser des montagnes ou se creuser des vallées. Ce dessin a la signification suivante. Lorsqu'on frappe la touche *ut*, laquelle est désignée par la pointe de la flèche, et lorsqu'on ajoute à celle-ci une quelconque seconde touche plus aiguë ou plus grave, la hauteur de la montagne au-dessus du milieu de cette seconde touche représente le nombre total des battements qui correspond à l'effet produit par les deux touches ensemble, et donc la rudesse du son. Les touches qui donneront les meilleures consonances avec *ut* sont donc celles dont le milieu se trouve dans les vallées les plus profondes. Les sons qui, d'après leur hauteur, se trouvent entre deux touches sont aussi pris en considération sur le dessin. Les sommets de certaines montagnes se trouvent de ce fait parfois au milieu entre deux touches.

La figure n'indique du reste pas seulement l'euphonie pour les intervalles de *ut* vers le haut ou vers le bas, elle a encore une autre signification. Si l'on recopie en effet le clavier, qu'on le découpe, et qu'on place le bord supérieur contre la ligne *ab* d'une certaine manière, de sorte que le milieu de n'importe quelle touche soit en contact avec la pointe de la flèche *c*, la montagne ou la vallée au-dessus du milieu d'une autre touche représente respectivement la rudesse ou l'euphonie de l'accord de cette deuxième touche avec la première. Il existe donc, comme la figure le met clairement en évidence, quelques intervalles particuliers, peu nombreux, qui, quant à l'euphonie, prévalent sur tous les autres, en raison de leurs moindres battements.

Si nous mesurons les intervalles par des pas d'un demi-ton au-dessus du son fondamental, à la tierce mineure correspondent 3 pas, à la tierce majeure 4, à la quarte 5, à la quinte 7, à la sixte mineure 8, à la sixte majeure 9 et à la septième mineure 10. Les meilleures consonances sont donc données par des intervalles de 3, 4, 5, 7, 9 pas d'un demi-ton. Les intervalles de 8 et 10 demi-tons forment la transition vers les dissonances.

Lorsque plus de deux sons, trois par exemple, sonnent ensemble, le fait que l'accord soit agréable ou non dépend de nouveau du nombre total des battements. Mais une chose est claire : nous ne pouvons former un accord polyphonique consonant avec trois sons que si ces sons sont déjà consonants deux à deux. Une consonance composée de deux notes ne peut donc engendrer un accord à trois notes consonant que si l'on ajoute un troisième son qui est consonant avec chacune des deux notes.

Il n'est cependant pas nécessaire que, si trois sons sont consonants deux à deux, ils produisent tous trois ensemble également un accord harmonieux. Le contraire est concevable. Si deux sons sont consonants, certains de leurs sons partiels coïncideront généralement et continueront de résonner tranquillement ; alors que d'autres produiront des battements. Supposons que le troisième son nouvellement introduit fasse battre justement les sons partiels qui n'étaient jusqu'alors pas affectés, cet accord à trois notes doit alors naturellement sonner plus mal que le précédent à deux notes. Le fait qu'il puisse encore ou non être compté parmi les consonances dépend seulement du degré auquel il sonne « plus mal ».

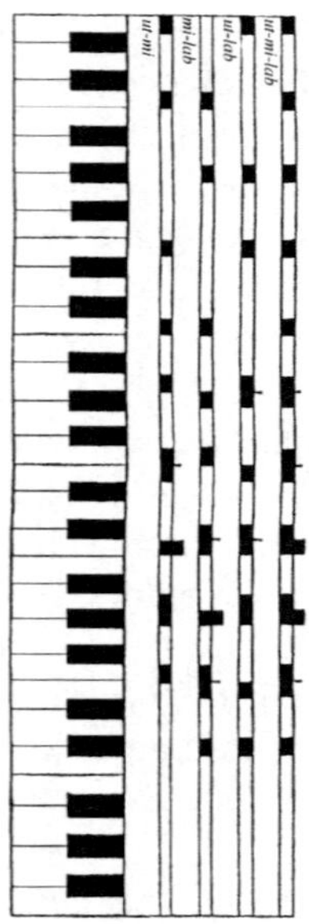

Figure 11

Un exemple instinctif est présenté dans la figure 11. Si nous combinons les sons *ut-mi-lab* dans un accord, *ut-mi* et *mi-lab* produisent une bonne consonance, et *ut-lab* une consonance acceptable ; mais en revanche, tous trois ensemble produisent une dissonance tout à fait insupportable. Si nous marquons comme auparavant les sons partiels sur des réglettes, nous en comprenons la raison. Alors que, dans chacun des accords à deux sons, quelques sons partiels restent non troublés, nous découvrons dans l'accord à trois sons cinq paires de sons partiels à l'origine de battements. Dans la figure, nous n'avons pris en considération que les six premiers sons partiels et reporté les sons partiels correspondant à chaque accord sur une réglette. Là où deux sons partiels tombent l'un à côté de l'autre, les deux marques correspondantes sont séparées par un trait; là où deux sons partiels coïncident, les marques sont posées l'une sur l'autre.

Pour trouver des accords à trois notes consonants, nous devons isoler tous les accords à deux notes, et examiner s'il ne se trouve pas un troisième son qui soit consonant avec les deux notes. Parmi les accords ainsi engendrés, nous devrons en éliminer encore quelques-uns qui ne sont pas harmonieux, mais en tout cas, ceux qui resteront constitueront tous les accords à trois notes consonants possibles.

Afin de procéder de façon tout à fait systématique, nous utiliserons la figure 12. De l'un des deux petits claviers partent des lignes horizontales, de l'autre des lignes verticales, qui constituent un carré *abcd* divisé en petites cases. Si nous nous plaçons dans l'une de ces cases, nous tombons à gauche sur une touche et en bas également sur une touche. Ces deux touches peuvent être combinées avec *ut*. Chaque case doit donc représenter, avec *ut* et les deux touches auxquelles elle conduit, un accord à trois notes. Le carré *abcd* donne donc tous les accords à trois notes qui peuvent être construits sur *ut*.

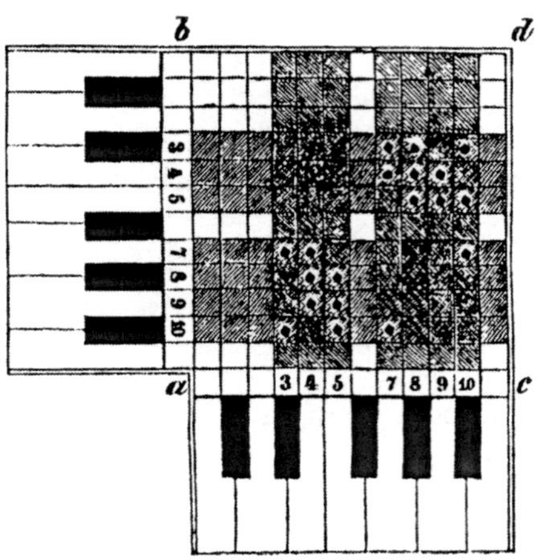

Figure 12

Cherchons à présent pour chaque touche le nombre d'intervalles d'un demi-ton qu'elle forme avec *ut*, mais indiquons-le seulement là où ce nombre marque une consonance. Pour rester dans le champ le plus vaste possible, nous incluons encore aussi la sixte et la septième mineures comme transitions vers les dissonances, et écrivons donc 3 au-dessus de *mib*, 4 au-dessus de *mi*, 5 au-dessus de *fa*, 7 au-dessus de *sol*, 8 au-dessus de *lab*, 9 au-dessus de *la*, 10 au-dessus de *sib*. Nous ombrons les bandes qui partent de ces touches consonantes. Puisque les deux sons qui doivent être combinés avec *ut* doivent être consonants avec *ut*, nous n'avons à présent à prendre en compte que les cases dans lesquelles se coupent des bandes ombrées. Puisque les deux sons s'accordant avec *ut* doivent en outre former l'un avec l'autre un intervalle consonant, il nous faut à présent chercher dans quelles cases cela a lieu. Or les deux touches auxquelles conduit une case ne forment manifestement un intervalle consonant que lorsque la différence des deux nombres qui sont au-dessus de la touche est de nouveau l'un des nombres 3, 4, 5, 7, 8, 9, 10. Nous signalons par des points les cases pour lesquelles c'est le cas.

Les cases avec un point désignent donc, avec *ut* et les deux touches auxquelles elles mènent, tous les accords de trois sons qui sont susceptibles d'être consonants. Ce schéma pourrait valoir également pour une autre tonique, si les deux claviers sont prolongés et déplacés sur la figure, de façon toutefois à ce que sous les mêmes nombres tombent aussi des touches de même nom.

Les accords que donne la figure pour la tonique *ut* sont les suivants :

ut-mib-sol	*ut-mi-lab*	*ut-fa-la*
ut-mib-lab	*ut-mi-la*	*ut-fa-sib*
ut-mi-sol	*ut-fa-lab*	*ut-sol-sib*

Parmi ceux-ci, certains doivent être éliminés parce que non harmonieux, à savoir les trois accords *ut-mi-lab*, *ut-fa-sib* et *ut-sol-sib*. La cause de leur dissonance a été éclairée plus haut par un exemple. Il reste donc les six accords consonants :

ut-mib-sol	*ut-mi-la*
ut-mib-lab	*ut-fa-lab*
ut-mi-sol	*ut-fa-la*

Il est évident que pour n'importe quelle autre tonique, notre figure (après un déplacement préalable des claviers) donnerait des accords exactement de la même structure, c'est-à-dire avec exactement les mêmes rapports d'intervalles. Pour considérer les choses de façon plus générale, nous n'écrirons pas les accords dans une tonalité définie, mais introduirons une dénomination plus générale, en décrivant les sons par le nombre de demi-tons qui correspond à leur intervalle avec la tonique. Nous devons alors naturellement désigner la tonique elle-même par 0, la tierce majeure par 4, la quinte par 7, etc. Nos accords sont alors :

0-3-7	0-4-9
0-3-8	0-5-8
0-4-7	0-5-9

Si l'on « *renverse* » maintenant l'un des accords ci-dessus, *ut-mi-sol* par exemple, c'est-à-dire si l'on prend le son *mi* ou le son *sol* au lieu de *ut* comme tonique, les rapports de consonance sont assurément changés par là, mais, comme on peut s'en convaincre à l'aide du moyen indiqué plus haut, pas de manière significative. On a engendré de nouveau un accord consonant.

On remarque toutefois qu'aucun nouvel accord n'est mis au jour de cette manière, aucun dont la structure, dont le rapport entre les intervalles, ne différeraient de l'un des six présentés ci-dessus.

L'accord *ut-mi-sol* (0-4-7) donne les renversements *mi-sol-ut* (0-3-8) et *sol-ut-mi* (0-5-9), que l'on trouve déjà dans la série ci-dessus. Il en va de même avec les autres accords.

Pour une tonique donnée, on ne peut donc construire que six accords à trois notes consonants, de la structure indiquée. Une telle affirmation ne vaut naturellement que sous la réserve que l'accord ne dépasse pas l'étendue d'une octave.

En harmonie, on appelle les accords *ut-mi-sol* (0-4-7) et *ut-mib-sol* (0-3-7) des accords parfaits : le premier, accord parfait majeur, et le second, accord parfait mineur. Les accords *ut-mi-la* (0-4-9) et *ut-mib-lab* (0-3-8) s'appellent comme on sait accords de tierce et sixte ou accords de sixte. Les accords *ut-fa-la* (0-5-9) et *ut-fa-lab* sont nommés accords de quarte et sixte.

En harmonie, on a l'habitude de déduire le plus souvent tous ces accords des accords parfaits majeurs et mineurs par renversement, selon le schéma suivant :

accord parfait majeur : *do-mi-sol*
accord de sixte : *mi-sol-do*
accord de quarte et sixte : *sol-do-mi*
accord parfait mineur : *do-mib-sol*
accord de sixte : *mib-sol-do*
accord de quarte et sixte : *sol-do-mib*

En transposant en *lab majeur*, en *fa majeur*, en *la mineur* et en *fa* mineur, on obtient de nouveau les suites ci-dessus, desquelles nous étions partis.

Des accords à trois sons consonants qui dépassent l'étendue d'une octave ne peuvent pas contenir d'autres sons que ceux limités à une octave, parce que seuls sont consonants au-delà de l'octave les intervalles pour lesquels une consonance intervient aussi à l'intérieur d'une octave.

Des accords à quatre sons consonants sont engendrés lorsqu'un son d'un accord consonant à trois notes est redoublé dans une autre octave. Il n'existe pas d'accord à quatre sons consonants dans l'étendue d'une octave, et c'est pourquoi de tels accords ne sont seulement possibles qu'au-delà de l'octave par des redoublements.

Dans les affirmations précédentes concernant les accords consonants, nous n'avons eu égard qu'aux seuls battements engendrés par les sons partiels des sons combinés. De fait, ceux-ci sont les plus importants, et on peut établir les premiers principes de l'harmonie en considérant seulement les battements. Mais lorsqu'on en arrive à des considérations plus fines, il faut aussi avoir égard aux perturbations qui sont introduites par les sons résultants, que nous avons déjà évoqués.

On peut faire apparaître cela clairement et de façon simple au moyen de quelques exemples. Helmholtz a établi les positions et les renversements des accords parfaits majeur et mineur qui se distinguent des autres par leur euphonie. Nous les présentons ci-dessous :

Les accords sont donnés par des blanches, les sons résultants par des noires. Les sons résultants tombent dans leur ensemble, pour ainsi dire, dans l'accord. Une euphonie particulière distingue par conséquent ces positions des positions suivantes, dans lesquelles il n'en va pas ainsi.

La situation est semblable pour l'accord mineur. Les positions suivantes

sonnent par exemple mieux que celles-ci :

etc.

On peut toutefois remarquer que les accords mineurs ne sont pas absolument exempts de sons résultants dérangeants, comme le montrent les exemples donnés sur la portée. Mais les positions les plus harmonieuses sont celles qui ne contiennent qu'un seul de ces sons résultants dérangeants.

De la même manière, Helmholtz a mené des recherches sur les accords à quatre sons, et a réussi à expliquer un certain nombre de règles plus fines de la théorie de l'harmonie, pour lesquelles celle-ci ne connaissait jusqu'ici aucune justification.

Nous pouvons résumer l'essentiel de ce chapitre par les affirmations suivantes :

1) Lorsque plusieurs sons sont produits en même temps, des battements sont en général engendrés par les perturbations réciproques des sons partiels, battements qui rendent l'accord rude, qui en font une dissonance.

2) Les consonances sont engendrées seulement par certains rapports d'intervalles des sons joués ensemble, lorsque en effet quelques sons partiels coïncident entièrement, et d'autres se trouvent si loin les uns des autres qu'aucun battement perceptible n'intervient, qui pourrait perturber l'accord.

3) Les principes de l'harmonie, dans leurs grandes lignes, peuvent être établis par la seule considération des battements des sons partiels. Mais pour juger, par la théorie, de différences plus fines dans l'euphonie, il faut aussi avoir égard aux perturbations plus faibles provoquées par les sons résultants.

L'HARMONIE ET LE CONTREPOINT

La parenté des sons repose sur la coïncidence de leurs sons partiels. Les sons apparentés se prêtent particulièrement à une liaison mélodique et harmonique. Dans la première liaison, leur succession déconcerte moins l'oreille que celle de sons qui ne sont pas apparentés, et dans le second type de liaison, les sons apparentés se perturbent bien moins les uns les autres par leurs battements que ceux qui ne le sont pas.

Sur la parenté des sons repose ainsi également l'*harmonie*. Ce qui est le plus agréable pour l'oreille est une suite d'accords dont les sons sont apparentés les uns aux autres, dans lesquels par conséquent des sons tout entiers ou, pour le moins, des sons partiels de ceux-ci coïncident. Nous expliciterons cela par quelques exemples.

Nous pouvons obtenir facilement une suite d'accords qui produise un effet très agréable : nous frappons un accord de trois notes quelconque et, en changeant à chaque fois un seul des sons de celui-ci, nous passons à d'autres accords. On pourrait par exemple avoir la suite d'accords suivants :

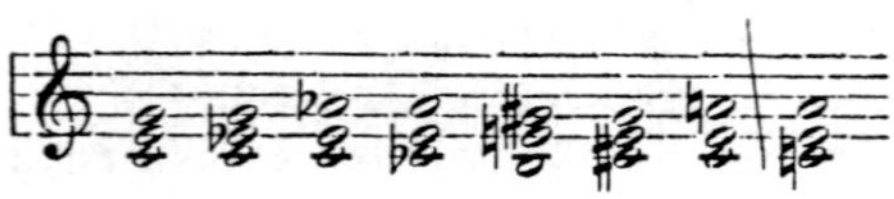

etc.

Nous obtenons également de bonnes suites en changeant deux notes dans un accord à trois notes :

etc.

La simple coïncidence de sons partiels des sons de deux accords suffit pour rendre leur succession plus agréable à l'oreille :

etc.

Dans cette phrase, l'un des sons d'un accord est toujours la quinte de l'un des sons de l'accord précédent. Des sons partiels du premier accord coïncident donc avec des sons partiels du second.

La phrase suivante donne un autre exemple d'une suite d'accords apparentés, bien que constitués cette fois de sons entièrement différents :

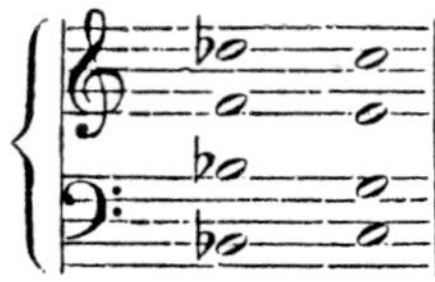

Ici, cinq sons partiels du premier accord coïncident avec cinq sons partiels du second.

La parenté des accords se réduit donc de façon tout à fait générale, comme celle des sons, à la coïncidence de sons partiels. Elle est plus ou moins grande, selon que plus ou moins de sons partiels coïncident.

L'exigence de faire se suivre des accords aussi apparentés que possible est évidemment satisfaite le plus parfaitement lorsque chacune des voix d'un accord progresse individuellement vers le degré le plus proche et le plus apparenté. Les lois du contrepoint pour une phrase harmonisée apparaissent ainsi d'elles-mêmes. Elles ne diffèrent pas de celles qui valent pour une phrase à une voix.

Si l'on se contente de toujours suivre la règle principale, et que l'on fait progresser chaque voix vers le degré qui lui est le plus proche et le plus apparenté, les lois particulières de l'harmonie deviennent alors superflues, ou apparaissent plutôt comme découlant à l'évidence de cette règle principale. La conception dominante parmi les théoriciens de l'harmonie les plus contemporains est par exemple que l'interdiction des quintes parallèles s'observe toujours d'elle-même si les notes progressent individuellement vers les degrés les plus apparentés et les plus proches.

La quinte parallèle interdite apparaît, comme on le sait, lorsqu'on fait progresser deux notes d'un accord, qui forment une quinte, de sorte qu'elles se trouvent de nouveau dans un intervalle de quinte au pas suivant. L'exemple suivant représente une telle quinte parallèle :

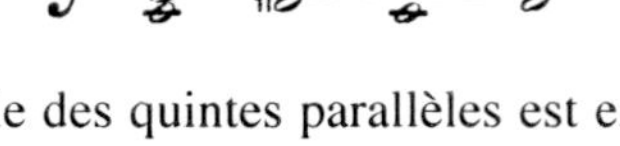

L'effet désagréable des quintes parallèles est expliqué de différentes façons par les théoriciens actuels de l'harmonie. Quelques-uns en cherchent la cause dans une mauvaise conduite des voix individuelles, mais la plupart la voient dans le fait que le saut de quinte fait sortir de la tonalité. Toutes ces conceptions correctes au sujet de la quinte parallèle peuvent cependant être résumées en une seule formule : dans une quinte parallèle se succèdent des accords *de faible parenté*. « Une mauvaise conduite des voix » et « une sortie de la tonalité » expriment la même chose. Une « mauvaise conduite des voix » signifie une progression vers des degrés trop peu apparentés. Une tonalité rassemble les sons les plus apparentés. « Sortir de la tonalité » signifie donc faire un pas vers des sons trop peu apparentés.

On peut réellement s'en convaincre : les sons qui se succèdent dans une quinte parallèle sont moins apparentés, les accords qui se succèdent contiennent moins de sons partiels qui coïncident, que pour d'autres sauts d'accords, plus plaisants.

Si nous examinons dans l'exemple 1 les intervalles que forme chaque note d'un accord avec la note de l'autre, nous découvrons parmi ceux-ci trois quartes et une sixte majeure. Dans l'exemple 2 en revanche, qui contient la même suite d'accords organisés d'une façon différente, laquelle exclut la quinte parallèle, nous découvrons deux quintes, une quarte et une tierce mineure. Mais les quintes sont des intervalles plus apparentés que les quartes, le saut d'accords 2 est donc théoriquement meilleur que le 1, et c'est également ainsi qu'en juge l'oreille.

Si nous examinons les sons partiels qu'ont en commun les deux accords qui se succèdent, nous trouvons dans 1 trois sons partiels communs, mais dans 2, six. C'est la raison pour laquelle le saut 2 sonne bien mieux.

La coïncidence des sons partiels fonde de façon essentielle le caractère agréable d'un saut harmonique ; là où cette coïncidence fait défaut, le saut est désagréable, même sans quinte parallèle.

La succession de tierces dans l'exemple ci-dessus sonne de façon au moins aussi désagréable que n'importe quelle quinte parallèle. Les deux accords n'ont en effet aucun son partiel commun. Il faut ajouter d'autres sons apparentés entre eux pour que cette succession devienne supportable.

D'autre part, une quinte parallèle n'est plus gênante lorsque les autres notes de l'accord et leurs sauts corrects l'emportent sur elle. Considérons cet exemple :

Ici, nous avons bien la quinte parallèle *sib-fa/la#-mi*, dont l'effet n'est pourtant pas gênant, parce que l'ensemble restant de l'accord l'emporte. Six sons partiels du premier accord coïncident également avec ceux du second. Nous trouvons, parmi les intervalles que les sons d'un accord forment avec ceux de l'autre, deux quintes, une quarte, trois tierces majeures, une tierce mineure, une sixte mineure. On ne peut donc pas dire que les deux accords n'ont aucune parenté l'un avec l'autre. Le saut sonne lui aussi très bien malgré la quinte parallèle.

L'interdiction de la quinte n'est absolument pas une loi primitive, mais seulement une loi dérivée de l'harmonie, qui peut conduire à des erreurs si l'on ne garde pas présente à l'esprit sa raison d'être. Cette question a été examinée très joliment par Ambros dans un petit écrit (*Zur Lehre vom Quinten-Verbote*[1], Leipzig, Heinrich Matthes).

Du fait que les sons s'avèrent être composés de sons élémentaires, en lesquels l'oreille attentive peut les décomposer, nous avons déduit quelques enseignements importants pour la théorie de la musique.

1) Les sons qui sont composés des mêmes sons élémentaires apparaissent apparentés à l'oreille.

2) L'oreille trouve les sons apparentés particulièrement appropriés à un lien mélodique.

3) Les gammes de toutes les époques ont toujours contenu un choix de sons particulièrement apparentés les uns avec les autres.

4) Pour être combinés harmoniquement, les sons apparentés sont également les plus appropriés, dans la mesure où ceux-ci, dans un accord, se gênent mutuellement le moins.

5) Les accords les plus propres à se succéder sont ceux qui contiennent des sons apparentés, et donc des sons élémentaires identiques.

Ce fait est donc déjà à lui seul extrêmement fructueux pour la théorie de la musique. L'union du semblable est une exigence que l'oreille impose

1. *Théorie de l'interdiction des quintes parallèles*. Helmholtz aborde cette question dans la troisième partie de sa *Théorie physiologique de la musique*, chap. XVIII, *op. cit.*, p. 473-477.

toujours et partout. Mais il ne s'agit pourtant pas de la seule exigence. Tous les facteurs ne sont pas donnés par là. Car sinon la musique devrait simplement rester immobile sur l'unisson éternel.

L'oreille exige aussi une certaine diversité. Dans les gammes déjà, et aussi dans la mélodie, on accepte des sons moins apparentés. Les consonances entrent en société avec les dissonances, la suite d'accords apparentés est interrompue par des accords qui le sont moins. Il serait inconséquent de vouloir chercher dans la physique de l'oreille l'aspiration à l'identique, et dans le concept toujours vague de goût l'aspiration au divers. Là aussi, la physique doit nous permettre d'en savoir davantage.

En effet, on a déjà mentionné plus haut que seule une propriété de l'oreille, la capacité à diviser les sons en sons élémentaires, ferait l'objet d'un examen plus précis. D'autres propriétés, qui s'imposent comme des faits encore inexpliqués, le sens de la hauteur des sons et le sens des intervalles par exemple, n'ont encore été que très peu étudiées. C'est vers celles-ci qu'il faudra à l'avenir tourner son attention.

Le mode naturel et le mode tempéré

Dans les investigations précédentes, on a implicitement présupposé que le clavier utilisé avait un tempérament égal, car ce n'est que dans ce cas qu'il est possible de réaliser des études pour toutes les tonalités. Les harmoniques, pour des raisons de simplicité, ont en outre eux aussi été considérés dans un mode tempéré, car les harmoniques ne coïncident avec les sons de notre clavier que dans ce seul mode.

Dans les faits, les différences entre le mode naturel et le mode uniformément tempéré sont si minimes qu'on peut les négliger pour la plupart de nos considérations. Si nous voulions mener notre recherche en tenant compte de ces différences, nous n'aurions à introduire que des corrections insignifiantes. Nous avons ainsi trouvé par exemple, sous l'hypothèse d'un mode uniformément tempéré, une parenté très restreinte entre la quarte augmentée et la tonique, alors qu'il n'existe absolument aucune parenté si l'on se place dans le mode naturel, parce que les sons partiels de la tonique et de la quarte augmentée ne coïncident absolument pas dans ce mode.

Mais si l'on veut être tout à fait précis, les différences évoquées doivent être prises en considération. C'est ce que nous tenterons de faire. Mais nous expliciterons auparavant la nature du mode tempéré.

Considérons une gamme diatonique par exemple :

ut, ré, mi, fa, sol, la, si, ut
1 9/8 5/4 4/3 3/2 5/3 15/8 2

Les fractions inscrites sous les notes ont la signification qu'on sait. La fraction 9/8 sous *ré* signifie que la seconde *ré* provoque 9/8 fois autant d'oscillations que la tonique *ut* dans le même temps, ou que pour *une oscillation* de *ut*, on a toujours 9/8 d'oscillation de *ré*.

On peut donc construire une échelle diatonique, en cherchant pour n'importe quel son choisi comme tonique une seconde, qui produit 9/8 fois autant d'oscillations, une tierce, qui oscille 5/4 fois autant, etc. Mais la construction de l'échelle peut aussi se faire d'une autre manière, dont nous avons déjà discuté, certes pas précisément, mais pour le moins en passant.

On peut construire la tierce *mi* de *ut* en formant à partir de *ut* la quinte *sol*, de *sol* la quinte *ré*, ensuite la quinte *la* et enfin la quinte *mi*. Lorsqu'on redescend alors de deux octaves, on trouve un *mi* qui ne coïncide pas exactement, mais presque, avec la tierce *mi* de *ut*. Le *mi* trouvé par sauts de quintes forme avec la tonique *ut* l'intervalle 81/64, c'est-à-dire qu'il produit 81 oscillations pour 64 de la tonique. On calcule cela facilement si l'on considère les quatre sauts de quintes vers le haut et les deux sauts d'octaves vers le bas. On trouve alors :

$$3/2 . 3/2 . 3/2 . 3/2 . 1/2 . 1/2 = 81/64$$

Mais la tierce naturelle *mi* de *ut* donne l'intervalle de 5/4 ou (5.16)/(4.16) soit 80/64. La tierce *mi* trouvée par sauts de quintes, d'intervalle 81/64 est donc plus haute que la tierce naturelle ; la tierce trouvée par sauts de quintes produit 81 oscillations pour 80 oscillations de la tierce naturelle.

De la même manière que pour la tierce, on peut aussi trouver les autres intervalles de la gamme diatonique également par sauts de quintes, et l'on peut se convaincre facilement que, en partie, ils ne coïncident pas avec l'intervalle naturel. La sixte ainsi trouvée par sauts de quintes *ut-sol-ré-la* est à son tour de 81/80 plus aiguë que la sixte naturelle. Le son *ut* lui-même peut être retrouvé au moyen d'une série de douze quintes, mais est alors un peu plus aigu (d'environ 81/80) que le son *ut* originel, et on l'appelle *si*# pour le différencier de celui-ci.

Ces considérations nous apprennent que les sons d'une gamme ne peuvent pas, si l'on veut être rigoureux, être utilisés pour une autre gamme. Les tierces et les sixtes d'une gamme donnée, par exemple, ne forment pas des quintes correctes d'une autre gamme, et inversement. Mais les instruments à touches obligent à se contenter d'aussi peu de sons que possible, et l'on a donc dû se décider à utiliser les sons d'une gamme donnée également pour une autre gamme, même s'ils ne sont pas tout à faits exacts dans celle-ci. Mais pour rendre l'erreur aussi petite que possible, on a divisé cette gamme de façon régulière en douze tons. En divisant l'octave en 12 degrés absolument égaux, on obtient des intervalles relativement corrects pour les douze tons. On nomme ce mode, comme on le sait, le tempérament égal.

Représentons-nous à présent les différences entre les modes naturels et tempérés d'une façon synoptique et concrète. Songeons que douze sauts de quinte conduisent à la septième octave. Mais les 12 quintes mènent à quelque chose comme 1/5e de demi-ton (un comma de Pythagore ou 81/80e) plus haut que les sept octaves[1]. Si nous rendons à présent les 12 quintes toutes un petit peu plus petites, de sorte que nous parvenions réellement, par 12 quintes égales, à la septième octave, nous pouvons alors construire à l'aide de ces quintes tempérées notre système égal de 12 demi-tons tout entier. De là s'ensuit qu'une quinte tempérée est d'environ 1/60e d'un demi-ton plus petite qu'une quinte naturelle. Reste encore à remarquer que les intervalles naturels divergent de 81/80e, soit de 1/5e d'un demi-ton, de ceux trouvés par les quintes de la façon qu'on connaît. Cela suffit à une présentation claire du mode naturel.

Dans la figure 13, *ut-ut* représente la longueur d'une octave d'un clavier. Qu'on divise cette octave en 720 degrés égaux et qu'on la remplisse d'autant de touches qu'il faut pour progresser d'un soixantième d'un demi-ton lorsqu'on passe d'une touche à la suivante. On a donc 60 touches à parcourir de *ut* à *ut*#. Nous désignons alors les places des touches qui correspondent aux demi-tons tempérés par des caractères majuscules et des traits vers le bas, les caractères minuscules et les traits vers le haut devant noter les degrés d'une échelle diatonique naturelle. Entre chaque demi-ton, *ut-ut*#, *ut*#*-ré*, etc. se trouvent 59 touches, dont chacune se trouve à un intervalle d'un soixantième de demi-ton de sa voisine.

1. Mach commet ici manifestement une erreur. La différence de 81/80 correspond au comma dit « syntonique » ou « ptolémaïque », qui existe par exemple, comme Mach vient effectivement de le montrer, entre la tierce majeure calculée à partir de quatre quintes montantes et deux octaves descendantes et la tierce majeure « naturelle ». En revanche, le comma pythagoricien (ou ditonique) correspond à la différence entre 12 quintes et 7 octaves, à savoir $(3/2)^{12}/2^7$ soit 531441/524288, soit environ 74/73. Pour une explication historique et détaillée de ce problème du tempérament, on se reportera à P. Bailhache, *Une histoire de l'acoustique musicale*, *op. cit.*, p. 89-109. Je remercie Patrice Bailhache d'avoir attiré mon attention sur la confusion faite ici par Mach.

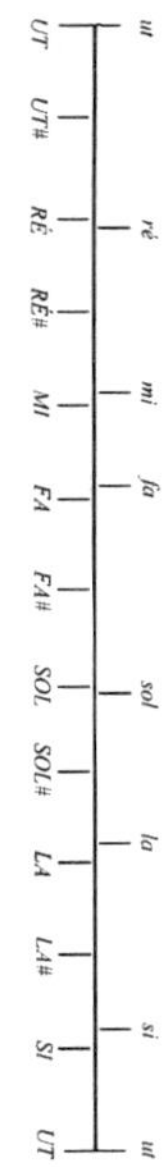

Figure 13

Les sons *UT* et *ut* doivent coïncider. Il apparaît ensuite que la quinte naturelle *sol* de *ut* est plus haute d'un soixantième de ton que la quinte tempérée *SOL*, et donc une touche au-dessus de *SOL*. La quinte de *sol*, à savoir *ré*, le *ré* naturel de l'échelle diatonique, sera de deux soixantièmes au-dessus de *RÉ*, et donc deux touches devant *RÉ*. La quinte naturelle de *ré* se trouve trois touches au-dessus de *LA*. Mais le *la* naturel de l'échelle diatonique se trouve 1/5e de demi-ton, soit 12/60e sous cette quinte. Nous devons donc par conséquent chercher le *la* 9 touches ou 9 soixantièmes d'un demi-ton au-dessous du *LA* tempéré. De cette manière, nous pouvons construire l'échelle tout entière. Les résultats sont résumés dans ce qui suit :

La seconde naturelle	se trouve	2/60	d'un demi-ton	au-dessus de la seconde tempérée.
La tierce majeure naturelle	"	8/60	"	au-dessous de la tierce majeure tempérée.
La quarte naturelle	"	1/60	"	au-dessous de la quarte tempérée.
La quinte naturelle	"	1/60	"	au-dessus de la quinte tempérée.
La sixte majeure naturelle	"	9/60	"	au-dessous de la sixte majeure tempérée.
La septième majeure naturelle	"	7/60	"	au-dessous de la septième majeure tempérée.

On comprendra à présent facilement quelles modifications doivent être apportées à nos réflexions sur la parenté des sons et leurs consonances, dès lors qu'on remarque que les harmoniques sont dans un rapport naturel au son fondamental. Nous devrons placer les harmoniques un peu au-dessous ou au-dessus des touches des sons tempérés de même nom, dans les modèles que nous avons utilisés, comme l'indique le tableau ci-dessus. Mais les sons partiels de deux sons ne coïncident alors plus lorsque deux sons forment l'un avec l'autre des intervalles tempérés, comme nous le présupposions tacitement auparavant, mais lorsque les intervalles sont un peu décalés. On trouve facilement que les sons partiels de deux sons ne coïncident entièrement que lorsqu'ils forment une tierce, une quarte, une quinte et une sixte naturelles. Pour les intervalles tempérés de même nom, les sons partiels sont si proches, *l'un à côté de l'autre*, qu'on ne peut que difficilement distinguer ce rapport de la consonance naturelle.

Cela peut être explicité encore d'une autre manière. Les harmoniques d'un son sont, on le sait, l'octave, la douzième, la double octave, la tierce, la quinte, la septième de la double octave, etc. du son fondamental. Les harmoniques forment donc toujours ces mêmes intervalles par rapport au son fondamental, quelle que soit la hauteur de celui-ci. Le premier harmonique a toujours deux oscillations pour une du son fondamental, le deuxième harmonique trois, le troisième quatre, le quatrième cinq, le cinquième six, etc. Si je prends par exemple pour un son quelconque sa quinte naturelle, le son fondamental de celle-ci a 3/2 oscillations pour une du son fondamental du premier son, mais les harmoniques de ce deuxième son ont respectivement 3, 9, 12, etc. oscillations. On voit donc que le deuxième harmonique du premier son et le premier du deuxième ont autant d'oscillations l'un que l'autre, c'est-à-dire qu'ils coïncident. Cela ne se produirait plus si l'intervalle des deux sons fondamentaux était un peu décalé par rapport à 3/2, si on prenait la quinte tempérée à la place de la quinte naturelle.

Le mode tempéré garantit beaucoup d'avantages pour la fabrication et l'usage des instruments à touches, notamment pour l'exécution de la musique moderne, si riche en modulations. Mais une oreille musicale plus fine reconnaît cependant le préjudice porté à l'euphonie de l'accord par le tempérament. C'est la raison pour laquelle on s'est aussi efforcé de bien des manières de produire un mode naturel avec des instruments à touches, même au sacrifice de la simplicité et du confort.

Différentes orgues, sur lesquelles on peut jouer dans plusieurs tonalités dans le mode naturel et exécuter des modulations, ont déjà été construites, comme celles de Poole et Perronet Thompson. L'orgue de Perronet

Thompson a 40 tuyaux pour l'octave, pour satisfaire toutes les tonalités, trois claviers et 65 touches par octave. Helmholtz a imaginé plusieurs systèmes du mode naturel, et les a mis en application sur un harmonium. À l'évidence, tout dépend ici des limites à l'intérieur desquelles on souhaite jouer dans le mode naturel.

Nous tenterons de construire à titre d'exemple un tel système du mode naturel. Celui-ci doit de nouveau être rendu concret par une sorte de modèle, dans lequel les intervalles sont symbolisés par la distance entre les touches d'un clavier, ou les grandeurs des intervalles représentées par la longueur de lignes. La construction du système doit se faire avec l'aide de sauts de quintes. Parce que de tels sauts de quintes mènent loin au-delà du domaine d'une octave, et parce que, finalement, c'est seulement la construction d'une octave qui nous intéresse, nous nous simplifierons les choses par un artifice singulier, représenté dans la figure 14. Le clavier, dans la figure 14, revient sur lui-même en formant un cercle, et l'on peut mener sur celui-ci toutes les études que l'on peut mener sur un clavier infini des deux côtés, puisque à chaque octave se répètent entièrement les rapports du précédent. Nous voulons nous simplifier encore les choses et faire revenir sur elle-même une seule octave sur la circonférence du cercle.

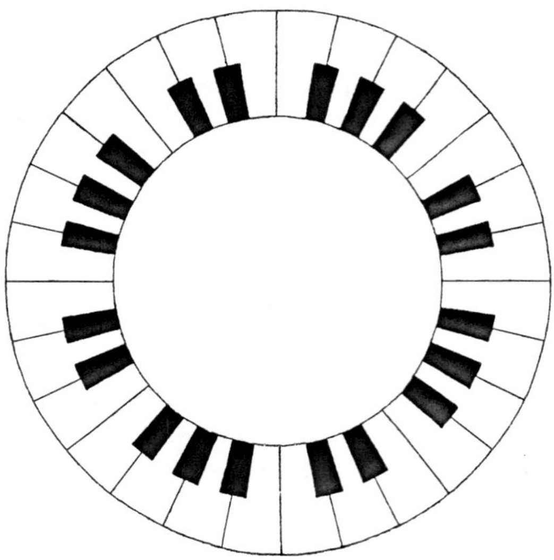

Figure 14

Le système est représenté dans le tableau joint en annexe 2. La circonférence du cercle représente la longueur *d'une octave revenant sur elle-même*, avec 720 touches, deux touches successives formant à chaque fois un intervalle d'un soixantième d'un demi-ton. Le cercle le plus intérieur marque avec son étoile les demi-tons tempérés, que nous désignons avec les caractères majuscules *DO*, *DO*#, *RÉ*, *RÉ*#, *MI*, *FA*, *SOL*, *SOL*#, *LA*, *LA*#, *SI*. La distance entre deux demi-tons, *DO* et *DO*# par exemple, est divisée sur la circonférence du cercle en 5 parties égales, dans chacune desquelles nous devons donc encore nous figurer 12 touches. Un douzième d'un de ces cinquièmes est donc le soixantième d'un demi-ton. L'anneau du milieu contient à proximité de chaque demi-ton tempéré les marques 1, 2, 3, pour trois sons élémentaires à chaque fois. Nous nommerons par exemple ces sons élémentaires $RÉ_1$, $RÉ_2$, $RÉ_3$ pour *RÉ*, et pour *MI*, ils sont nommés MI_1, MI_2, MI_3, etc. Les sons désignés par l'indice 2 sont un cinquième de demi-ton (c'est-à-dire dans un rapport d'oscillations de 81/80) plus graves que ceux désignés par l'indice 1, les sons avec l'indice 3 sont au contraire plus aigus d'autant.

L'anneau le plus extérieur contient enfin les marques pour la gamme diatonique *naturelle* de *do* majeur, dont la tonique doit coïncider avec le *DO* tempéré. Nous désignons ces sons élémentaires avec les caractères minuscules *do*, *ré*, *mi*, *fa*, *sol*, *la*, si.

Nous construisons alors le système la façon suivante. Nous notons sur l'anneau du milieu le son DO_1 à la place du *DO* tempéré. À partir de là, nous réalisons notre construction en tournant toujours dans le sens de la flèche. La première quinte est SOL_1, un soixantième de demi-ton au-dessus de la quinte tempérée *SOL* de *DO*, la deuxième quinte naturelle $RÉ_1$ est deux soixantièmes de demi-ton plus aiguë que *RÉ*, la troisième MI_1 trois soixantièmes etc. La onzième quinte FA_1 doit être onze soixantièmes d'un demi-ton plus aiguë que *FA*, et la douzième quinte est DO_3. Elle tombe douze soixantièmes ou un cinquième de demi-ton (un comma) plus haut que DO_1 ou *DO*. Tout cela est visible sur le tableau.

Nous obtenons ainsi l'ensemble des marques désignées par l'indice 1 dans l'anneau du milieu et une marque désignée par l'indice 3, DO_3. Nous reportons à présent sur l'anneau le plus extérieur l'échelle diatonique naturelle. Cela donne la marque *do* pour DO_1, puis *ré* pour $RÉ_1$. Nous devons placer la marque *mi* un cinquième de demi-ton plus bas que la quinte naturelle MI_1. La marque *mi* apparaît ainsi dans l'anneau le plus extérieur, et la marque MI_2 dans l'anneau du milieu. Le son *fa* se trouve de nouveau un comma plus grave que FA_1, sur la marque FA_2, *sol* tombe sur SOL_1, *la* sur LA_2, *si* sur SI_2, et la gamme est complète.

Si nous rapportons maintenant pour $RÉ_1$ une marque $RÉ_3$ plus aiguë d'un comma, de façon analogue à la marque DO_3, et ainsi pour tous les sons désignés par l'indice 1 ; si nous construisons en outre de la même manière, de façon analogue aux sons MI_2, FA_2, LA_2, SI_2, les autres sons $DO^{\#}_2$, $RÉ^{\#}_2$, etc., alors les trois séries de sons suivantes

$$DO_1, DO^{\#}_1, RÉ_1, RÉ^{\#}_1, \ldots$$
$$DO_2, DO^{\#}_2, RÉ_2, RÉ^{\#}_2, \ldots$$
$$DO_3, DO^{\#}_3, RÉ_3, RÉ^{\#}_3, \ldots$$

suffisent entièrement pour construire des échelles diatoniques naturelles pour les douze toniques $DO_1, DO^{\#}_1, RÉ_1, RÉ^{\#}_1$, etc.

On peut se convaincre de cela d'une façon tout à fait simple. On découpe l'anneau extérieur et on le tourne tout entier autour de l'anneau du milieu. Chaque fois que *do* coïncide avec une des marques DO_1, $DO^{\#}_1$, etc., les marques *ré*, *mi*, *fa*, *sol*, *la*, *si* se trouvent aussi sur des marques des trois séries DO_1, $DO^{\#}_1$, ..., DO_2, $DO^{\#}_2$, ..., DO_3, $DO^{\#}_3$, ... On peut donc obtenir les intervalles *naturels* de l'échelle diatonique par un choix entre ces trois séries de sons élémentaires.

Ainsi, pour pouvoir jouer *de façon naturelle* sur douze tonalités, on construit donc les sons élémentaires dont on a besoin de la façon suivante. En partant de *DO*, on avance de 11 quintes, on ajoute aux 12 sons élémentaires ainsi gagnés 12 autres, plus aigus d'un comma (un cinquième de demi-ton), et 12 autres encore, plus graves d'autant. Des sons élémentaires avec l'indice 3, on n'a du reste besoin, pour les gammes diatoniques, que de DO_3 et de SOL_3. Lorsqu'on effectue le mouvement de rotation indiqué, on trouve également aisément quels sons choisir pour chacune des tonalités. Sur un orgue, ce choix devrait pouvoir être rendu possible par des registres qui règlent l'envoi du souffle dans les tuyaux. – On peut lire à ce propos l'ouvrage de Perronet Thompson, *Principles and Practice of Just Intonation, illustrated on the Enharmonic Organ*, 7e édition, Londres, 1863.

La méthode par laquelle on pourrait accorder les sons du système qui vient d'être présenté serait très simple. On accorde les quintes naturelles $DO_1, SOL_1, RÉ_1, LA_1, MI_1, SI_1, FA^{\#}_1, DO^{\#}_1, SOL^{\#}_1, RÉ^{\#}_1, LA^{\#}_1, FA_1$. La quinte naturelle de FA_1 est DO_3. À partir de DO_3, on pourrait de nouveau poursuivre par des sauts de quintes et trouver ainsi les sons SOL_3, $RÉ_3$, etc. Les sons MI_2, SI_2, $FA^{\#}_2$, $DO^{\#}_2$, $SOL^{\#}_2$, etc. se révèlent alors être des tierces naturelles des tons déjà déterminés $DO_1, SOL_1, RÉ_1, LA_1$, etc.

On reconnaît qu'un intervalle consonant, de quinte ou de tierce par exemple, est accordé dans le mode naturel aux battements des harmoniques supérieurs qui sont en jeu. Si l'accord a été fait complètement dans le mode naturel, il n'y a pas de battements.

Il est bien plus difficile de produire un tempérament exactement égal. Pour cette méthode d'accord, on ne peut pas s'en remettre à la seule oreille. Car l'oreille ne permet de reconnaître que la présence de la consonance naturelle, laquelle justement n'est pas utilisée dans l'accord en mode tempéré.

La meilleure façon d'accorder les notes en mode tempéré est de suivre la méthode de Scheibler, qui repose sur l'observation des battements. On trouve plus de précisions sur cette méthode dans l'ouvrage de Pisko, *Die neueren Apparate der Akustik*[1], Vienne, 1865, p. 144.

1. *Les nouveaux appareils de l'acoustique*.

Annexe 1 : Tableau des sons résultants

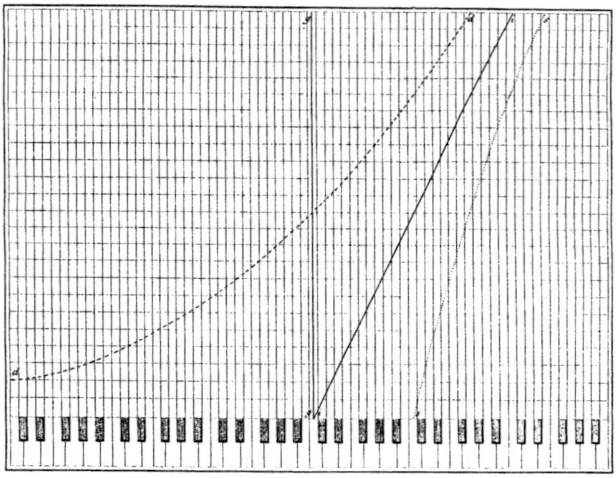

Annexe 2 : Système de l'intonation pure

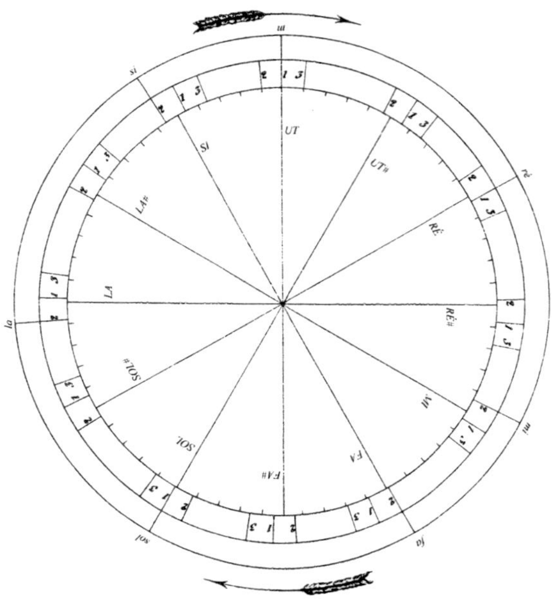

PATRICE BAILHACHE

COMMENT ACTUALISER L'ACOUSTIQUE MUSICALE DE HELMHOLTZ

INTRODUCTION

La théorie de Helmholtz sur la musique est aujourd'hui à la fois bien et mal connue. Bien connue en ce sens que quiconque s'intéresse aux relations de la science et de la musique n'en ignore pas l'existence et connaît en général, au moins par la vulgarisation, les éléments principaux de la théorie. Même l'amateur est familier avec plusieurs de ses résultats, le plus commun étant sans doute celui de la notion d'*harmonique* : tout le monde croit savoir ce que c'est, en en faisant d'ailleurs souvent remonter la découverte au moins un siècle plus tôt, à tort. Mais c'est aussi pour ce genre de chose que la théorie de Helmholtz est mal connue. Les gens les mieux renseignés savent que cette théorie prétend expliquer la dissonance par les battements, ce qui leur paraît erroné à plus d'un titre. D'abord tout simplement parce que l'expérience montre qu'on peut percevoir des dissonances sans battements, ensuite parce que tous les battements ne produisent pas de dissonances, enfin et surtout parce que le phénomène de la consonance n'est ainsi justifié que d'une manière négative, c'est-à-dire pas justifié du tout, comme si le beau ne consistait qu'en l'absence du laid. À cela s'ajoute que Helmholtz a conçu sa théorie musicale en accord avec la musique de son temps, c'est-à-dire la musique tonale harmonique, et que les « révolutions » esthétiques du début du XXe siècle sont venues tout remettre en question : avec l'atonalité ou le dodécaphonisme il semblait que la vieille ségrégation entre les consonances et les dissonances perdait tout son sens.

La question est d'autant plus délicate que la doctrine physiologique de Helmholtz est entachée d'un très grand nombre d'erreurs, de nature variée :

soit erreurs de calcul, soit simplifications abusives des hypothèses de calcul, soit erreurs sur les mécanismes de l'oreille, soit méconnaissance des données expérimentales psychologiques de la perception du son, etc. Mais cette doctrine contient aussi un très grand nombre d'observations et de remarques originales, précises, astucieuses, qui viennent solidement étayer la théorie. Et souvent les critiques du physiologiste allemand ignorent tous ces détails, se contentant de juger la théorie *dépassée*.

Afin de donner, le plus rapidement possible, une image claire et aussi juste que possible des conceptions de Helmholtz, je commencerai par exposer ce qui semble acquis aujourd'hui dans la théorie physico-physiologique de la musique (ou sinon de la musique elle-même, tout au moins de la perception sonore en relation avec la musique). Il me semble en effet plus simple de dire ce que Helmholtz a fait, après avoir expliqué ce que l'on sait aujourd'hui, plutôt que d'adopter un ordre de présentation historique, qui prendrait sans doute plus de temps et ne ferait pas tout de suite comprendre ce qui est faux dans la conception de Helmholtz.

LA PERCEPTION SONORE AUJOURD'HUI

Subjectivité et objectivité

Je ne présenterai dans cette section que les éléments essentiels. Plusieurs d'entre eux étaient déjà reconnus par Helmholtz, d'autres non, je le préciserai dans la section suivante. Cette présentation est donc une sorte de résumé d'acoustique musicale; on pourra se reporter aux ouvrages spécialisés pour entrer dans les détails.

Il est d'usage de définir un son musical comme l'effet produit sur notre sens de l'ouïe par une vibration périodique ou pseudopériodique[1]. Déjà au XIXe siècle on savait bien que cette définition n'est pas complète, puisque certaines percussions, sans hauteur précise, s'apparentent plus au bruit qu'au son musical. Et bien entendu, avec l'élargissement de la palette des instruments lors du siècle suivant, cette incomplétude devient encore plus patente. Mais dans une très large mesure, les sons de la musique se conforment encore à cette définition. Historiquement du reste, les notions

1. Rappelons qu'une vibration pseudopériodique est une oscillation qui est approximativement périodique dans un bref intervalle de temps. C'est le cas, par exemple, des vibrations d'une note de piano : une dizaine de pseudopériodes successives sont tout à fait semblables. Mais l'amortissement entraîne la diminution progressive de l'amplitude, sensible après un laps de temps suffisant.

de consonance et de dissonance se sont formées à partir de tels sons. Je commencerai par ne considérer qu'eux seuls.

L'expérience montre qu'un son musical est caractérisé par sa hauteur, son intensité, sa durée et son timbre. Chacun de ces caractères doit d'abord être compris comme une qualité subjective dans la perception de l'auditeur. C'est ce dernier qui dira si tel son est plus haut que tel autre ou, s'il a plus d'habitude ou d'éducation, s'il est à l'octave ou à la quinte de tel autre son. Même chose pour les intensités, que l'auditeur jugera faibles ou fortes selon son « sentiment ». Pour la durée, la subjectivité de l'auditeur pourra, si besoin est, être supprimée par des mesures précises de rythme. Enfin, le timbre sera en général compris comme caractéristique de tel instrument ou du mélange de tel et tel instruments. À ces qualités *subjectives* du son correspondent des propriétés *objectives physiques*: la hauteur est déterminée par la *fréquence*, l'intensité par la *puissance*, le timbre par le *spectre harmonique* (la subjectivité et l'objectivité fusionnant sans difficulté dans la durée[1]). Toutefois, les choses sont plus complexes. Des expériences de psychologie acoustique ont montré que la hauteur n'est pas une fonction linéaire – ou plutôt pas logarithmique – de la fréquence. Autrement dit un auditeur « non prévenu » ne place pas, par exemple, l'octave exactement au double de la fréquence du son qu'il vient d'entendre (il la situe à une fréquence très légèrement supérieure[2]). On sait aussi depuis les expériences de Fechner que l'intensité subjective n'est pas une fonction linéaire de la puissance sonore; elle en est plutôt une fonction logarithmique. On sait enfin que dans la reconnaissance subjective des instruments, outre le spectre harmonique, l'attaque joue un grand rôle.

Ainsi, la correspondance hauteur, intensité, timbre – fréquence, puissance, spectre se révèle en fait schématique. Elle constitue cependant un *modèle* d'une grande valeur, qui permet des analyses précises et fructueuses dans un très grand nombre de cas. Il faut seulement garder à l'esprit que certaines situations peuvent mettre ce modèle en défaut, situations qui trouvent généralement leur explication par une étude physique ou psychologique plus poussée[3].

1. La reconnaissance de la correspondance entre la hauteur et la fréquence est tardive : elle date de la seconde moitié du XVIe siècle. La compréhension du timbre l'est encore plus et peut être attribuée à Helmholtz.

2. C'est ce phénomène qui justifie les (rares) tempéraments qui ne conservent pas la fréquence double pour l'octave.

3. Tel est le cas du phénomène dit « du fondamental manquant » : le partiel harmonique fondamental n'étant pas présent, il est de prime abord difficile d'attribuer au son entendu la fréquence de ce partiel. C'est pourtant ce que l'oreille fait spontanément.

Analyse objective et subjective du son

La théorie mathématique de Fourier montre que toute fonction périodique satisfaisant à des conditions « ordinaires », de fréquence *f*, est la somme d'une série, en général infinie, de fonctions sinusoïdales de fréquences *f*, 2*f*, 3*f*, 4*f*, etc. La vibration sinusoïdale se produit spontanément lorsque l'amplitude est très faible; elle correspond à un son au timbre très doux. On sait depuis Helmholtz que les sons sinusoïdaux – on dit aussi sons *purs* – de cette série correspondent aux sons *partiels harmoniques* du son donné. Mais, comme le répète pertinemment Helmholtz dans sa *Théorie physiologique*, l'analyse mathématique est une chose, la perception en est une autre, et rien ne prouve *a priori* que l'oreille puisse percevoir les sons partiels harmoniques. Du reste, ce n'est pas vraiment le cas : si l'on joue devant quelqu'un une note de piano, il n'entendra pas séparément, en général, chacun des partiels de cette note; ordinairement, il entendra une note, une seule note, avec le timbre du piano.

Que se passe-t-il donc dans l'organe de l'ouïe ? La vibration transmise par l'air et relayée par les osselets dans l'oreille moyenne met en mouvement le liquide de l'oreille interne. Le conduit enroulé de celle-ci, la *cochlée*, est séparé dans le sens de sa longueur par la *membrane basilaire*, laquelle entre elle-même en vibration. Le phénomène essentiel pour la suite consiste ici en ce que *seule une partie de cette membrane vibre et que la position de cette partie est fonction de la fréquence de la vibration excitatrice*[1]. Ainsi, un son musical « contenant » les partiels harmoniques de fréquence *f*, 2*f*, 3*f*… mettra en mouvement vibratoire les zones de la membrane basilaire caractéristiques de ces fréquences. La membrane se comporte donc comme un analyseur spectral; la physique de l'organe établit ce résultat essentiel.

Afin de bien comprendre les choses, on peut esquisser une comparaison avec le mécanisme de la vision. Une lumière atteint un point de la rétine. Cette lumière est une vibration électromagnétique qui mélange des vibrations sinusoïdales de diverses fréquences. Une différence avec le son réside dans le fait que pour la lumière ces fréquences forment en général un spectre continu, c'est-à-dire qu'il peut y avoir une suite continue de fréquences différentes, alors que dans le son il n'y a que *f*, 2*f*, 3*f*… Le « point » de la rétine est en réalité une petite surface où se trouvent trois récepteurs

1. Rappelons que Helmholtz s'était trompé sur la mécanique de la membrane, mais que son erreur conduisait exactement au même résultat. Ainsi, peut-on dire, sa théorie franchit malgré tout cette étape, se rétablissant dans le droit chemin.

sensibles à trois fréquences différentes et leurs voisinages[1]. Chaque point de la rétine est donc une sorte d'analyseur spectral rudimentaire : c'est cette particularité physico-chimique qui nous permet de voir les couleurs. On notera au passage l'apparente étrangeté que révèle cette comparaison. Les vibrations sonores ne contiennent ordinairement qu'une série discrète de vibrations composantes; dans l'oreille, elles sont néanmoins analysées par un organe, la membrane basilaire, capable de réagir à une suite infinie continue de vibrations sinusoïdales. Au contraire, les vibrations lumineuses se composent d'habitude d'une suite infinie continue de vibrations sinusoïdales (on parle de « spectre continu »), mais l'organe analyseur, quant à lui, ne possède que trois types de capteur[2] !

Cependant, si le comportement physique de la membrane basilaire impose une certaine sorte de sensation sonore, les connexions nerveuses qui s'y raccordent, puis le traitement de l'information dans le cerveau ouvrent encore beaucoup de possibilités dans la perception sonore elle-même. Le nerf auditif étale ses terminaisons le long de la membrane, captant ainsi les informations de ses modes de vibration. Mais comment ces informations sont-elles ensuite « traitées » ? À l'époque de Helmholtz il était impossible de le savoir et même aujourd'hui peu de choses sont comprises. Ce n'est donc pas le fonctionnement cérébral lui-même qu'il

1. Ces trois fréquences correspondent, comme on le sait, au rouge, au vert et au bleu.

2. On pourrait craindre ainsi que la vision ne connaisse que trois couleurs. Il n'en est rien. Car chaque capteur est sensible au maximum pour telle couleur, mais aussi, de façon décroissante, pour son voisinage. C'est cela qui permet l'infinité des mélanges de couleur. Mais c'est aussi cela qui entraîne qu'il n'y a pas correspondance biunivoque entre une couleur et une fréquence : il existe une infinité de mélanges de vibrations monochromatiques donnant la même sensation de telle couleur.

Il faut ajouter que les différences physiques des ondes lumineuses et sonores sont « exploitées » au mieux par les deux organes sensoriels. Pour les ondes lumineuses, fortement directionnelles, la focalisation est possible et permet la formation d'une image, la couleur n'ayant qu'une importance relative. En revanche, les ondes sonores ne permettent pas la formation d'une image : cette fois, la perception des éléments du spectre est essentielle pour que l'individu détermine la nature de la source. On pourrait toutefois ajouter que l'immense multiplicité des capteurs qui tapissent la rétine se réduit, dans le cas de l'audition, au couple des deux oreilles. Cela n'est pas faux puisqu'en c'est en effet la binauralité qui permet de déterminer (grossièrement) la provenance des sources sonores, et donc de former une sorte d'image spatiale, très approximative, des objets sonores qui nous entourent. Mais la sélection naturelle s'est montrée dans ce cas, si l'on peut dire, plutôt paresseuse : elle s'est contentée de préserver la symétrie bilatérale pour l'organe de l'ouïe, comme elle l'a fait pour beaucoup d'autres organes, les yeux, les bras, les jambes, même les narines pour lesquelles il serait difficile d'admettre que nous tirions un quelconque profit du « binodorat », si tant est qu'il fût effectif.

s'agira ici d'étudier, sauf à citer le cas échéant certaines de ses conséquences « globales ». Pourtant, sans la connaissance de ce fonctionnement, il est déjà possible de rendre compte de plusieurs traits importants de la perception musicale et sonore : c'est précisément la tâche principale que Helmholtz a accomplie. On pourrait dire, en simplifiant un peu, qu'avant lui, la compréhension des mécanismes de l'audition se heurtait à et ne dépassait pas la barrière du tympan ; au-delà de celui-ci, l'oreille se présentait comme une « boîte noire ». Helmholtz a forcé cette barrière, décryptant, malgré ses erreurs, ces mécanismes jusqu'aux terminaisons du nerf auditif. Pour lui, et pour nous encore aujourd'hui, la « boîte noire » est le cerveau.

Cependant, « boîte noire » ne veut pas dire que tout reste inaccessible : l'intérieur oui, mais pas les processus accomplis dans leur globalité. Moyennant diverses hypothèses il est en effet possible de simuler une analyse de ces processus. C'est ce que, finalement, je tenterai de faire, prolongeant ainsi la théorie de Helmholtz après l'avoir expurgée de toutes ses erreurs.

La dissonance

Dissonance et battements

La perception de dissonance est évidemment quelque chose de subjectif, mais l'expérience montre qu'elle s'accompagne généralement du phénomène objectif des battements. Une propriété intéressante et très importante est que cette objectivité ne se limite pas aux instruments de physique qu'on peut utiliser pour détecter le phénomène : elle pénètre en quelque sorte jusque dans l'oreille interne, donnant raison à ce principe fondamental de la théorie physiologique qu'il n'existe pas de frontière définie entre le sujet et l'objet[1]. Lorsque deux sons purs d'intensités et de fréquences voisines, par exemple 440 Hz et 445 Hz, sont émis, leur addition produit une onde sonore pulsante, c'est-à-dire dont l'intensité varie entre un minimum (zéro si les intensités des deux sons sont égales) et un maximum (la somme des intensités des sons donnés). On dit que les deux sons *battent*, qu'ils produisent des *battements*. Le phénomène est bien

1. Plus exactement, pour Mach (*L'analyse des sensations*, dans AS, p. 44), il n'y a pas de frontière entre le physique et le psychique : « Dans la sphère sensorielle de ma conscience, tout *objet* est à la fois physique et psychique ».

connu des musiciens, qui l'emploient pour accorder leurs instruments : deux notes sont en accord si l'on n'entend pas de battements. Mais, pénétrant dans l'oreille, cette onde pulsante met en vibration la membrane basilaire. Or, comme les fréquences des deux sons sont voisines et qu'un son sinusoïdal fait vibrer, non pas un point précis de la membrane, mais un *voisinage d'une certaine étendue*, les vibrations de la membrane excitées par chacun des deux sons *se mélangent* dans une certaine région de la membrane. Il existe donc des parties de celle-ci qui vibrent exactement selon l'addition des vibrations des deux sons purs, c'est-à-dire où se produisent les mêmes battements que dans l'air. Il est ainsi permis de dire que les battements font bien partie de la sensation, et non pas seulement de la perception. Ils ont autant de réalité physiologique que les sons eux-mêmes.

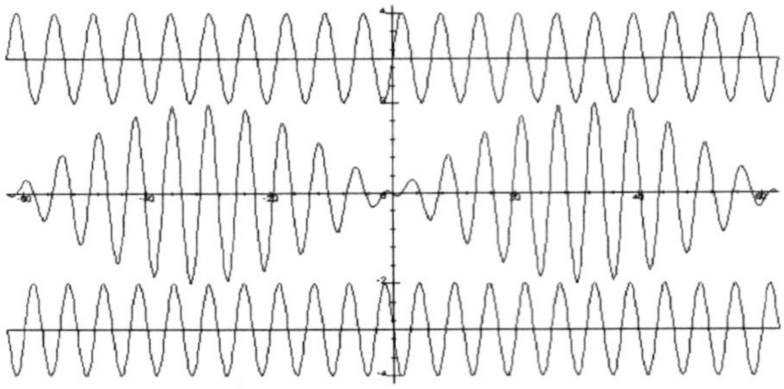

Figure 1. Le phénomène des battements
Quand le son sinusoïdal représenté en haut fait 10 pulsations, celui représenté en bas en exécute 11. La somme (algébrique) des intensités des deux sons est représentée par la courbe du milieu : on constate que son intensité moyenne « pulse », « bat » à la fréquence égale à la différence des fréquences de chaque son (ici 1 = 11 – 10).

Ensuite, on constate, comme l'avait fait Helmholtz, que l'impression de dissonance varie avec la fréquence des battements. Si celle-ci est très faible, par exemple un battement toutes les dix secondes, le phénomène ne sera même pas perçu, puisqu'il est rare qu'une note de musique dure autant de temps. Si celle-ci est au contraire très grande, par exemple mille battements par seconde, l'expérience montre que ceux-ci passent aussi inaperçus. Il y a donc une fréquence « optimale » où les battements sont le plus prégnants, elle correspond à une trentaine de battements par seconde et correspond aussi, comme le montre l'expérience, à l'impression de dissonance la plus forte.

À nouveau, ceci ne représente que le cas général. Dans diverses situations, il peut exister des battements sans dissonances, ou des dissonances sans battements. Je vais en mentionner quelques-unes. Mais au préalable, je voudrais décrire une expérience dont le résultat corrobore la théorie; c'est celle dans laquelle on envoie, grâce à des écouteurs individuels, chacun des deux sons purs sur une oreille différente. À la condition que les sons ne soient pas trop intenses, on constate qu'ils ne produisent pas de battements, ou du moins engendrent des battements considérablement plus faibles que lorsque les deux sons se mélangent dans chaque oreille. Cela s'explique sans difficulté : chaque son fait vibrer une région particulière de la membrane basilaire de l'oreille sur laquelle il s'applique; les vibrations ne se mélangent donc pas sur la même membrane et aucune région de la membrane d'une oreille ou de l'autre n'a de raison de vibrer selon des pulsations battantes. Si néanmoins l'on entend des battements très faibles, c'est pour deux raisons. D'une part l'isolation phonique d'une oreille à l'autre n'étant pas parfaite, le son de l'une se transmet, affaibli, à l'autre, et le mélange du son fort de l'oreille avec le son affaibli de l'autre produit de faibles battements. D'autre part, même si cette isolation était parfaite, il ne faut pas oublier que les informations sonores des deux oreilles sont transmises à un seul organe « récepteur », le cerveau, et que celui-ci peut, selon les dispositions culturelles et personnelles de l'auditeur, procéder à une « comparaison » des signaux prenant la forme de battements. Ce type de battements, dits *du second ordre*, est avéré dans le cas où ce ne peut être que lui auquel on a affaire. Ainsi notamment, lorsqu'on mélange deux sons purs du registre médium presque à l'octave, on perçoit des battements. Il est cependant absolument certain qu'ils ne correspondent à aucune région battante des membranes basilaires, car les régions excitées par chaque son sont trop éloignées l'une de l'autre pour se chevaucher. Il s'agit donc bien alors d'un mélange, non proprement physique, mais nerveux, dans la perception. Lorsque deux sons de fréquence voisine battent, une partie des battements a sans doute la même origine nerveuse, mais elle est si faible par rapport aux battements « réels », du premier ordre (c'est-à-dire ceux qui se produisent physiquement dans la membrane), qu'elle est négligeable.

Battements sans dissonances, dissonances sans battements

Tous les battements, même à la fréquence d'une trentaine par seconde, ne produisent pas de dissonance. L'échelle des régions vibrantes de la membrane basilaire est plus grande dans le grave (vers l'extrémité, ou *apex*, de la cochlée) que dans l'aigu (vers l'oreille moyenne). Deux régions correspondant à des fréquences f_1, f_2 dont la différence est $f_2 - f_1 = 30$ se recouvrent pour des fréquences élevées, par exemple $f_1 = 1000$, $f_2 = 1030$, mais ne le font pas pour des fréquences basses, par exemple $f_1 = 30$, $f_2 = 60$. Dans ce dernier cas, l'intervalle est d'ailleurs celui d'une octave, perçu comme une consonance. Même s'il ne connaissait pas la structure exacte de la membrane basilaire et avait posé une fausse hypothèse à son sujet, Helmholtz avait parfaitement compris et expérimenté ce genre de cas, où il existe des battements extérieurs sans battements intérieurs, donc dénués de sensation de dissonance.

Inversement, nous pouvons très bien avoir le sentiment de dissonance sans battements effectifs, ni externes ni internes. C'est ce qui arrive, comme nous l'avons vu, dans l'expérience des battements du second degré (qui ne sont pas des battements effectifs[1]). D'autres cas semblables sont possibles.

Dissonance, dureté et laideur, consonance, douceur et beauté

Au reste, il est important de ne pas confondre la notion physico-physiologique de dissonance avec les concepts psychologiques de dureté ou de laideur (en musique), comme la notion physico-physiologique de consonance avec les concepts psychologiques de douceur ou de beauté. Les notions physico-physiologique concernent des accords de sons pris isolément, ou considérés comme tels; ce que j'appelle ici les concepts psychologiques – je pourrais dire aussi « esthétiques » – se rapportent aux sons appréhendés dans l'ensemble d'un morceau de musique, ou d'un passage, ou tout au moins d'une phrase, de telle sorte que les sons ou les accords de sons prennent un sens relativement à cet ensemble. Ainsi, telle dissonance, par exemple cette seconde mineure, criante et plaintive, paraîtra particulièrement *belle* dans telle ou telle sonate de Beethoven. À l'inverse, une suite monotone de quintes, pourtant consonantes, sera prise comme le comble de la laideur[2].

1. Deux sons purs presque à l'octave produisent certes des battements effectifs externes. Mais d'une part ces battements sont très rapides (leur fréquence est celle du son grave) donc en principe non perçus comme dissonants, d'autre part la distance des sons fait qu'il n'y a pas de zone battante sur la membrane basilaire, ainsi que je l'ai déjà dit, c'est-à-dire pas de battements effectifs internes.

2. On sait que les traités de composition « classiques » interdisent les successions de quintes.

Consonance

Un défaut majeur de cette théorie, souvent cité, concerne le concept de consonance. S'il paraît admissible que les battements puissent « expliquer » la dissonance, on ne voit pas quelle explication pourrait trouver la consonance… à moins de se contenter d'en prendre le concept comme celui d'une simple absence de dissonance. Mais cela, de prime abord, n'est guère satisfaisant, car le caractère esthétiquement positif de la consonance semble ainsi complètement ignoré : ce serait, en quelque sorte, prétendre justifier la beauté par l'absence de la laideur. Or la beauté nous touche, nous apporte quelque chose de réel et positif, qui n'est pas une simple privation de laideur. De même, lorsque je suis joyeux, ce n'est pas un pur état de non-tristesse. Je pense que cette difficulté peut être en grande partie surmontée en tenant compte de ce que j'ai rappelé au paragraphe précédent, à savoir que dissonance et laideur sont deux choses distinctes, semblablement consonance et beauté. Il existe bien sûr un certain rapport, à la fois physiologique et historique. Le fait est, au moins pour la musique occidentale, que les consonances ont longtemps été prises comme les accords exemplairement représentatifs de la beauté (chez les Grecs en particulier) ; le fait est également que nos musiques d'aujourd'hui les plus « populaires », chansons, chansonnettes, musique « d'ambiance », etc., emploient les accords les plus simples. Cela s'explique sans peine, à mon avis, par la nature même de la perception sonore : il faut commencer par le simple. Je ne prétends pas pour autant *expliquer scientifiquement* l'émergence du beau, bien au contraire. Consonance et beauté relèvent de deux domaines différents. Ce serait un leurre de vouloir rendre compte, uniquement par la physique et la physiologie, de la beauté ou du caractère sublime de telle ou telle œuvre. Beaucoup d'auteurs l'ont compris, par exemple d'Alembert lorsqu'il mentionne ces raisons « de convenance », indispensables à toute théorie musicale, comme en physique[1].

Conclusion, dissonance élémentaire, bande critique

Pour résumer, à la condition d'en rester à la sensation physiologique conditionnée par l'anatomie, dans le cas de deux sons purs, la dissonance apparaît lorsqu'il y a des battements dans l'oreille ; elle est maximale pour

1. « […] dans les matières de Physique […] il n'est guère permis d'employer que des raisonnements d'analogie & de convenance […] », EMPR, XIV.

une fréquence des battements voisine de 30 par seconde[1]. Et l'on peut dire que plus la dissonance est faible, plus les sons émis sont consonants.

Il est important de bien noter que la théorie de Helmholtz ne se limite pas à l'identification de la dissonance aux battements. Avec une même puissance de battements, la dissonance est quasi nulle lorsque leur fréquence est très petite ou très grande; elle passe par un maximum pour environ 30 battements par seconde. Cela définit une fonction dont la variable est de nature physique, la fréquence des battements, et dont la valeur est du domaine de la sensation, la dissonance. Cette fonction, que j'appellerai *dissonance élémentaire*, prend une valeur significative seulement lorsque la fréquence des battements, c'est-à-dire la différence des fréquences des deux sons purs, n'excède pas ce qu'on appelle aujourd'hui la *bande critique*. Sa courbe de variation est tout à fait analogue à celle qu'avait prévue Helmholtz en choisissant une fonction en partie arbitraire[2].

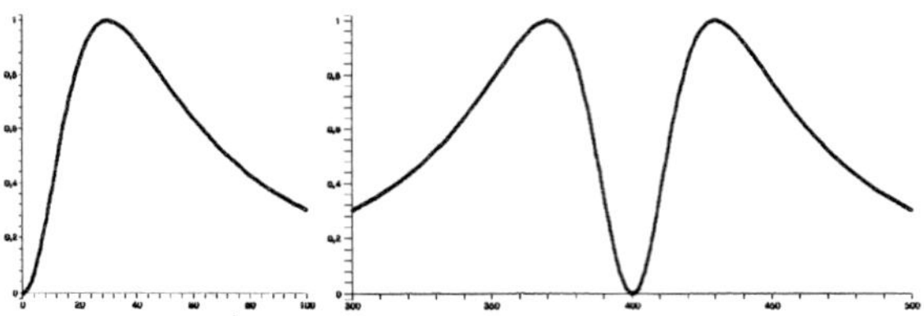

Figure 2. Deux aspects de la fonction de *dissonance élémentaire*, ou *dureté propre*, selon Helmholtz.
À gauche (Fig. 2a) l'un des sons étant fixe, la fréquence de l'autre, d'abord à l'unisson, augmente de 100 Hz (l'axe horizontal porte, en Hertz, la différence

1. Je renvoie à l'ouvrage de Helmholtz pour une tentative de justification théorique. Le texte est très riche sur cette question (comme sur d'autres d'ailleurs). L'idée générale est que toute sensation intermittente est susceptible de produire du désagrément, voire de la douleur. Les papillotements lumineux, les chatouillements en sont des exemples. Helmholtz justifie cela à sa manière, en arguant d'un phénomène de fatigue nerveuse, de difficulté pour les nerfs à récupérer leurs potentiels électrostatiques. Bien évidemment, la connaissance des mécanismes de la transmission nerveuse a largement progressé depuis ...

2. Dans HAM, p. 159, j'appelle la fonction de Helmholtz *dureté propre*; elle est égale à $\left(\frac{60\Delta f}{(30)^2+\Delta f^2}\right)^2$, qui atteint le maximum de 1 pour $\Delta f = 30$ Hz. Étant donné que cette fonction ne dépend que de la différence des fréquences Δf, elle définit une *bande critique* de largeur constante, lorsque la fréquence moyenne des sons battants varie. Sur ce point comme sur bien d'autres, la théorie de Helmholtz n'est pas en parfait accord avec l'expérience, puisqu'on mesure aujourd'hui que, en effet à peu près constante jusqu'à 500 Hz, la largeur de la bande critique est au-delà à peu près proportionnelle à la fréquence moyenne (SM, p. 78).

des fréquences). À droite (Fig. 2b) l'un des sons restant toujours fixe (400 Hz), la fréquence de l'autre augmente de 300 Hz à 500 Hz (l'axe horizontal porte la fréquence du second son). L'unité verticale des deux figures est sans dimension, la fonction de Helmholtz valant arbitrairement 1 à son maximum. Nous allons retrouver la seconde courbe répétée pour chaque couple de partiels harmoniques dans le cas du calcul de la dissonance de deux sons complexes.

Dissonance produite par deux sons complexes

Introduction

Jusqu'ici il ne s'agissait que de la dissonance de deux sons sinusoïdaux d'intensités égales et de fréquences voisines. Que se passe-t-il dans, et comment étudier, le cas moins singulier de la dissonance produite par deux sons musicaux quelconques (le cas général serait celui où intervient un nombre quelconque de sons musicaux quelconques) ? On a vu que de tels sons se décomposent en leurs partiels harmoniques sur la membrane basilaire. En supposant que les sensations s'ajoutent semblablement à l'addition des puissances de battement, il est en principe possible de calculer la dissonance globale résultant de l'addition de toutes les dissonances élémentaires crées par les couples des partiels des deux sons. Il faut bien voir ici toutefois le caractère risqué de la supposition. En effet, rien ne semble vraiment l'étayer *a priori*. C'est certes une règle mathématique constamment appliquée en physique, que de petites variations dans les « causes » doivent entraîner de petites variations proportionnelles dans les « effets ». Mais ici les variations peuvent être grandes : on peut se trouver en présence d'un couple de partiels de grande puissance joint à un autre couple de faible puissance. Les puissances physiques s'ajoutent arithmétiquement sans difficulté. Mais pourquoi les intensités sonores senties et, pire encore, les dissonances liées aux puissances de battements, s'ajouteraient-elles aussi arithmétiquement ?

Afin de poursuivre l'analyse et probablement parce que cette supposition ne lui paraissait pas déraisonnable, Helmholtz l'a adoptée. De toutes manières, sans cette hypothèse ou une autre du même genre, la suite de l'analyse aurait été impossible.

Il fallait en outre être en mesure de traiter l'énorme diversité des sons réels. Chaque instrument de musique produit des sons de timbre, c'est-à-dire de spectre harmonique, différent. La dissonance globale est donc susceptible de changer selon la nature de la source sonore. Une étude générale était hors de la portée de Helmholtz (elle aurait demandé bien trop de calculs); elle n'aurait d'ailleurs pas donné plus de force aux conclusions. L'auteur de la *Théorie physiologique* s'est contenté de prendre un cas exemplaire, celui de sons dont les ondes sont en forme de dents de scie, et qui étaient censés correspondre à ceux d'un violon[1]. Voyons d'abord le résultat de cette analyse.

La dissonance complexe selon Helmholtz

La supposition d'addition linéaire des dissonances élémentaires produit, dans le cas de deux sons « en dents de scie », la courbe suivante. Celle-ci représente le résultat fondamental de la théorie de Helmholtz.

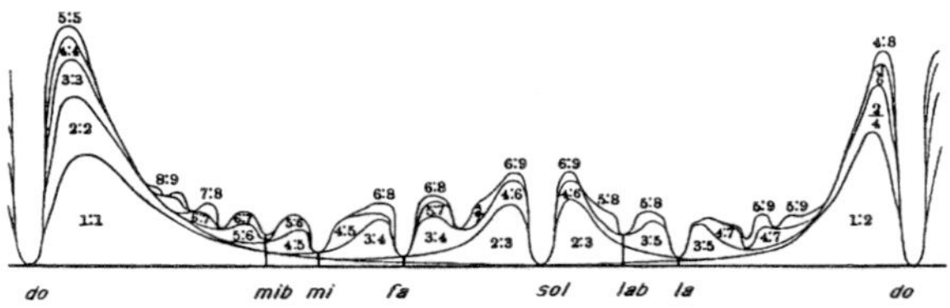

Figure 3. Dissonance globale de deux sons « en dents de scie », selon Helmholtz

L'expérience est celle du mélange des deux sons, dont la hauteur de l'un reste constante et celle de l'autre, d'abord identique à la première, croît jusqu'à l'octave supérieure. Pour simplifier la présentation, je nomme le premier son *do*, de sorte que le second passe successivement par les notes *mib*, *mi*, *fa*, etc. La figure montre l'addition des différentes contributions mutuelles des partiels harmoniques des deux sons. Ainsi la plage[2] marquée « 1:1 » se trouve-t-elle délimitée, en bas par l'axe horizontal, en haut par une courbe qu'on reconnaît être celle de la dissonance élémentaire, en

1. Lorsque l'archet frotte une corde, il produit en effet un mouvement en dents de scie. Les vibrations sont la conséquence de deux mouvements, un aller relativement lent quand la corde adhère à l'archet, un retour très rapide quand la corde « décroche ». Mais si la corde possède un tel mouvement, cela ne veut pas dire que l'onde sonore émise ait la même forme. La transmission par le chevalet et la résonance engendrée par la table d'harmonie et la caisse de l'instrument, résonance qui favorise certains partiels par rapport à d'autres, changent considérablement le spectre.

2. Les couples de chiffres sont pour la plupart inscrits dans des plages comprises entre deux courbes. En fait, ils se rapportent plutôt aux courbes elles-mêmes, plus précisément à la courbe supérieure limitant la plage. Dans le cas des partiels de rangs élevés (« 8:9 », « 7:8 », etc.), la place étant réduite, les chiffres ont été inscrits au-dessus des courbes.

l'occurrence celle du fondamental[1] du son constant avec le fondamental du son variable : l'ordonnée de cette courbe représente donc la contribution à la dissonance des deux fondamentaux. Semblablement, la plage « 2:2 » correspond à la dissonance des partiels de rang 2 des deux sons. Cette fois, c'est l'ordonnée comprise entre la courbe « 1:1 » et la courbe « 2:2 » qui représente cette dissonance élémentaire; et ainsi l'ordonnée comprise entre l'axe horizontal et la courbe « 2:2 » figure la somme des deux dissonances. Afin que tout soit clair, prenons le cas des plages « 4:6 » : elle se rapporte aux partiels de rang 6 du son constant et de rang 4 du son variable, qui à cet endroit voisine le *sol*, c'est-à-dire la quinte du son constant. À la quinte, la fréquence vaut 3/2 fois celle du son grave, si bien que les fréquences des partiels deviennent égales (6 pour le son grave constant, $4 \times (3/2) = 6$ pour le son aigu variable). Cela fait comprendre que les ordonnées de la dissonance de ces partiels ont exactement la même allure que celle de la dissonance élémentaire. En définitive, la courbe supérieure, enveloppe de toutes les autres, représente l'addition des dissonances élémentaires de tous les couples de partiels jusqu'au rang 9. Helmholtz s'est limité à cette valeur pour deux raisons : parce que l'intensité des harmoniques de rang supérieur à 9 est faible et pour rendre possible le tracé de la figure[2].

L'auteur de la *Théorie physiologique* pouvait à juste titre être fier de ce résultat : il semblait grâce à celui-ci être parvenu à donner une preuve physico-physiologique de la dissonance musicale, et même de la perception des consonances et de leur classement habituel. En effet, sitôt passé l'unisson où la dissonance est nulle, et donc la consonance totale, la dissonance croît jusqu'à un pic élevé à peu près entre le *do* et le *do*# (non marqué sur la figure), pour diminuer ensuite, en passant par divers « mamelons », jusqu'aux creux, de plus en plus profonds, de *mib*, *mi*, *fa* et *sol*, c'est-à-dire de la tierce mineure, la tierce majeure, la quarte et la quinte. On voit

1. Rappelons qu'on appelle *fondamental* le premier partiel, dont la fréquence est identique à celle du son composé.

2. Le diagramme de Helmholtz contient une étrange erreur. Puisque dans le cas de deux sons purs le maximum de la fonction de *dissonance élémentaire* est par définition égal à 1 (Fig. 2), dans le diagramme de la dissonance de deux sons complexes en dents de scie, les maxima des courbes de dissonance de chaque couple d'harmoniques doivent être égaux à 1 multiplié par l'intensité du battement produit par le couple. Comme dans la dent de scie, les intensités des harmoniques diminuent lorsque leur rang croît, ces maxima doivent diminuer. On le vérifie bien sur la courbe de Helmholtz, à gauche, où les maxima des courbes entourant 1:1, 2:2, 3:3, 4:4, 5:5 sont de plus en plus faibles. Idem pour tous les autres couples (3:4 plus petit que 2:3, etc.) … *sauf pour le couple 1:2 (à droite) qui apparaît plus grand que 1:1.* Cela semble être une pure erreur d'inattention. Elle est au demeurant sans conséquence.

notamment que la consonance de cette dernière est particulièrement bonne. Au-delà, on rencontre encore les creux des sixtes mineure (*lab*) et majeure (*la*) pour finir par tomber presque à zéro avec l'octave (*do* supérieur), elle-même précédée d'une très forte dissonance.

Heurs et malheurs de la théorie de Helmholtz

L'« erreur fondamentale »

En comparaison de toutes les théories précédentes, celle de Helmholtz représentait un énorme progrès. Dans la préface à ses *Éléments de musique*, d'Alembert n'avait pas eu tort, un siècle avant, de rejeter toutes les explications antérieures du phénomène de la consonance: le respect quasi religieux des nombres chez les Grecs anciens, la « coïncidence des coups » à l'Âge classique, le géométrisme d'un Kepler, l'arithmétique de l'ordre chez le mathématicien Euler[1]. Ne restait comme solution, selon lui, que celle que Rameau avait proposée: à partir des deux expériences dites « du corps sonore » et du principe selon lequel le naturel est beau, moyennant en outre diverses données esthétiques (liées à l'arbitraire de la culture, de l'histoire ...[2]) déduire logiquement toutes les règles de la musique harmonique tonale. Dans la mesure où, en effet, les éléments admis sans preuve étaient moins nombreux que les propositions déduites, il était raisonnable de considérer les conceptions de Rameau et d'Alembert comme réellement novatrices et « scientifiques » (toute théorie scientifique doit évidemment, pour être digne de ce nom, engendrer des conséquences en bien plus grand nombre que les principes non démontrables sur lesquels elle repose). Mais l'œuvre faisait tout de même appel à de nombreuses règles esthétiques impossibles à prouver. Le plus insatisfaisant n'était toutefois pas là.

Car il n'aurait pas été non plus absurde de dire que la théorie de Rameau et d'Alembert était *en régression* par rapport à celle de la coïncidence des coups ou à celle d'Euler. Celles-ci en effet prétendaient prouver les phénomènes de consonance et de dissonance par des principes d'une tout autre nature qu'eux (les conjonctions de « coups », l'arithmétique), semblablement à Newton qui avait déduit les mouvements observables des planètes à partir de l'hypothèse de la gravitation universelle, force de caractère avant tout conceptuel, et dont les conséquences étaient innombrables. Au contraire, les deux expériences du « corps sonore » mises aux fondements

1. EMPR, XII-XXX.
2. Ce que d'Alembert nomme les « règles de convenance », *cf.* ci-dessus.

de la théorie de Rameau et d'Alembert[1] sont exactement de même nature que ce qui est déduit; et, encore une fois, ces déductions sont bien moins nombreuses. Cette théorie représentait ainsi, ce qu'on pouvait faire de mieux une fois reconnu qu'il était impossible de donner des démonstrations réellement théoriques de la consonance et de la dissonance[2]. Elle faisait suite à ce *constat d'échec*.

En ce sens, la nouvelle théorie de Helmholtz retrouvait, en beaucoup mieux car de façon non illusoire, le statut des tentatives d'explication ayant précédé Rameau et d'Alembert. Par la physique et la mécanique appliquées à l'organe de l'ouïe, la sensation sonore était maintenant *analysée* et semblait même *expliquée*. Les raisonnements employés se conformaient à l'esprit des grandes théories scientifiques, mécanique rationnelle, thermodynamique, chimie… Comme la variable macroscopique de la pression d'un gaz s'explique par les innombrables chocs microscopiques des molécules gazeuses sur celles de la paroi, la dissonance, variable de la sensation, trouvait son origine dans la mécanique et la physiologie de l'oreille interne. Cette mécanique et les lois de la physiologie procuraient à la dissonance un caractère quasi objectif, comme en physique.

Ces résultats auraient été hautement satisfaisants si plusieurs éléments de l'analyse helmholtzienne n'avaient pas été source d'erreur. Assurément, la faute apparemment la plus grave concernait l'hypothèse mécanique posée par Helmholtz afin d'étudier le fonctionnement de la membrane basilaire. C'est ce que j'appelle son « erreur fondamentale ». Mais curieusement et fort heureusement cette erreur est, globalement, presque sans conséquences. Pour le dire en peu de mots, je rappellerai que Helmholtz avait supposé que la membrane était tendue seulement dans le sens transversal, en sorte qu'elle pouvait être assimilée à une série de cordes

1. La première est qu'on entend dans tout son musical, outre lui-même, son octave, la quinte à l'octave et la tierce majeure à la double octave ; la seconde est que tout son ressemble à son octave.

2. C'est ce qu'exprime d'Alembert lui-même dans sa préface en disant qu'il n'y a pas de *démonstration* (comme en mathématiques) de la musique, mais seulement des *déductions* (comme en physique) : « Il ne faut point chercher ici cette évidence frappante, qui est le propre des seuls ouvrages de Géométrie, & qui se rencontre si rarement dans ceux où la Physique se mêle. Il entrera toujours dans la théorie des phénomènes musicaux une sorte de Métaphysique, que ces phénomènes supposent implicitement, & qui y porte son obscurité naturelle ; on ne doit point s'attendre en cette matière à ce qu'on appelle *démonstration* ; c'est beaucoup que d'avoir réduit les principaux faits en un système bien lié & bien suivi, de les avoir déduits d'une seule expérience, […] », EMPR, XIII.

tendues disposées les unes à côté des autres[1]. Elle constituait ainsi un analyseur de fréquence, puisque chaque corde résonnait préférentiellement au voisinage de sa fréquence propre. Et c'est donc de cette manière que s'expliquait la décomposition mécanique, sur la membrane, d'un son complexe en ses partiels harmoniques. Un siècle plus tard, on a montré que, si cette hypothèse mécanique était tout à fait fausse, la membrane n'en réalisait pas moins ladite décomposition mécanique, pour une tout autre raison[2].

Les erreurs dans l'« erreur fondamentale »

Dans un travail d'il y a plus de vingt ans, auquel je renvoie ici, j'ai recherché et consigné toutes les erreurs ou approximations injustifiées que Helmholtz avait commises à partir de son hypothèse fondamentale. Mentionner ces erreurs peut paraître un luxe inutile. Pourquoi s'acharner sur les détails d'une conception périmée? Pourquoi ne pas tout de suite repartir du bon pied en ne gardant que la bonne hypothèse? La réponse est

1. Bizarrement, Helmholtz avait commencé par attribuer aux *fibres de Corti* le rôle des prétendues cordes de la membrane. Il corrigea ensuite cette erreur.

2. « En réalité, comme l'a montré von Bekesy, et c'est là une constatation d'importance, la membrane basilaire n'est pas tendue, il ne faut donc pas la voir comme une suite de cordes vibrantes, "mais plutôt comme une masse formée de couches gélatineuses de nature variée". En conséquence elle n'a pas de vibration propre et ses mouvements ne peuvent être que passifs, provoqués par les mouvements des liquides cochléaires.

L'onde propagée. Georg von Bekesy (prix Nobel 1961) fut un expérimentateur remarquable et, grâce à lui, l'étude des mécanismes cochléaires est passée de la spéculation théorique à l'analyse expérimentale. Ses travaux, poursuivis de 1928 jusqu'à sa mort en 1972, sont à l'origine de ce que nous connaissons du fonctionnement de l'oreille et nous lui devons en particulier la découverte de l'onde propagée.

Un déplacement rapide de la plaque de l'étrier se transmet, par les liquides, à la membrane de Reissner, à la membrane basilaire puis à la membrane de la fenêtre ronde, laquelle "sort" lorsque la plaque de l'étrier "entre", et inversement [...]. Une vibration de l'étrier va donc provoquer une vibration de la membrane basilaire entraînée par le mouvement des liquides. Du fait de sa structure, la membrane basilaire est beaucoup plus rigide à la base qu'au sommet; pour une même pression continue la déformation au sommet est cent fois plus grande qu'à la base. Il s'ensuit que les oscillations de pression dans la rampe vestibulaire se traduisent au niveau de la membrane basilaire par une "onde propagée" progressant de la base vers l'apex avec une amplitude croissante, puis brusquement décroissante, au-delà d'un maximum dont la position est fonction de la fréquence de stimulation [...]. On a pu ainsi établir une carte de la distribution des maximums sur la membrane basilaire (tonotopie cochléaire), les fréquences élevées à la base et les fréquences basses à l'apex [...]. Le résultat est donc celui qui était prévu par Helmholtz, mais le mécanisme est différent de celui qu'il avait imaginé. » (Y. Galifret, *Encyclopedia Universalis*, « Acoustique physiologique »).

simple, elle relève du domaine de l'histoire des sciences. Il est en effet important, dans un premier temps, de connaître ce qu'*aurait dû* trouver Helmholtz en appliquant sa propre méthode.

Dans ses calculs, Helmholtz néglige totalement l'influence des variations, selon leur emplacement, des caractéristiques mécaniques des fibres de la membrane basilaire (il est vrai que ces caractéristiques étaient difficilement accessibles à son époque[1]). De plus, il additionne purement et simplement des puissances sonores, alors que, comme je l'expliquerai en détail dans les sections suivantes, les « additions » se font de manière beaucoup plus complexe dans la sensation[2]. Et pour finir, difficulté supplémentaire que je ne chercherai pas à résoudre même dans mes propres calculs, pour quantifier la dissonance selon les principes de Helmholtz, il faut combiner des puissances de battements et non pas des puissances de sons simples ou complexes. En supposant que la combinaison des premières, inconnue, suit les mêmes lois que celle des secondes, connue, on fait une extension risquée, que seules de fastidieuses expériences sur les battements permettraient de confirmer ou d'infirmer.

Quoi qu'il en soit, toutes les corrections envisageables de la théorie de Helmholtz, tout en restant fidèle à son hypothèse fondamentale erronée d'une membrane basilaire constituée de fibres tendues dans le sens transversal, conduit au diagramme suivant :

1. Helmholtz commet quatre erreurs : 1) il considère à tort comme constantes les vitesses maximales des fibres battantes ; 2) de même, il prend indûment comme constante la masse des fibres ; 3) il adopte aussi comme constant leur coefficient d'amortissement réduit. Ces trois premières fautes conduisent non seulement à des erreurs, mais à une absurdité. 4) Helmholtz utilise les forces s'exerçant sur les fibres au lieu des pressions acoustiques, comme il le faudrait. En outre, afin de rendre les calculs possibles (n'oublions pas que l'ordinateur n'existait pas encore !), au lieu de prendre la puissance de battement sur toute la région de la membrane basilaire avoisinant les fréquences des deux partiels, il se contentait d'évaluer cette puissance pour l'unique valeur moyenne de ces deux fréquences. *Cf.* VAH, p. 315-320 (p. 319-320 pour le dernier point).

2. Rappelons que pour additionner des puissances sonores subjectives, il convient de convertir les puissances physiques en phones (pour prendre en compte les variations avec la fréquence) puis en sonies ; et l'on sait que si les fréquences sont suffisamment différentes les unes des autres (d'une tierce mineure au moins ou, plus exactement en dehors de la bande critique) les sonies s'ajoutent alors arithmétiquement, tandis que dans le cas contraire il faut d'abord additionner les puissances physiques et convertir ensuite le résultat en sonies. Je mets en œuvre de telles additions « modulées selon la bande critique » dans les sections suivantes.

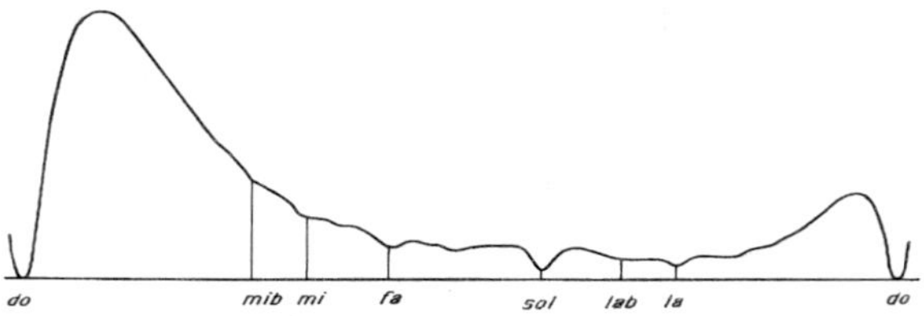

Figure 4. Dissonance globale de deux sons « en dents de scie », respectant l'« hypothèse fondamentale » de Helmholtz, les autres hypothèses et les calculs étant corrigés

La comparaison avec la figure précédente, produite par Helmholtz lui-même, est révélatrice. Certes la dissonance des partiels fondamentaux des deux sons encadrant l'unisson reste très forte; mais celles des autres partiels se trouvent sévèrement minimisées. Et les consonances, à part celle de l'unisson, de l'octave et, dans une moindre mesure, de la quinte, ne jouissent plus du caractère nettement marqué que leur trouvait l'auteur de la *Théorie physiologique*. On constate, en particulier, que celles des tierces et des sixtes peuvent à peine être distinguées. Dans le premier travail que je mentionnais ci-dessus, j'en tirais la conclusion que Helmholtz semblait avoir commis certaines erreurs, et notamment surestimé l'importance des harmoniques, à seule fin de produire un résultat « vraisemblable » en cohérence avec ce que son oreille lui faisait entendre[1].

QUELQUES COMMENTAIRES ET CRITIQUES
ERNST MACH

La *Théorie physiologique de la musique* de Helmholtz connut au départ un grand succès, mais fut ensuite contestée : « Le travail de *Helmholtz*, qui lors de sa parution suscita tout d'abord l'admiration générale, fut par la suite l'objet de nombreuses critiques, et on dirait presque, qu'après avoir été surestimé, il subit aujourd'hui le sort contraire. Les physiciens, les physiologues et les psychologues ont eu le loisir, presque quatre décennies durant, de passer en revue les trois aspects de cette théorie, et il aurait été fort surprenant qu'ils n'en relèvent pas les points faibles »[2]. Cette remarque du physicien et philosophe des sciences Ernst Mach est importante et toujours d'actualité un siècle et demi après la première édition de la

1. *Cf.* VAH, p. 320.
2. AS, p. 236.

Théorie physiologique. Je me limiterai ici à ce qui me paraît l'essentiel; parfois les critiques (pas celle de Mach) sont peu ou mal fondées, sinon complètement injustifiées[1].

L'« erreur fondamentale » de Helmholtz selon Mach

« On peut également donner son assentiment à la théorie *physiologique* de l'ouïe qu'à développée *Helmholtz*. Les observations recueillies grâce à la mise en corrélation de sons simples rendent très vraisemblable qu'à la série de fréquences correspond une série de terminaisons nerveuses, de telle sorte que pour les différentes fréquences existent différents organes terminaux, dont chacun ne réagit qu'à un petit nombre de fréquences proches les unes des autres. Les conceptions *physiques* de *Helmholtz* quant à la fonction du labyrinthe se sont par contre révélées indéfendables »[2]. Dans ce passage, Mach reconnaît la pertinence de l'interprétation de l'oreille interne comme analyseur de fréquence, et donc comme instrument capable de décomposer les sons complexes en leurs partiels harmoniques, comme l'affirmait Helmholtz. Il critique en revanche l'assimilation de la membrane basilaire à une suite de cordes tendues transversalement, chacune entrant en résonance pour une fréquence propre. Autrement dit, il dénonce ce que j'ai appelé l'« erreur fondamentale » : ce en quoi il a parfai-

1. Comme je l'ai remarqué dans HAM (p. 172, n. 4), même un bon acousticien comme Pierce peut tomber dans l'erreur : « Au XIXe siècle, écrit-il (SM, p. 76), Helmholtz tenta d'expliquer la consonance et l'harmonie uniquement en termes de battements. Il pensait que des intervalles étaient consonants s'il n'y avait pas (ou peu) de battements entre leurs partiels. Pour des intervalles dissonants, il expliquait que les partiels des différents sons avaient des fréquences si proches les unes des autres que le battement entre ces partiels était perçu comme une dissonance.

Les travaux de Plomp (1976) et d'autres ont fait apparaître que ce point de vue était trop simple. Des battements lents ne donnent pas l'impression de dissonance [...] ».

On reste « sidéré » devant cette remarque. Helmholtz a précisément pris la peine de montrer, par l'expérience, que des battements très lents ou très rapides ne produisent pas l'effet de dissonance. Il a introduit sa fonction de *dissonance élémentaire* précisément afin de traduire mathématiquement le phénomène.

D'autres sont bien plus expéditifs. Les traducteurs de l'*Analyse des sensations* se permettent cette note (AS, p. 231, n. 2) : « Les “battements” se produisent lorsqu'on entend deux sons sinusoïdaux de même amplitude et de fréquence voisine. [...] Helmholtz a de fait analysé la dissonance en termes de battements. Mais cette explication n'est plus retenue aujourd'hui ». Tout est faux ici, puisque l'égalité des amplitudes n'est nullement requise pour qu'il y ait des battements, pas plus, en toute rigueur, que le voisinage des fréquences. La mise au rebut de la théorie de Helmholtz n'est pas si simple !

2. AS, p. 234-235. Le *labyrinthe* n'est autre que la *cochlée* sous un autre nom.

tement raison. On pourrait donc penser que Mach se trouve en très bonne position pour « amender » Helmholtz, puisque les éléments qu'il admet et ceux qu'il exclut respectent exactement le « tri » qu'il convient de faire dans la *Théorie physiologique de la musique*.

Certes, abandonner l'hypothèse mécanique fondamentale de Helmholtz est une étape indispensable, mais, comme je l'ai mentionné (p. 177), la fausseté de cette hypothèse, paradoxalement, est sans graves conséquences sur les traits essentiels de la théorie : la membrane basilaire, même si sa mécanique est très différente, se comporte tout de même comme un analyseur de fréquence. De sorte que remplacer l'hypothèse helmholtzienne ne peut être que très risqué tant que les conditions expérimentales de l'anatomie n'ont pas fait suffisamment de progrès pour qu'on puisse étudier avec précision les mouvements des différents éléments de l'oreille interne. Ernst Mach commet ainsi plusieurs erreurs, dont la plus « pénalisante » – car survenant au début de la théorie qu'il ébauche – lui fait dire que chaque endroit de la membrane basilaire est susceptible de répondre à plusieurs fréquences : « Il est difficile de penser qu'un membre de ce système [la membrane basilaire] ne répondra qu'à *une seule* fréquence. Nous devons bien plutôt nous attendre à ce que ce membre réagisse également beaucoup plus faiblement, et avec une intensité décroissante [...] aux fréquences 2*n*, 3*n*, 4*n*, etc., ainsi qu'aux fréquences *n*/2, *n*/3, *n*/4, etc. »[1]. Comme dans ces devoirs scolaires de mathématiques où une faute commise dans la première question se répercute sur les questions suivantes, entraînant l'écroulement de tout le devoir tel un château de cartes, ici l'erreur de départ de Mach conduit à l'inutilité de tous les développements qui suivent. C'est une nouvelle « erreur fondamentale », en somme, mais qui n'a pas le mérite d'émaner du maître original et ne peut donc rien apporter[2].

Du reste, Mach reste hésitant, car il adopte aussi une attitude opposée : « Il est pratiquement exclu, écrit-il quelques pages plus loin, de supposer que des figures *isolées* puissent, malgré le liquide, se mettre dans un état de vibration local selon la hauteur du son »[3]. C'est pourtant exactement ce qui se passe ! Mais il n'imagine pas du tout, pas plus que Helmholtz au demeurant, comment se propage réellement l'onde dans la cochlée : « On peut se convaincre que la direction des ondes sonores qui pénètrent dans le labyrinthe ne joue pas de rôle particulier si l'on place des corps sonores (des diapasons par exemple) en différentes positions par rapport à la tête.

1. AS, p. 257.
2. La « solution » viendra en 1961 avec von Bekesy (*cf.* ci-dessus note 2, p. 177).
3. AS, p. 264-265.

Toutes les dimensions de l'appareil percevant ces ondes ont de nouveau une taille si petite par rapport aux ondes sonores perceptibles, la vitesse du son dans les os et dans le liquide est si grande, qu'encore une fois c'est la même phase de l'onde qu'on peut appréhender, en un seul instant, dans tout l'espace du labyrinthe ».

Selon Mach, Helmholtz n'explique pas le « sens des intervalles »

« J'ai de même mis en évidence que la reconnaissance de toute quarte comme quarte, de toute quinte comme quinte, etc., c'est-à-dire, *le sens des intervalles*, n'a aucunement été expliqué par la théorie de Helmholtz », critique Mach[1]. Ceci semble à la fois important et pertinent. Oui, réduite à ses fondements essentiels, la théorie qui fonde la dissonance (et la consonance par absence de dissonance) sur la perception des battements ne peut évidemment pas justifier la reconnaissance d'un intervalle pris à n'importe quelle hauteur. Déjà, dans un même registre, c'est-à-dire entre telle et telle fréquences, il paraîtrait bien difficile de différencier, *par le seul degré de dissonance*, une tierce majeure d'une sixte mineure. *A fortiori*, ces deux intervalles pris dans deux registres différents peuvent présenter des degrés de dissonance très variables. Mais la réponse à cette critique va presque de soi. Il s'agit ici d'un phénomène de *mémoire musicale*, qui met donc en œuvre le traitement de l'information sonore par le cerveau. Helmholtz a sans doute considéré que cette question était en dehors de son sujet. En tout cas, elle ne contredit en rien sa théorie.

THÉORIE PSYCHOPHYSIOLOGIQUE INSPIRÉE DE HELMHOLTZ

Introduction

Mon article de 1986 s'achevait par ce que j'appelais l'« essai d'une théorie empirique ». Ne disposant pas de la puissance de calcul qu'offrent aujourd'hui les ordinateurs personnels, cette tentative restait nécessairement limitée. C'est elle que je vais maintenant reprendre et très largement améliorer. À cette occasion, je mentionnerai en détail toutes les hypothèses qu'il est nécessaire de poser : on verra qu'elles sont nombreuses et complexes, et font comprendre qu'il reste beaucoup de recherches expérimentales à faire. La connaissance de ces hypothèses, plus encore que les calculs qu'elles autorisent et les conclusions auxquelles ceux-ci aboutissent,

1. ITMH, *supra*, p. 85.

me semble être ce qui est réellement important dans la question. Avec cette connaissance, on perçoit toute la difficulté que recèle une théorie à première vue assez simple, et combien en définitive le traitement nerveux de l'information modèle profondément la sensation et plus encore la perception sonore.

Tout ce qui suit, relevant du domaine de la psycho-acoustique, n'est valable que pour une oreille « moyenne », d'un individu « moyen », en bonne santé quant à l'audition. Cela n'enlève rien au caractère général des résultats : à quelques variations près, et mis à part les exceptions, il y a des milliards d'oreilles qui approchent de la moyenne.

« On ne peut naturellement pas mesurer et indiquer précisément le degré du caractère désagréable des battements. On peut seulement dire dans quelles circonstances les battements sont plus désagréables, et dans lesquelles ils sont plus supportables », écrivait Mach[1]. C'est pourtant ce qu'avait entrepris de faire Helmholtz, même s'il ne s'agissait que d'obtenir une indication approximative, et c'est ce que je me propose également de réaliser en fonction de tout ce que l'on sait aujourd'hui en psycho-acoustique. Mais la remarque de Mach garde toute sa valeur : dans le domaine de la psychologie expérimentale, il convient de garder à l'esprit que la quantification ne peut pas être rigoureuse.

Enfin, Helmholtz a effectué de nombreuses recherches expérimentales sur ce qu'on appelle après lui les *sons résultants* (*Combinationstöne*), dont il a donné une explication théorique par la non-linéarité de la transmission des sons. Malgré l'originalité de ces recherches, je laisserai cette question complètement de côté, qui ne joue qu'un rôle secondaire par rapport à ce que j'étudie ici.

La dissonance élémentaire

Puisque la mécanique de la membrane basilaire n'est pas, comme le croyait Helmholtz, celle d'une série de cordes tendues et que, même si elle a pu être finalement comprise[2], il est quasi impossible de calculer avec précision l'amplitude et l'étalement des battements que produit sur elle la vibration du liquide cochléaire excitée par deux sons sinusoïdaux, il faut malheureusement renoncer à calculer de tels battements par les lois de la mécanique. Il ne reste donc plus qu'à passer immédiatement dans le domaine de la psychologie expérimentale, en gardant toutefois présent à

1. ITMH, *supra*, p. 123.
2. Par Georg von Bekesy (*cf.* note 2, p. 177).

l'esprit que les résultats trouvent leur fondement ultime dans la combinaison de la mécanique de l'oreille interne et du traitement nerveux des signaux véhiculés par le nerf auditif. La dissonance élémentaire de deux sons purs doit ainsi être prise dans l'expérience, sans calculs. Cela conduit à une courbe tout à fait similaire à celle de Helmholtz :

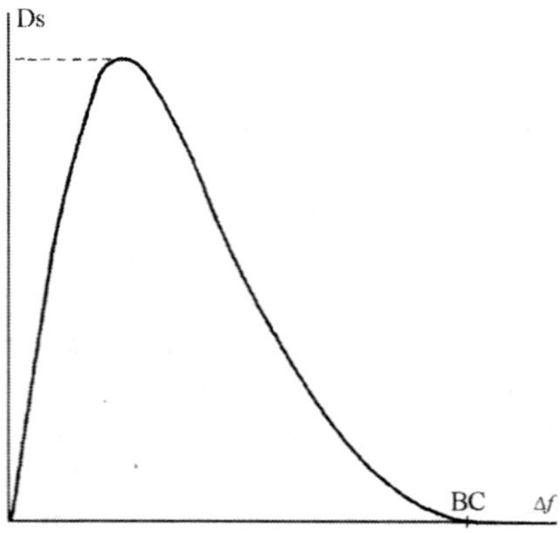

Figure 5. Fonction expérimentale de dissonance élémentaire.
Cette courbe a bien la même allure que celle de la dissonance élémentaire selon Helmholtz (Fig. 2a). La différence est que sa largeur n'est plus constante en fréquence (chez Helmholtz le maximum est toujours à 30 Hz) ; elle s'étend sur la *bande critique* (marquée « BC » sur la figure), qui n'est pas une constante, mais une fonction de la fréquence moyenne des sons battants.

Le maximum de la dissonance est atteint lorsque l'écart des fréquences des sons battants vaut le quart de la bande critique (rappelons que celle-ci est l'intervalle dans lequel on peut considérer qu'il y a dissonance, et en dehors duquel elle est au contraire négligeable).

Valeur de la bande critique

Soient f_1 et f_2 les fréquences des deux sons sinusoïdaux donnés, $f = \frac{f_1 + f_2}{2}$ la fréquence moyenne. L'expérience montre que la largeur de la bande critique vaut environ :

$$bc = 240\sqrt{1 + \left(\frac{f}{1187}\right)^2} - 150$$ [1].

1. Soit aussi $bc = 0{,}2022\sqrt{1408969 + f^2} - 150$, expression plus commode pour les calculs.

Valeur de la dissonance élémentaire

Soit $\Delta f = |f_2 - f_1|$ la valeur absolue de la différence des fréquences des sons donnés. À nouveau l'expérience permet de montrer que la dissonance élémentaire dans la bande critique peut, avec une bonne approximation, être représentée par la fonction suivante :

$$de = 118\left(\frac{\Delta f}{bc}\right)^2 \exp\left(-8\frac{\Delta f}{bc}\right)$$

L'introduction de ces fonctions ne vise qu'à rendre possibles les calculs (par ordinateur) de combinaison de dissonances. Il faut se souvenir qu'elles n'ont rien d'a priori, mais sont tirées, par intuition mathématique et approximation, des résultats expérimentaux.

Intensité psychologique

Ce que j'ai appelé *dissonance élémentaire* n'est pas celle que nous percevons réellement. C'est la fonction qui, la puissance des sons battants restant constante, donne la dissonance perçue par multiplication avec l'intensité psychologique des battements. Le maximum de la dissonance élémentaire est pris par définition égal à 1. Ici les choses se compliquent un peu et il importe de bien distinguer ce qui relève de la pure physique de ce qui est déjà du ressort de la psychologie. En effet, on sait bien aujourd'hui que l'intensité d'un son telle qu'elle est perçue n'est pas proportionnelle à sa puissance; elle en est certes une fonction croissante, mais pas linéaire [1]. En outre, lorsque deux sons purs se mélangent, l'intensité perçue se révèle être une fonction encore plus complexe des sons composants. Si ceux-ci sont en dehors de la bande critique définie par leur fréquence moyenne, les intensités psychologiques s'ajoutent purement et simplement. Mais s'ils sont à l'intérieur de leur bande critique, l'intensité psychologique est plus faible (nous verrons plus loin selon quelle loi).

L'évaluation de la dissonance produite par plusieurs sons purs donne lieu à une double étape de « psychologisation ». La première réside dans le passage de la puissance physique des sons et des battements à l'intensité psychologique selon laquelle cette puissance est perçue; on pourrait l'illustrer en disant qu'on remplace les instruments de physique par l'oreille – mais une oreille uniquement préoccupée de l'intensité des sons

1. Un cas simple et très « parlant » est celui de l'addition de sources sonores identiques, comme l'addition de violons dans un orchestre. Ce n'est pas en doublant le nombre des violons que l'auditeur aura l'impression d'une intensité double : l'expérience montre que pour y parvenir il faudra en faire jouer dix fois plus.

ou des battements, une oreille de physicien qui n'a pas ses instruments sous la main. La seconde étape fait passer de cette intensité à la perception de la dissonance; cette fois, elle correspond à la substitution de notre oreille de physicien par celle d'un musicien préoccupé de dissonances.

Intensité psychologique des sons

Rappelons pour commencer comment a lieu la perception de l'intensité sonore et d'abord celle d'un son pur. Comme déjà dit, l'intensité psychologique perçue n'est nullement une simple fonction linéaire de l'intensité physique ou puissance sonore reçue.

La sensibilité de l'oreille varie avec la fréquence; elle est maximale vers 3500 Hz. Les données empiriques de cette variation sont ordinairement illustrées par le diagramme suivant :

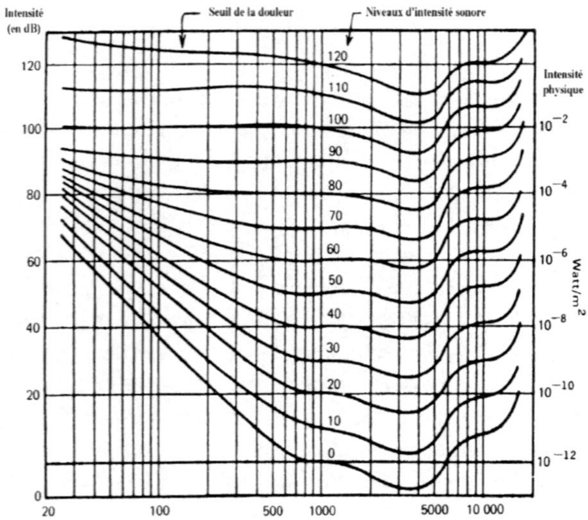

Figure 6. Courbes d'égales intensités sonores physiologiques. L'axe vertical est gradué en décibels (dB) à gauche et en watts par mettre carré (W/m^2) à droite, l'axe horizontal est celui de la fréquence du son pur, dont dépend, pour chaque niveau considéré, l'intensité physiologique (d'après Roederer, *op. cit.*)[1].

1. Le *décibel* (symbole « dB »), égal à un dixième de *bel*, est une unité logarithmique de puissance. Par définition, on a zéro dB pour la puissance de 10^{-12} W/m^2, qui correspond au seuil de l'audition. Ensuite, chaque fois que la puissance est *multipliée* par 10, sa mesure en décibels est *additionnée* de 10.

Il faudrait ici mettre ce diagramme sous forme de fonction (à deux variables : selon la fréquence et selon l'intensité), comme je l'ai fait pour la bande critique et la dissonance élémentaire. Les courbes n'ayant pas une forme très simple, cela serait sans doute un peu difficile ; j'y renonce dans cette étude, me contentant de remarquer que les courbes sont à peu près plates entre 300 et 3000 Hz, en particulier dans le registre du *mezzo forte* (60 dB). On devra donc supposer que l'analyse concerne des sons complexes de fréquence fondamentale proche de 300 Hz, de telle sorte qu'il sera loisible de traiter leurs partiels harmoniques jusqu'au dixième (3000 Hz), sans commettre de grave erreur. Bien entendu, une analyse plus fine exigerait d'employer la fonction de deux variables que je viens de suggérer.

Cette dépendance des niveaux sonores perçus en fonction de la fréquence étant mise de côté, reste à déterminer l'intensité psychologique réellement perçue à partir des niveaux sonores physiques. La première se mesure, expérimentalement sur l'auditeur, en *sones*, les seconds s'expriment en W/m^2 ou en décibels [1]. La concordance entre les deux intensités se traduit par le graphique suivant :

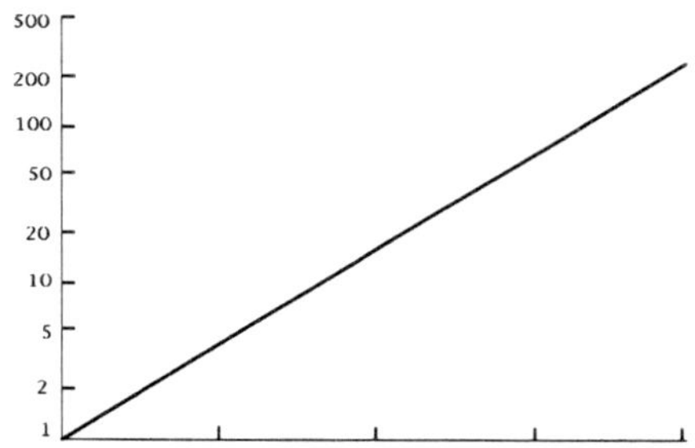

Figure 7. Concordance entre l'intensité psychologique (axe vertical en *sones*) et l'intensité physique à 1000 Hz (axe horizontal en *décibels*) [2]

1. Il y a trois types d'intensité sonore : 1) la puissance physique (en W/m^2 ou en décibels) ; 2) l'intensité physiologique, qui est l'intensité physique multiplié par un facteur adéquat afin d'éliminer l'influence de la fréquence ; ce deuxième type d'intensité est mesuré en *phone* et est par définition égal à l'intensité physique à 1000 Hz (ainsi, d'après les courbes de la figure 6, on voit que 20 phones correspondent à 20 dB à 1000 Hz, mais à 40 dB à 200 Hz) ; 3) l'intensité psychologique : elle est la puissance subjectivement perçue et on la mesure en *sones*. Comme je néglige dans ces pages les variations du deuxième type d'intensité, on pourra passer directement du premier au troisième, autrement dit utiliser une fonction sur les W/m^2 ou les décibels prenant ses valeurs en sones.

2. On prend d'habitude les *phones* comme unités horizontales, c'est-à-dire celles de l'intensité physiologique. Comme je néglige ici ce type d'intensité (*cf.* note précédente), les

On a choisi une simple échelle linéaire en abscisses et une échelle logarithmique en ordonnées. Ce choix permet de constater que l'*addition* de 10 dB en abscisses correspond à la *multiplication* par 2 en ordonnées (par exemple, l'augmentation de 40 à 50 dB [non marqué sur la figure] fait passer de 1 à 2 sones). Et ainsi, la courbe est une simple droite. On pourrait alors penser qu'on retrouve tout simplement la célèbre loi de Fechner, qui exprime que la sensation est proportionnelle au logarithme du stimulus. Ce n'est pourtant pas le cas, car il faut se souvenir que l'unité de puissance employée dans la figure, le décibel, est elle-même une fonction logarithmique de la « véritable » unité de puissance, le watt par mètre carré. Un calcul simple[1] montre qu'en fait l'intensité psychologique en sones peut être approximativement exprimée, à un facteur près, par l'intensité physique en W/m^2 portée à la puissance 0,3 :

$$I_{\text{psy}} = I^{0,3}$$

Je vais me servir de ce résultat dans les estimations du paragraphe suivant.

Addition des intensités psychologiques, résultats connus

Nous abordons maintenant ce qui est difficile dans cette étude. Additionnant des énergies physiques, Helmholtz ignorait totalement cette difficulté; mais comme cette addition venait se greffer sur son hypothèse fondamentale erronée, la démarche menait à une conclusion illusoire. Depuis, bien que la véritable mécanique de la membrane basilaire ait été mise au jour (*cf.* ci-dessus), elle n'est pourtant pas connue avec assez de précision pour que l'on puisse mettre en équations les phénomènes de combinaisons de mouvements vibratoires dans les cas de superpositions de plusieurs vibrations sinusoïdales. De ce fait, comme je l'ai dit, l'analyse purement mécanique de la combinaison de plusieurs battements, telle que la pratiquait Helmholtz, reste encore inaccessible. La seule solution consiste donc à pratiquer des combinaisons à un niveau supérieur, celui de la sensation elle-même.

unités horizontales peuvent être assimilées à celles de la mesure physique, en l'occurrence les décibels.

1. x et y étant respectivement l'abscisse et l'ordonnée du graphique de la figure 7, l'équation de la droite est $\log_2(y) = (x/10) - 4$. On en déduit $y = (1/16)\,2^{x/10}$. À 1000 Hz, $x = 10\log_{10}(I/I_0)$, I étant l'intensité physique (en watt par mètre carré) et I_0 l'intensité de référence (10^{-12} W/m^2). Ainsi, $y = (1/16)\,2^{\log_{10}(I/I_0)}$. Or $2^k = 10^{k\log_{10}2} \approx 10^{0,3k}$. Finalement, $y = (1/16)\,10^{0,3\log_{10}(I/I_0)} = (1/16)\,10^{\log_{10}(I/I_0)\,0,3}$ soit $y = 0{,}0625\,(I/I_0)^{0,3}$.

Appelons d'une manière générale f la relation donnant l'intensité psychologique d'un son pur en fonction de sa puissance physique – d'après le paragraphe précédent, cette fonction est approximativement proportionnelle à la puissance 0,3 – et soient deux sons purs, qu'on notera ici S_1 et S_2, leurs puissances étant I_1 et I_2. Pour commencer par un cas simple, on prendra ces puissances égales à l'unité. Des expériences de psychoacoustique ont permis d'établir les lois suivantes d'addition des intensités :

1) Si les sons sont en dehors de la bande critique[1], l'intensité résultante vaut $f(I_1) + f(I_2)$, soit $1^{0,3} + 1^{0,3} = 2$.

2) S'ils sont situés dans la même bande critique, il faut prendre $f(I_1 + I_2)$, soit $2^{0,3} \approx 1,23$.

Ce résultat est valable pour plus de deux sons, qu'ils se trouvent tous hors de leurs bandes critiques respectives, ou bien tous dans une même bande critique. Ceci s'explique aisément sans calcul. Si l'éloignement en fréquence des deux sons est suffisant, ils excitent des régions différentes de la membrane basilaire, ils ne « se gênent » pas, et les sensations s'ajoutent telles quelles. En revanche, si les sons sont trop proches (dans la même bande critique), les stimulations de la membrane se chevauchent et il se produit un phénomène de saturation de l'appareil auditif[2], qui diminue l'effet additif (dans l'exemple mentionné, l'intensité psychologique devient 1,23 au lieu de 2[3]).

Addition des intensités psychologiques, extension

Les expériences connues ne nous donnent malheureusement que deux cas, certes exemplaires, mais qui sont loin de représenter toutes les situations possibles. D'abord les limites de la bande critique ne sont pas définies de manière stricte, de sorte que c'est *progressivement* que l'on passe de la situation de deux sons dans la bande à celle de deux sons en dehors de celle-ci (et que l'intensité croît ainsi continûment de 1,23 à 2). Pour les calculs que j'envisage, il est possible de montrer que cette continuité n'a heureusement pas beaucoup d'importance. On pourra donc simplifier les choses en la négligeant.

En revanche, il n'en va pas de même quand interviennent plus de deux sons; comme ce sera le cas avec les partiels harmoniques de deux sons en

1. Cette bande critique est celle de la fréquence moyenne définie par les deux sons.

2. L'effet existe aussi dans le cas des autres sens, vision, toucher …

3. C'est en conformité avec cela, que, pour doubler l'effet d'un violon, il faut non pas en prendre deux, mais dix.

dents de scie[1], une étude détaillée est indispensable. Il faut passer en revue des situations de plus en plus complexes, afin d'établir finalement une règle générale. Toutefois, par souci de brièveté, je me contenterai ici d'une seule situation nouvelle, celle de trois sons.

– Cas « inconnu » de trois sons

Ce cas est celui de trois sons ainsi disposés (les bandes critiques, dorénavant simplement mentionnées par « BC », sont représentées par des traits horizontaux) :

$$\overline{S_1 \qquad\quad} S_2 \underline{\qquad\quad S_3}$$

S_1, S_2 sont dans une même BC, S_2, S_3 dans une autre, mais pas S_1, S_3, car ces deux sons sont trop éloignés en fréquence. Pour mesurer l'intensité psychologique produite, je propose de prendre :

$$f(I_1+I_2)+f(I_2+I_3)-f(I_2).$$

En effet on peut considérer que S_1 et S_2, dans la même BC, produisent $f(I_1+I_2)$, S_2 et S_3, de même, $f(I_2+I_3)$, mais que, de cette manière, le son S_2 a été compté deux fois et qu'il faut donc retrancher $f(I_2)$.

Je vais montrer que cette solution a de la vraisemblance pour trois sons (et plus de trois sons lorsqu'elle est logiquement étendue). Le cas évoqué est en fait intermédiaire entre la réunion des trois sons dans une même BC et celui où ils sont totalement séparés (il existe aussi celui où deux sons sont réunis et le troisième totalement séparé). Cela peut s'illustrer par le tableau suivant :

Situation	Calcul	Valeur résultante	Description
$\overline{S1\ S2\ S3}$	$3^{0,3}$	1,39	3 sons dans une même BC
$\overline{S1\ \ S2}$ $\underline{\ \ S3}$ (S1 S2 surlignés, S2 S3 soulignés)	$2^{0,3}+2^{0,3}-1$	1,46	*le nouveau cas*
$\overline{S1\ \ S2}\ \ S3$	$2^{0,3}+1^{0,3}$	2,23	2 sons dans une BC, le 3e séparé
S1 S2 S3	$1^{0,3}+1^{0,3}+1^{0,3}$	3	3 sons complètement séparés

Tableau 1. Situations possibles de trois sons purs par rapport à leurs bandes critiques

On voit que la valeur 1,46 du cas jusqu'ici non connu, est correctement située entre celles des cas connus.

1. Si l'on se limite aux dix premiers partiels pour chaque son (y compris le fondamental), il advient, comme on le verra, que les partiels de rang élevé (supérieur ou égal à sept) sont compris dans une ou plusieurs bandes critiques.

– Cas général

Une analyse similaire des situations dans lesquelles interviennent quatre sons, cinq sons, etc. permet de tirer par induction la règle générale d'évaluation de l'intensité psychologique d'un nombre quelconque de sons purs. Soit n ce nombre. Le calcul consiste à déterminer toutes les BC, faire les sommes $f(I_k + I_{k+1} + \ldots + I_{k+h})$ pour tous les $h + 1$-uplets de sons contenus dans une même BC et retrancher autant de fois qu'il le faut les $f(I_p + I_{p+1} + \ldots + I_{p+q})$ des $q + 1$-uplets de sons comptés plusieurs fois dans des BC distinctes (dans les exemples précédents, $q = 0$).

Malheureusement, la mise en œuvre de cette règle générale, même sous forme de programme informatique[1], est quelque chose de très complexe, à quoi je suis obligé de renoncer dans cette étude. Mais je pense qu'on peut s'en approcher, avec une précision suffisante, par une simple atténuation des intensités des partiels de rangs élevés. Je tâcherai de justifier cette démarche dans la suite.

Dissonance d'un couple de partiels de deux sons en dents de scie

D'après le théorème de Fourier, un son complexe en dents de scie de fréquence f est égal à la somme de partiels de fréquence nf ($n \geq 1$) et d'amplitude inversement proportionnelle à n[2]. Considérant deux sons en dents de scie de même amplitude on prouve que le partiel de rang m du premier son produit avec le partiel de rang n de second son des battements dont la puissance est inversement proportionnelle au produit mn[3]. Dans la mesure où il paraît vraisemblable que la perception des intensités de battements suit les mêmes lois que celles des sons qui les produisent, l'intensité psychologique du couple des partiels m, n doit être prise proportionnelle à $\left(\frac{1}{mn}\right)^{0,3}$. La dissonance produite par ce couple s'en déduit par multiplication de cette intensité par la dissonance élémentaire *de*, fonction qui dépend elle-même, comme on l'a vu, de la bande critique.

1. Tous les calculs ont été programmés avec le logiciel *Maple*.

2. La dent de scie $y = t$, dans l'intervalle $[-\pi, +\pi]$ est développable en la série $y = 2\sin t - \frac{2}{2}\sin(2t) + \frac{2}{3}\sin(3t) - \frac{2}{4}\sin(4t) + \ldots$ Au facteur 2 près, le terme général de cette série est $y = (-1)^{n+1}\frac{\sin(nt)}{n}$.

3. *Cf.* VAM, p. 308 *sq.* Résultat déjà établi par Helmholtz.

Le résultat est évidemment une courbe semblable à celle de la dissonance élémentaire (Fig. 5).

Calcul simplifié, erroné, de la dissonance globale

Un premier calcul, extrêmement simple, peut être effectué. Limitant le rang des partiels au dixième (au-delà, leur intensité devient très faible), il consiste à ajouter telles quelles les dissonances de tous les couples possibles de partiels (chaque élément du couple étant pris non seulement l'un dans un son complexe, l'autre dans l'autre son complexe, mais même tous deux dans le même son complexe[1]). Le principe de cette addition est bien entendu fautif, puisqu'il n'est pas tenu compte des atténuations dues à la présence de divers sons et battements dans une même bande critique. Le résultat diffère cependant de celui de Helmholtz, car la formule retenue pour l'intensité des battements ($\left(\frac{1}{mn}\right)^{0,3}$) prend en compte la « psychologisation » et son atténuation propre, ce que ne faisait pas du tout l'auteur de la *Théorie physiologique de la musique*, qui se contentait de prendre des puissances *physiques*. On obtient la courbe suivante :

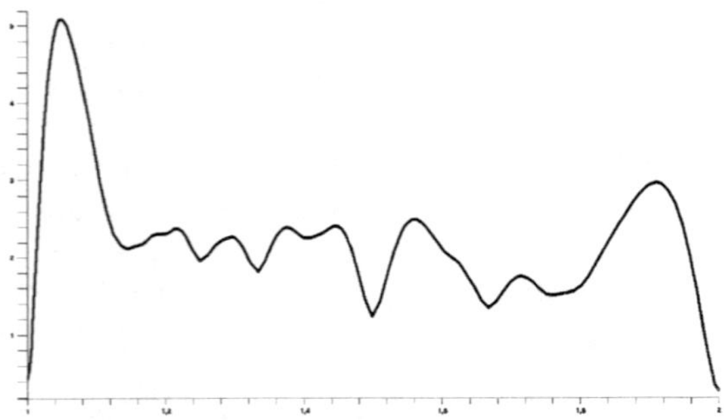

Figure 8. Dissonance de deux sons en dents de scie, calcul simplifié. L'axe horizontal est gradué selon le rapport de la fréquence du fondamental du second son à celle du fondamental du premier. L'échelle verticale n'a évidemment pas de valeur absolue.

1. En prenant les deux partiels dans un même son complexe, on n'obtiendra pas de dissonance pour les rangs inférieurs (à peu près jusqu'au cinquième), car les fréquences seront alors trop écartées pour « tenir » dans une bande critique. En fait, on peut négliger les dissonances produites par un seul son complexe.

La comparaison avec la courbe originale de Helmholtz (Fig. 3) fait ressortir que les consonances autres que celles de l'unisson et de l'octave ne sont pas ici aussi bonnes. Elles sont néanmoins bien visibles (quinte à 1,5, quarte à 1,33, etc.), à part celle de la tierce mineure (1,2). Il est en outre intéressant de constater que, si l'on annule l'effet des partiels de rang supérieur à six, c'est-à-dire si l'on se limite à ceux qui définissent les consonances habituelles (la tierce mineure vaut 6/5) et dont on peut montrer qu'ils ne se situent pas, jusqu'au quatrième inclus, dans une même bande critique, on tombe alors sur une courbe bien meilleure :

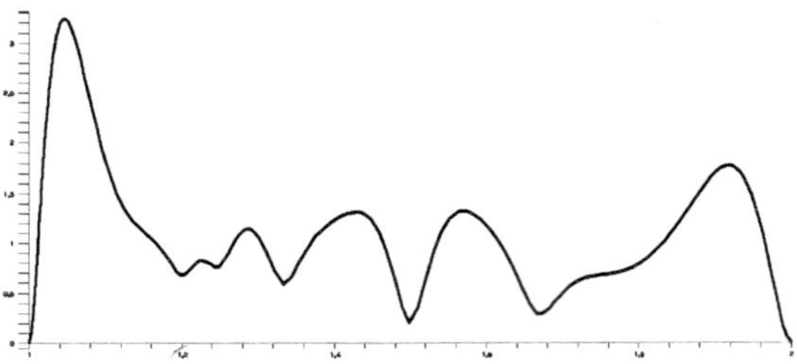

Figure 9. Dissonance de deux sons en dents de scie, calcul simplifié, limité aux six premiers partiels

La consonance de la quinte est bonne, la courbe se rapproche de celle que produisait Helmholtz d'une tout autre manière[1]. Ce résultat suggère que les défauts de l'approche simplifiée tiennent justement à ce qu'elle est simplifiée, c'est-à-dire qu'il ne soit pas tenu compte de l'atténuation des dissonances des partiels de rangs élevés – atténuation due au fait que ces partiels appartiennent souvent à une même bande critique.

Calcul non simplifié de la dissonance globale

Méthode adoptée

Comme je l'ai dit (*cf.* ci-dessus, « Cas général »), pour des raisons de complexité, je renonce à mettre en œuvre de manière précise les résultats de l'analyse de l'atténuation due à l'appartenance de sons dissonants à une ou plusieurs bandes critiques. Il faut donc faire un calcul non simplifié avec une méthode simplifiée ! Comment s'y prendre ?

1. Toutefois, la tierce mineure (1,2) apparaît bizarrement comme meilleure que la tierce majeure (1,25).

Intuitivement, il est clair que seuls les partiels harmoniques de rang suffisamment élevé se situeront dans une même bande critique, qui, rappelons-le, s'étale approximativement sur une tierce mineure. Par exemple, soient deux sons en dents de scie dont les fondamentaux vibrent à 440 Hz et 651 Hz. Leurs fréquences sont donc dans le rapport 1,48, proche de 1,5 = 3/2, la quinte. Le troisième partiel du son grave – fréquence 1320 – produit avec le deuxième partiel du son aigu – fréquence 1302 – des battements dissonants à raison de 18 par seconde. La fréquence moyenne de ces partiels vaut 1311 Hz, la bande critique s'étale entre 1207 et 1415 Hz (environ 200 Hz d'amplitude). Les autres partiels, d'une part ceux du premier son, 440, 880 (= 440 × 2), 1760 (= 440 × 4)..., d'autre part ceux du second, 651, 1953 (= 651 × 3), 2604 (= 651 × 4)..., sont bien tous en dehors de la bande critique. L'addition des dissonances par battements qu'ils sont susceptibles de produire se fera donc sans atténuation.

Au contraire, dans les rangs élevés, les fréquences se rapprocheront les unes des autres, en ce sens que leurs rapports deviendront infé rieurs à une bande critique. Pour reprendre l'exemple des deux sons complexes ci-dessus, on vérifie que les trois couples de partiels (9,7), (10,6), (10,7) sont compris dans la même bande[1]. Les éventuelles dissonances qu'ils produiront s'atténueront donc selon la règle établie plus haut[2].

Les considérations qui précèdent nous ont permis d'établir que dans le cas de sons purs d'égale puissance, la simple addition des intensités psychologiques doit être *atténuée* dans les rapports suivants :

– 2 sons dans la même BC : 1,23/2 ≈ 0,6 ;
– 3 sons dans la même BC : 1,39/3 ≈ 0,5 ;
– 4 sons dans la même BC : 1,52/4 ≈ 0,4.

Bien entendu, comme je le signale dans la note immédiatement précédente, ces rapports ne peuvent être pris qu'à titre de valeurs indica-

1. Dans les trois couples indiqués, le premier nombre indique le rang du partiel du premier son (440 Hz), le second celui du partiel du second son (561 Hz). On calcule :

couple	fréquence moyenne	fréquences limites de la BC
(9,7)	4259	3887 4631
(10,6)	4154	3791 4515
(10,7)	4479	4085 4873

On le voit, chacune des trois fréquences moyennes appartient à chacune des trois bandes critiques qu'elles définissent.

2. La « réalité » est plus complexe que je ne le laisse entendre. Car les intensités des dissonances des trois couples mentionnés ne sont pas égales et les formules établies ci-dessus devraient être étendues.

tives, car ordinairement les partiels et les battements qu'ils engendrent ne sont pas d'égale puissance. Mais, puisqu'un calcul précis serait extrêmement complexe, ils nous suffiront pour l'évaluation que nous recherchons. Du reste, il ne faut pas perdre de vue que ces calculs n'ont pas la rigueur de ceux des théories physiques : la part individuelle ou de culture ou d'éducation peut venir en modifier très largement les résultats. Soient m et n les rangs des partiels respectivement du premier son et du second. La méthode que j'adopte en conséquence, concernant la dissonance des couples des partiels, se réduit à :

– prendre telles quelles les dissonances si $m+n \leq 8$[1] ;
– atténuer ces dissonances par le facteur 0,6 si $8 < m+n \leq 14$;
– atténuer ces dissonances par le facteur 0,4 si $m+n > 14$.

Application de la méthode

Puisque lorsqu'on limite le nombre des partiels aux six premiers, on obtient une courbe de dissonance générale meilleure que si l'on en prend dix (Fig. 9), il ne fait pas de doute que l'on doit aussi obtenir un meilleur résultat en atténuant le rôle des quatre derniers partiels. C'est bien le cas en effet. Le calcul, plus complexe mais encore accessible, conduit à la courbe suivante :

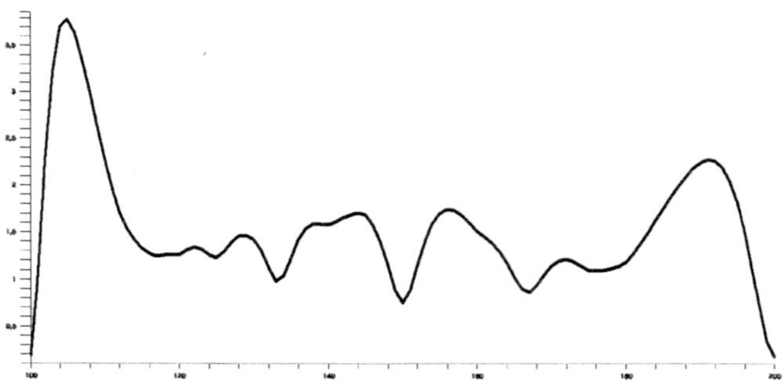

Figure 10. Dissonance de deux sons en dents de scie, avec atténuation des partiels de rang 5 à 10 (l'axe horizontal est ici gradué en centièmes du rapport des fréquences des deux sons).

1. Cette méthode paraît présenter le défaut de ne pas atténuer la dissonance d'un couple comme (7,1). Mais en fait ce couple n'intervient pas (voir les couples présents dans la figure 3). Cela n'est malheureusement pas le cas pour (5,3). On peut faire des remarques analogues dans les cas d'atténuation. Il faudrait donc, là encore, se livrer à des calculs plus poussés...

Ce résultat est globalement satisfaisant. Les consonances des quinte, quarte, tierce majeure (5/4 = 1,25) et sixte majeure (5/3 = 1,66) y sont bien nettes. En revanche, la tierce mineure (6/5 = 1,2) et la sixte mineure (8/5 = 1,6) sont à peine marquées, ce qui est très probablement causé par la nature approximative de la méthode adoptée. Si les consonances, sauf pour l'unisson et l'octave, ne sont pas aussi marquées que dans la théorie originale de Helmholtz (Fig. 3), elles sont tout de même bien meilleures que dans cette théorie dont on a corrigé toutes les erreurs, excepté celle de l'« hypothèse fondamentale » (Fig. 4).

Résumé des hypothèses utilisées

Avant de tenter de tirer une conclusion définitive de ce qui précède, il convient, comme je l'avais annoncé, de relever soigneusement toutes les hypothèses admises pour parvenir au résultat final.

1) Comme la notion de dissonance repose (comme chez Helmholtz) sur celle de battement, il faut pratiquer des additions d'intensités psychologiques de battements. J'ai supposé, car ceci est assez vraisemblable puisque les battements résultent de la composition immédiate des sons dans l'air et sur la membrane basilaire, que ces additions suivent les mêmes lois que celles des intensités psychologiques des sons eux-mêmes. Cela n'est pas prouvé.

2) La sensibilité de l'oreille dépend de la fréquence : cela est vrai pour les sons purs et doit donc l'être aussi pour les battements. Pour des raisons de simplicité de calcul, j'ai toutefois négligé cette dépendance.

3) L'addition des intensités psychologiques des sons suit des lois très partiellement connues. J'ai tenté de les déduire des cas connus. Cette déduction n'a malheureusement eu qu'un aboutissement insuffisant. En effet, d'une part les cas où les intensités des contributions ne sont pas égales n'ont pas été envisagées[1], d'autre part même les résultats pour les contributions égales se sont révélés conduire à des calculs trop complexes pour être mis en œuvre.

1. Dans le cas d'intensités très différentes des effets de masque peuvent se produire, qui invalident les résultats.

CONCLUSION

Le tout dernier résultat auquel je parviens semble conforter la théorie de Helmholtz. Bien que le principe de l'analyse que j'applique soit en partie très différent du sien, il reste néanmoins analogue. Certes, la quantification de la dissonance subjective n'est plus faite comme dans la théorie initiale par des superpositions d'énergies purement physiques, c'est-à-dire que l'oreille n'est plus seulement prise comme un pur *appareil* ou un simple *instrument de mesure*. La « barrière » que l'auteur de la *Théorie physiologique* avait pensé renverser, celle qui s'opposait à l'étude des mécanismes de l'oreille interne, s'est relevée et fait de nouveau apparaître les mécanismes physico-chimiques de l'audition comme ceux d'une « boîte noire » au contenu inaccessible. Puisque ce sont seulement des expériences de psychologie expérimentale qui permettent d'établir un pont entre les stimuli auditifs et les impressions qu'ils produisent, il semble que le projet helmholtzien d'interprétation physico-physiologique de la perception sonore soit compromis. Il n'en est rien cependant, car si l'ensemble de la quantification psychologique de la dissonance que j'ai proposée n'est pas de nature physique, sa démarche même repose sur l'hypothèse que des superpositions d'énergie ont bien lieu physiquement dans l'oreille interne; seulement, ces superpositions suivent des lois trop complexes pour être aisément mises en équations. C'est donc seulement parce que ces superpositions existent que la quantification au niveau purement psychologique est possible. On pourrait ici ébaucher une comparaison avec la cinétique des gaz. La théorie de Boltzmann a montré que la *pression* pouvait être interprétée comme une moyenne des chocs des molécules sur la paroi et des calculs sur la statistique des mouvements de ces dernières ont permis de *démontrer* la loi des gaz parfaits. En changeant tout ce qu'il faut changer, nous pourrions transposer cela à la démarche que j'ai suivie. Il ne s'agit pas de la loi physique des gaz parfaits, mais de la loi psychologique de la perception des dissonances; il ne s'agit pas non plus de mouvements de molécules, mais de vibrations, d'ondes liquides, de transmission d'influx nerveux dans l'oreille interne. Mais, dernière différence, alors que les lois mécaniques sont applicables au calcul du mouvement des molécules, dans le cas de l'audition les lois mécaniques et physico-chimiques restent malheureusement inopérantes, bien que connues: les objets auxquels il faudrait les appliquer sont beaucoup trop complexes.

Évidemment, quitte à procéder par la psychologie expérimentale, on pourrait objecter qu'il serait bien plus efficace et « expéditif » d'établir une courbe de dissonance généralisée (similaire à celles des figures 3, 8, 9, 10) par mesure directe, sans analyse ni calcul, sur un large échantillon d'individus. Mais justement, on perdrait tout alors, puisqu'il n'y aurait plus aucune analyse; et la question se poserait de nouveau, sans réponse, de savoir pourquoi il y a des minima de dissonance pour certains intervalles (l'octave, la quinte, etc.). Cela montre clairement que la démarche que j'ai suivie produit bien un résultat spécifique non négligeable.

Cependant, tout espoir de progresser dans cette voie n'est pas absent. La revue des hypothèses que j'ai dû poser suggère d'elle-même ce qu'il faudrait faire.

1) Puisqu'il n'est pas absolument certain que les intensités psychologiques de battements s'ajoutent selon les mêmes lois que les intensités psychologiques des sons purs, il faudrait commencer par effectuer un ensemble de tests expérimentaux pour les établir : travail fastidieux mais non impossible.

2) Il faudrait aussi tenir compte de la variation de la sensibilité de l'oreille selon la fréquence, c'est-à-dire établir *pour les battements* une famille de courbes similaires à celles de la figure 6, famille à partir de laquelle on induirait une fonction de deux variables (la fréquence et la puissance) donnant les niveaux d'égale intensité physiologique de battement[1].

3) Enfin on prendrait en compte, sans aucune simplification contrairement à ce que j'ai fait, les lois connues et étendues des additions des intensités psychologiques des battements[2] : ce serait là un énorme travail, exigeant de nouvelles expériences pour recenser les cas jusqu'ici inconnus.

Pour l'instant, ces extensions me paraissent à la fois hors de portée et peu intéressantes. Car il est très probable qu'elles ne conduiraient à rien d'autre qu'à une courbe intermédiaire entre celles des figures 8 et 9, une courbe en fait voisine de celle que nous avons trouvée en pratiquant toutes les simplifications indiquées (Fig. 10). D'ailleurs, pour finir, il faut se

1. Si l'on commençait par ignorer la première étape, c'est-à-dire si l'on assimilait l'intensité des battements à celle des sons purs, on aurait seulement, dans cette deuxième étape, à induire, à partir de la famille des courbes de la figure 6 une fonction de la fréquence et de la puissance donnant les niveaux d'égale intensité physiologique des sons purs.

2. À nouveau, si l'on commençait par ignorer la première étape, on pourrait « se contenter » de prendre en compte de manière précise les lois d'addition des intensités psychologiques des sons ; mais cette tâche réclamerait déjà des calculs considérables et de gros efforts de programmation informatique.

souvenir que la sensation de dissonance dépend pour une part du niveau d'éducation musicale, de la culture musicale, des capacités de chacun. Peut-être même est-ce pour cette raison que Helmholtz s'est jugé satisfait des résultats qu'il avait obtenus (courbe de la figure 3), son éducation musicale le poussant à minimiser la perception des partiels harmoniques de rang supérieur à six. Autrement dit et pour caricaturer, Helmholtz entendait ce qu'il voulait ! Trop de précision dans un domaine par essence non rigoureusement quantifiable n'est pas nécessaire.

CARL DAHLHAUS

HERMANN VON HELMHOLTZ ET LE CARACTÈRE SCIENTIFIQUE DE LA THÉORIE DE LA MUSIQUE [1970]*

I

La foi dans la science, l'exagération emphatique des proportions dans lesquelles une science peut expliquer la réalité sont un crime intellectuel des profanes. Qui connaît une discipline de façon précise et de l'intérieur incline plutôt à souligner les limites étroites dans lesquelles elle s'exerce et les difficultés qu'elle ne peut pas résoudre. Et ainsi n'est-ce pas un hasard que ce soit justement l'homme de science Hermann von Helmholtz qui, parmi les théoriciens de la musique du XIXe siècle, ait mis en garde contre le risque de surestimer l'importance de la science de la nature comme fondement pour la théorie de la musique – une importance à laquelle est dédiée son ouvrage principal –, à la différence des théoriciens de la musique, prisonniers de l'arrogante conviction que quelques notes sur l'acoustique et la physiologie auditive ramassées rapidement au début d'un cours d'harmonie suffisent pour donner un fondement scientifique à tout le livre. Le « système naturel » de la musique, une utopie de théoriciens qui, face aux imbroglios de l'histoire ont cherché refuge dans la simplicité d'un principe universel, est un fantôme pour Helmholtz. « De là découle le

* C. Dahlhaus, « Hermann von Helmholtz und der Wissenschaftscharakter der Musiktheorie », dans F. Zaminer (ed.), *Über Musiktheorie. Referate der Arbeitstagung 1970 in Berlin*, Köln, Arno Volk Verlag, Haus Gerig K.G., 1970; traduction Céline Vautrin. En plus de nos propres notes de traduction, nous donnons en bas de page les notes de l'auteur, appelées alphabétiquement. Nous remercions Hans Danuser de nous avoir accordé les droits pour la présente traduction et sa publication.

principe », écrit-il dans sa *Théorie des sensations auditives*, « qui n'est pas toujours suffisamment présent à l'esprit de nos théoriciens et historiens de la musique, selon lequel le système des tonalités, des modes et de leur tissu harmonique, ne repose pas sur des lois immuables de la nature, mais est la conséquence de principes esthétiques qui ont varié avec le développement progressif de l'humanité, et varieront encore »[a].

Le « principe esthétique » ou « principe de style » qui se trouve au fondement du « tissu harmonique » de la tonalité majeure-mineure du XVIIe au XIXe siècle consiste selon Helmholtz en l'idée de produire des relations musicales au moyen de liaisons entre accords plutôt que par l'enchaînement des voix par imitation. « Dans la mesure où ce qui avait jusque-là servi de lien aux phrases musicales, à savoir la répétition en canon des mêmes figures mélodiques, devait être abandonné, partout où intervenait un accompagnement harmonique simple subordonné à la mélodie, il fallait chercher dans le son des accords eux-mêmes un nouveau type de lien artistique. Et celui-ci résulta tout d'abord de la possibilité de mettre en évidence, grâce à l'harmonie, les relations qui unissaient les différentes notes à la tonique dominante, et ce, de façon bien plus précise que ce n'était le cas auparavant, et en second lieu, de l'établissement d'un nouveau lien entre les accords du fait de la parenté qu'ils avaient entre eux et avec l'accord de tonique » (1863, p. 382[1]). L'harmonie tonale est par conséquent, d'une façon qui ne diffère pas de la technique d'imitation, une « pensée formelle » musicale, pour parler comme Arnold Schönberg.

En tant que « principe de style », la tonalité repose sur une décision ; elle n'est pas donnée ou esquissée par la nature, mais a un fondement historique et esthétique. La réalisation du « principe de style » repose cependant, d'après Helmholtz, sur des présupposés qui se trouvent dans la « nature des choses » et qui sont accessibles à une explication par les sciences de la nature. « Pas plus que l'ogive gothique, nous ne pouvons (devons) considérer nos gammes majeures comme un produit de la nature, du moins pas

a. Helmholtz, 1863, p. 358 [trad. fr. M. Guéroult et M. Wolff, *Théorie physiologique de la musique*, *op. cit.*, p. 306, traduction modifiée]. Dans des éditions plus tardives, le contraste d'exclusion est adouci en contraste de complément, et il est écrit que « le système des tonalités, des modes et de leur tissu harmonique, ne repose pas seulement sur des lois immuables de la nature, mais est en partie aussi la conséquence de principes esthétiques ... ». La modification ne doit toutefois pas être comprise comme un désaveu, mais comme une précision de ce qu'il voulait dire à l'origine : Helmholtz soutenait déjà dans la première édition qu'un « principe esthétique », un « principe stylistique » doit s'appuyer pour sa réalisation sur des présupposés qui se trouvent dans la « nature de la chose » (p. 361).

1. Trad. fr. p. 327 modifiée.

en un autre sens que celui auquel on peut considérer que toutes deux sont la conséquence nécessaire, et conforme à la nature des choses, du principe de style qu'on a adopté » (1863, p. 361[1]). Ce qui est donné par la nature constitue certes un fondement, mais seulement au sens d'une condition, pas d'un principe. Les faits acoustiques et physiologiques sont certes « les éléments de la construction de notre système musical » (1865, p. 28) ; mais la « construction » elle-même est motivée historiquement et esthétiquement. Dans ces « conditions » que présuppose la musique, auxquelles l'homme de science Helmholtz a consacré des centaines de pages, il ne voyait rien d'autre, comme il le reconnaît à la fin de son livre, que, « en quelque sorte, les matériaux que la pulsion artistique de l'homme a utilisées pour bâtir l'édifice de notre système musical » (1863, p. 551[2]). La modestie est l'envers de l'orgueil scientifique.

La « nature des choses » dont se réclamait Helmholtz était la gamme naturelle, comprise comme phénomène acoustique et physiologique se trouvant au fondement de l'écoute musicale. La tentative d'expliquer la cadence tonale, qui repose sur le redoublement de la quinte descendante (I-IV et V-I), à partir de la « nature des choses » est toutefois précaire. Car dans l'ordre des sons naturels, c'est d'après Helmholtz la quinte ascendante et non la quinte descendante qui est donnée comme modèle. « Lorsque je passe de *DO-mi-SOL* à *SOL-si-RÉ*, je me dirige vers un son qui a déjà été entendu dans le premier accord et dont l'intervention a donc été bien préparée … C'est le contraire avec le passage de *DO-mi-SOL* à *FA-la-DO*. Le son *FA* n'a pas été préparé dans le premier accord, il doit apparaître comme nouveau et introduit de façon brusque » (1863, p. 448[3]). La « nature des choses », telle que la décrit Helmholtz, recommande par conséquent la cadence I-V, IV-I, qui est cependant justement exclue par le code des règles de l'harmonie ; et la suite d'accords inverse, la cadence tonale régulière, semble être, selon l'expression de Heinrich Schenker (1906, p. 44[4]), une « inversion artificielle » : un phénomène fondé esthétiquement et historiquement.

Ce qui est décisif n'est cependant pas la difficulté qui existe à fixer de façon arbitraire la frontière entre les « éléments » qui sont fondés dans la « nature des choses » et la « construction » qui provient d'un « principe de style », mais c'est de comprendre que la « nature des choses » n'est pas un

1. Trad. fr. p. 309 modifiée.

2. Trad. fr. p. 478 modifiée.

3. Trad. fr. p. 384 modifiée.

4. H. Schenker, *Neue musikalische Theorien und Phantasien*, Bd 1, *Harmonielehre*, Stuttgart, Cotta, 1906.

principe duquel on pourrait déduire un quelconque « système naturel » de la théorie musicale, mais un ensemble de possibilités qui ont été ou non réalisées selon un choix fluctuant, dépendant des « principes de style » qui changent au cours du temps. Pour Helmholtz, à la différence de Rameau et de la tradition du « physicalisme » qui s'étend jusqu'au XXe siècle, la gamme naturelle n'est donc pas l'« origine » de la musique en tant que système tonal, mais un fait de la nature qui a eu une importance fondatrice à certaines époques, et non à d'autres, selon le « principe de style » qui était dominant. Les moyens utilisés par la musique – la gradation des accords en fonctions de degrés de consonance et de dissonance par exemple – sont soumis à des lois de la nature ; mais les buts – l'idée par exemple d'opposer l'une à l'autre consonance et dissonance comme des groupes d'intervalles ou d'accords séparés par une différence spécifique, et de produire un système musical à partir de la tendance qu'a la dissonance à se dissoudre dans la consonance – sont motivés esthétiquement et historiquement.

II

Dans le titre du livre de Helmholtz, qui caractérise la « théorie des sensations auditives » comme « fondement pour la théorie de la musique », le mot « fondement » doit être compris au sens de « condition de possibilité », pas de « principe ». Et la polémique engagée par Hugo Riemann contre Helmholtz, sa tentative d'opposer à la « théorie des sensations auditives » une « théorie des représentations auditives » est inadéquate (Riemann, 1914/15[1]). La phénoménologie n'est pas une alternative à la physiologie. Le système des « représentations auditives » auquel pensait Riemann et que décrit la théorie des fonctions[2] fait partie, dans la terminologie de Helmholtz, – en conséquence de la thèse d'une différence spécifique existant entre consonance et dissonance – des fins, qui procèdent d'un « principe de style, et non des moyens, qui obéissent à des lois de la nature (n'est donnée par la nature que la gradation en degrés de consonance ou de dissonance). La prétention de Riemann, qui voyait dans la théorie des fonctions un « système naturel », était fautive et devait donc elle aussi être abandonnée sous la pression d'arguments historiques et ethnologiques.

1. H. Riemann, *Idées pour une « Théorie des représentations auditives »*, *op. cit.*

2. Fonctions par lesquelles Reimann pense expliquer les relations entre accords selon « trois piliers de l'édifice harmonico-logique : tonique, dominante et sous-dominante » ; *cf.* C. Dahlhaus, *Théorie de la tonalité harmonique*, trad. fr. Paris, Mardaga, 1993, p. 45.

Que l'homme de science Helmholtz ait apprécié l'importance et la portée de ce qui relève des lois de la nature dans la théorie de la musique avec une certaine réserve, avec plus de réserve en tout cas que le théoricien de la musique Riemann, ne nous autorise pourtant pas à nous égarer à croire que, pour Helmholtz, c'est la partie de la théorie de la musique qui relève des sciences de la nature qui justifie sa prétention à la scientificité. Le théoricien de la musique n'aurait pu renoncer à cette prétention sans perdre un peu de son estime de soi. Selon une telle conception, la théorie de la musique serait en tant que science l'explication par des lois de la nature de moyens dont les fins seraient imposées de l'extérieur, sous la forme de « principes esthétiques » et de « principes de style ». Les « principes esthétiques » et les « principes de style » sont certes par ailleurs l'objet de sciences, l'esthétique et l'histoire, mais ils ne sont pas eux-mêmes des principes scientifiques susceptibles de fonder une théorie de la musique comme science. Et il n'est pas improbable que le souci de la scientificité de la théorie de la musique ait été l'une des raisons pour lesquelles Riemann s'en est tenu imperturbablement à l'idée d'une nature de la musique, et pour lesquelles, s'il a certes changé d'arguments (en abandonnant par exemple l'hypothèse de la suite des harmoniques inférieures), il n'a en revanche pas changé de but : à travers les aspects changeants des formes historiques et ethniques sous lesquelles elle apparaît, reconnaître la musique elle-même, son essence toujours identique, et la saisir au moyen de concepts.

Rechercher la nature de la musique – une nature qui échapperait au soupçon de n'être qu'un fantôme – ne représente toutefois pas la seule possibilité de donner un fondement à une théorie de la musique dont la partie scientifique s'étendrait au-delà de l'explication acoustico-physiologique des éléments constitutifs. La validité de la théorie riemannienne de l'harmonie tonale se limite à la musique du XVIIe au XIXe siècle. Elle est donc une dogmatique, pour utiliser un terme qui, du fait de malentendus, est entaché de préjugés : une exposition et explication, sous la forme d'un système, des phénomènes caractéristiques de la musique d'une certaine époque. Ce serait, comme l'a montré Erich Rothacker (1954), une erreur imputable à la prévention en faveur de l'antithèse entre nature et histoire, que d'exclure du concept de science les sciences dites dogmatiques, qui ne sont ni des sciences de la nature nomothétiques, ni des sciences historiques idiographiques ; la science juridique, pour autant qu'elle ne recherche pas de justifications sociologiques, n'est rien d'autre qu'une dogmatique, sans que son caractère scientifique soit douteux pour autant.

La méfiance envers les sciences dogmatiques n'existe néanmoins pas sans raison, celles-ci tendant à présenter leurs esquisses comme des

« systèmes naturels » et à vouloir faire croire à leur caractère non historique. La scientificité ne repose pourtant pas sur la prétention que peut avoir une théorie dogmatique à être fondée dans la nature des choses – la « nature des choses » est pour la science juridique un concept auxiliaire périphérique –, mais sur la pertinence et la cohérence du système qu'elle construit. Le fait que certaines théories dogmatiques aient été conçues à leur origine comme des « systèmes naturels » est accidentel : il s'agit souvent d'un moment idéologique (l'histoire, qui signifie changement, doit être tenue loin du recours au concept de nature). On peut concevoir la théorie des fonctions de Riemann comme étant tout entière une dogmatique d'une portée limitée historiquement, sans par là porter atteinte à son contenu objectif[1]. Les principes d'une dogmatique – d'une dogmatique théologique également – sont toujours réductibles à l'histoire, sans qu'il soit toutefois possible de dissoudre méthodologiquement et sans reste une dogmatique dans l'histoire. Une dogmatique se distingue d'une recherche historique
en ce qu'elle expose les phénomènes sous la forme d'un système, et les systèmes ne sont pas des contenus donnés historiquement, mais des schèmes d'interprétation.

La construction d'un système de théorie musicale n'est cependant pas un complément superflu ajouté à des phénomènes qui, même sans système, pourraient être décrits de façon idiographique, mais c'est une condition de possibilité indispensable de l'histoire elle-même, si les faits musicaux que l'on peut lire à partir des notes ne doivent pas rester muets. Les recherches historiques impliquent toujours déjà des dogmatiques, et la théorie musicale n'est rien d'autre que leur explication.

III

Ce que signifie l'interprétation des systèmes de théorie musicale comme des dogmatiques de styles d'époque apparaît plus clairement si on la replace sur fond de conceptions antérieures, le projet d'un « système naturel » issu du XVIIIe siècle, le « Gradus ad Parnassum » de Fux[2], et une ébauche de philosophie de l'histoire caractéristique du XIXe siècle, la

1. *Cf.* note 2, p. 204.

2. J. Joseph Fux, *Gradus ad parnassum* (1725), ed. trad. angl. A. Mann, New York, Norton, 1971.

théorie de la composition d'Adolf Bernhard Marx. Parler d'une progression historique, d'un développement du « système naturel » jusqu'à la dogmatique historique, en passant par une esquisse de philosophie de l'histoire, serait néanmoins exagéré et relèverait pour le coup davantage de la philosophie de l'histoire que de l'histoire. La tradition du « système naturel » s'étend assurément jusque dans le XIXe siècle et même encore jusqu'au XXe siècle. Il est toutefois incontestable que le XVIIIe siècle ait été caractérisé par une inclination pour les « systèmes naturels », et le XIXe siècle par un penchant pour la philosophie de l'histoire.

Johann Joseph Fux était convaincu que les principes de la composition, qu'il cherchait à saisir dans des règles, étaient fondés dans l'« ordre de la nature et des choses », « rerum naturaeque ordo » (1725, p. 242). Et en tant qu'appartenant à l'ordre de la nature, ils reposent sur un décret divin, de sorte qu'y introduire des modifications apparaît comme un signe d'outrecuidance et d'*hybris*. « Reperiuntur etiam nonnulli moderni Compositores, qui ... omnia Artis jura, & leges invertunt, atque creare (quod est solius Omnipotentis Dei) sibi andulantes arbitrantur » (1725, p. 240). Le concept de « composition pure » contient manifestement un aspect moral. « Mais c'est aussi une vertu », peut-on lire dans la traduction de Lorenz Mizler du « Gradus ad Parnassum », « que de pratiquer les arts et les sciences sans les souiller »[b]. Dieu et la nature, la raison et la morale, sont les instances sur lesquelles s'appuie Fux.

La « composition pure », l'empreinte et la réalisation, par la composition, du « système naturel » de la musique, n'est toutefois pas la quintessence même de la composition, mais rien de plus que son fondement. La composition « stricte » est le fondement de la composition « libre », et non ce qui lui fait obstacle; elle représente la norme à laquelle même la licence la plus extrême se rapporte toujours, en tant que licence justement, et non en tant que phénomène qui fait autorité par lui-même. Le reproche selon lequel les règles fondamentales étaient déjà dépassées en 1725, lorsque Fux les formula, et selon lequel il était fréquent que le compositeur Fux se soit trouvé en contradiction avec le théoricien (Riemann 2/1921, p. 415[1]), est donc tout aussi faux que la caractérisation du « Gradus ad Parnassum » comme premier document de l'historicisme en musique (Birtner, 1942). Fux ne cherchait absolument pas à restaurer un degré de développement antérieur de la musique, un morceau de passé mort. Il distinguait plutôt

b. Fux, 1725, p. 242 : « ... verum & scientias, & artes absque labe retinenti, sua virtus est ».

1. H. Riemann, *Geschichte der Musiktheorie im IX. bis XIX Jahrhundert* [*Histoire de la théorie de la musique du IXe au XIXe siècles*], Berlin, 1921.

deux niveaux dans la composition : le fondement naturel, auquel il ne faut pas toucher et qui doit rester sensible comme condition de possibilité ou arrière-plan, même dans une composition « libre », et la superstructure historique, qui est et doit être soumise à des changements afin que la musique ne se fige pas. Fux ne rejetait pas l'histoire, mais il la comprenait comme une simple mode, à laquelle il faut certes s'adapter, parce qu'il serait pédant et capricieux de lui résister, mais qui doit cependant, si l'on ne veut pas tomber dans ce qui est contre-nature, laisser les principes de la musique intacts. « Etenim, si homo mediocris aetatis habitu ante quiquaginta, vel sexaginta annos usitato, hodie incederet, certè irridendi periculo se objiceret. Ita quoque Musica tempori accommodanda est. » Mais : « Nec unquam Architectus tam stolidus repertus est, qui fundamentum aedificii fastigio imposuisset. Quod passim in Musica, no absque intelligentis dolore, & artis dedecore videmus, audimusque » (1725, p. 278 *sq.*). L'insistance de Fux, dans le « stylus ecclesiasticus », sur la « pureté » sans mélange « de la phrase » n'est pas un signe de tendances historiques, mais exprime l'idée que la musique religieuse, en tant que louange à Dieu, devait se trouver au plus près de la nature de la musique établie par Dieu et au plus loin des changements de la mode. Le récitatif dans l'oratorio ou l'opéra représente l'extrême inverse : au nom de la nature du genre, Fux tolère des déviances par rapport aux lois de la composition, qu'il réprouve dans les autres cas : « Hanc aberrationem Recitavivi naturae concedendam ajo » (1725, p. 276). La nature de la musique n'est cependant pas supprimée par l'*aberration*, mais simplement sublimée et modifiée.

L'histoire, qu'il réduit à la simple mode, n'est par conséquent pas essentielle pour Fux, mais accidentelle. Et le chapitre dans lequel il est question du goût comme étant l'instance de la mode est un appendice aux parties fondamentales de la théorie de la composition. Les conditions historiques – et là se trouve la différence décisive par rapport à l'historicisme moderne, à la théorie de « l'historicité » – ne déterminent pas l'essence de la musique, mais sont seulement mentionnées lorsque la compréhension première, immédiate, qui s'appuie sur la nature des choses, cesse de fonctionner, à savoir pour l'interprétation de variations qui ne peuvent être justifiées « par la raison », et doivent par conséquent être expliquées « par l'histoire » – par les circonstances particulières qui sont celles d'une œuvre ou d'un genre comme le récitatif par exemple. L'histoire est périphérique.

Un siècle plus tard, chez Adolf Bernhard Marx, la relation entre système et histoire est au contraire presque inversée. Le chapitre central de l'écrit dans lequel Marx, en 1841 (p. 96 *sq.*), polémique contre « l'ancienne théorie de la musique », qui serait « en conflit avec notre temps », est intitulé « Adieu au système »[1]. Par là est visé l'ancien système, qui se présentait comme le système « naturel », et non la pensée systématique elle-même, que Marx n'abandonne pas, mais transforme au contraire en philosophie de l'histoire. Le système de la théorie de la composition, tel que Marx le comprend, est l'histoire de la musique parvenue à la conscience d'elle-même, à savoir l'histoire comme progrès, depuis le son unique, le « cri sauvage dans la nature », en passant par la monodie antique, l'*organum* et la polyphonie du Moyen Âge, jusqu'à la composition tonale de l'époque moderne, dans laquelle la musique a atteint son but, de sorte que la « chouette de Minerve », la compréhension des pratiques antérieures, peut « prendre son vol ». C'est aussi la Raison que Marx cherche dans la musique, de la même façon que Fux; toutefois, il ne la découvre pas dans une quelconque nature immuable des choses, mais dans l'histoire. « Si ma théorie de la composition a donc son point de départ dans le son unique, si elle commence avec le mélodique, c'est que procéder ainsi n'est pas seulement méthodiquement et artistiquement correct, mais également strictement conforme au processus de développement historique, et donc raisonnable, de l'art, et ainsi triplement justifié. » (1841, p. 96). Dans la mesure où l'histoire repose sur la raison, il est pertinent que la procession graduelle de la pédagogie imite celle de l'histoire. (L'idée d'une concordance entre ontogenèse et phylogenèse pourrait dès lors être comprise comme une variante biologique d'une forme primitive de la philosophie de l'histoire.)

La philosophie de l'histoire, par laquelle Marx confère une dignité métaphysique à la théorie de la composition, constituait le fondement du caractère scientifique de cette dernière, pour autant qu'on conçoive la « science », au sens de Hegel, comme philosophie. Elle souffre néanmoins d'un défaut : la généreuse conception abstraite d'une part, et la théorie concrète de la composition de l'autre, divergent sans possibilité de médiation. L'idée d'un système qui englobe l'ensemble de la théorie de la musique, qui à la fois appelle par son nom la Raison agissante cachée dans l'histoire de la musique et l'amène à la parole, reste une utopie. Quoi qu'il en soit, la théorie de la monodie et de la polyphonie dans la théorie de la composition de Marx n'est rien d'autre qu'une théorie de la mélodie et du contrepoint à l'état de développement et avec les limites du début du XIXe siècle. D'un sentiment et d'une compréhension de ce que furent les stades historiques passés, de la possibilité que l'histoire soit donc préservée dans la théorie, de cela, il ne peut être question. La théorie de la composition de Marx, fondée dans – ou enjolivée par – la philosophie de l'histoire, est

1. A.B. Marx, *L'ancienne théorie de la musique en conflit avec notre temps*, *op. cit.*

donc, d'une façon à peine différente du « système naturel », le type de théorie caractéristique du XVIIIe siècle, la dogmatique du style d'une époque, dont la prétention à englober la musique dans son ensemble est problématique. Ce que l'hégélien Marx a compris comme un « adieu au système », et a proclamé comme tel, apparaît rétrospectivement comme une tentative pour sauver l'idée d'un système universel de la musique de la relativisation historique, en le fondant grâce à la philosophie de l'histoire, relativisation historique dans laquelle il sombre cependant au bout du compte.

IV

La théorie de la musique a toujours été une dogmatique, avec la conscience erronée toutefois de présenter un « système naturel », qui cherchait dans un concept de « nature de la musique », tiré de la philosophie de la nature ou de la science de la nature, la justification de sa prétention à se tenir au-dessus de l'histoire et de ses confusions. Le caractère de scientificité qu'elle s'efforce de gagner, la théorie de la musique ne l'obtient pas par sa prétention à l'immuabilité – prise dans le préjugé que ce qui reste toujours identique est la seule chose digne d'être sue –, mais au contraire seulement lorsqu'elle abandonne sa prétention à un fondement dans la nature, qu'elle se reconnaît comme la dogmatique du style d'une époque et cherche à atteindre le but de toute dogmatique : concilier la pertinence historique et la clôture systématique.

La thèse selon laquelle la théorie de la musique doit être comprise comme une dogmatique se heurte néanmoins à l'objection selon laquelle le caractère scientifique de la théorie de la musique dépend de la possibilité d'un fondement psychologique. Ce n'est pas la physiologie, sur laquelle s'est appuyé Helmholtz, mais la psychologie, qui constituerait le fondement de la théorie de la musique. « La polémique autour de la scientificité des théories de la musique », écrivit Ernst Kurth (1913, p. 15[1]), qui était, il est vrai, plutôt métaphysicien que psychologue, « est naturellement ainsi seulement ramenée aux justifications psychologiques préliminaires, et aussi longtemps que celles-ci sont hypothétiques, le concept de scientificité d'une théorie de la musique reste toujours relatif. » Et cela signifie,

1. E. Kurth, *Die Voraussetzungen der theorischen Harmonik und ter tonalen Darstellungssysteme* [*Les présupposés de l'harmonie théorique et du système d'exposition tonal*], Bern, Drechsel, 1913.

dans la « psychologie de la musique » de Kurth (1931, p. 64[1]) : « D'autre part, les soubassements psychologiques gagnent pour cette raison une signification constructive pour tout l'échafaudage de la théorie de la musique, jusque dans ses dernières implications, et par là, ils la servent aussi, du moins indirectement. » Et Albert Wellek (1963, p. 9[2]) a même décrété qu'il n'existe pas, à côté de la psychologie de la musique, de théorie de la musique autonome. La théorie de la musique, comme science, serait la psychologie ; le reste ne serait que spéculation.

La psychologie de la musique tombe cependant dans une contradiction, dès lors qu'elle ne se limite pas à une description, mais tente de fonder ou de remplacer la théorie de la musique. Les méthodes expérimentales sur lesquelles elle s'appuie rappellent les modèles des sciences de la nature, de sorte qu'elle semble être une discipline nomothétique qui formule des lois de la nature ou des lois hypothétiques. Mais les objets sur lesquels porte son investigation ont une origine et un caractère historique (dans la mesure où la psychologie de la musique ne reste pas une simple psychologie des sons, une présentation de faits élémentaires comme le degré de consonance). Non pas que la méthode quasi-scientifique serait par principe – comme les partisans d'un concept emphatique d'« historicité » pourraient le soupçonner – inadéquate et imposée aux choses de l'extérieur. Des structures comme l'harmonie fonctionnelle et le découpage en mesures ont conservé leur validité par-delà les siècles, de sorte qu'une méthode nomothétique – à la différence d'une méthode idiographique, qui vise la description et le compréhension de ce qui ne peut pas se répéter –, paraît être complètement sensée et pertinente. Il s'agit cependant de faits historiques, et il ne peut pas être question de lois naturelles de la musique qui seraient découvertes par la psychologie. (La polémique autour de l'atonalité en est un exemple paradigmatique.) Ce sont bien plutôt des structures d'une durée longue mais limitée qui constituent de façon première l'objet des dogmatiques que sont les théories musicales, de ces tentatives de présenter et d'expliquer sous une forme systématique les phénomènes historiques qui embrassent toute une époque. Une psychologie de la musique n'est dès lors rien d'autre que le corrélat d'une dogmatique, de laquelle elle part et à laquelle elle reste liée, au lieu de la remplacer ou de l'évincer, ainsi que le pensait Wellek. La dogmatique représente la mise en forme première et inévitable du matériau

1. E. Kurth, *Musikpsychologie* [*Psychologie de la musique*], Berlin, Max Hesse, 1931, rééd. Bern, Krompholz, 1947.

2. A. Wellek, *Musikpsychologie und Musikästhetik* [*Psychologie de la musique et esthétique musicale*], Frankfurt, Akademische Verlagsgesellschaft, 1963.

historique, une mise en forme toujours déjà présupposée par la psychologie de la musique, et son caractère scientifique ne dépend ainsi aucunement de la réussite ou de l'échec dans la recherche d'un fondement relevant d'une psychologie de la musique – recherche qui part nécessairement des formes primitives de la théorie musicale.

On ne peut en tout cas pas accepter la prétention usurpatrice selon laquelle la théorie de la musique, pour être une science, devrait se faire psychologie, au moyen de concepts comme celui de « correction », par lequel Wellek (1963, p. 147) essaie de concevoir « les modes d'apparition des suites d'accords » et « de la phrase polyphonique ». Les règles de résolution des dissonances et de combinaison de l'accord, et donc les théories dogmatiques du contrepoint et de l'harmonie tonales, sont présupposées au lieu d'être fondées. Apparaît comme « correct » ce qui est historiquement issu de la tradition et a été consolidé dogmatiquement; et on ne trouve même pas une ébauche de ce qui constituerait une motivation psychologique du fait que la dissonance de syncopes exige une résolution vers le bas et non vers le haut ou du fait que la dominante, dans la cadence, suive et ne précède pas la sous-dominante. La description psychologique est plutôt un reflet de la théorie que son fondement.

ANTONIA SOULEZ

QU'EST CE QU'« ÊTRE NATUREL » POUR UN SON ?

Comprendre Helmholtz du point de vue musical contemporain (à propos de l'écrit de Carl Dahlhaus sur Helmholtz[1])

INTRODUCTION
« CETTE NATURALITÉ DU PHÉNOMÈNE QUI DEMANDE EXPLICATION... » (ERNST MACH)

À propos des grands tournants de l'harmonie en musique, Ernst Mach dans un écrit scientifique populaire publié en 1893 sur « les causes de l'harmonie », déclare que depuis Pythagore (586 av. J.-C.), Euclide (300 av. J.-C.), Leibniz (1646-1716), Sauveur en qui Mach voit s'annoncer les vues scientifiques les plus proches de Helmholtz[2], puis Euler (1707-1783),

1. « Hermann von Helmholtz und der Wissenschaftscharakter der Musiktheorie », dans F. Zaminer (ed.) *Über Musiktheorie, Referate der Arbeitstagung 1970 in Berlin*, Köln, Arno Volk Verlag, Haus Gerig K.G., 1970; trad. fr. C. Vautrin, *supra*, p. 201-212.

2. *Cf.* « Une contribution à l'histoire de l'acoustique » et la référence au *Tentamen novae theoriae musicae de Sauveur*, Petropoli (1739) d'Euler, dans Mach, *Écrits populaires scientifiques (1836-1916)* (1892), Appendix, p. 375; j'ai utilisé la traduction anglaise de Th. McCormack, La Salle (Ill.), Open Court Classics, 1986. Sur les travaux expérimentaux de Sauveur sur les battements cf. *Mémoires de l'Académie des sciences*, et *Histoire de l'Académie, Paris, années 1700, 1701...*, On doit à Sauveur l'expression « science qui regarde le sens de l'ouïe » pour définir l'acoustique. À propos de la correspondance Henfling/Leibniz (1706 et 1710), le lecteur trouvera des réflexions de Patrice Bailhache à propos des désaccords entre Conrad Henfling et Joseph Sauveur « à qui, rappelle-t-il, l'avenir donnera raison », dans la *Revue de la société de musicologie*, 1988. Ces réflexions sont développées sur Leibniz et la musique ainsi que les réactions de Leibniz à la fameuse « lettre latine » de Henfling sur un système musical, dans *Leibniz et la théorie de la musique*, Paris, Klincksieck, 1992.

Rameau et D'Alembert (1717-83), la réponse à la question des « causes » de l'harmonie n'a jamais cessé de se poser, mais qu'il a fallu attendre Helmholtz pour que la question trouve une solution. Même à Rameau qui voulut faire de la musique une « science physico-mathématique »[1] et à D'Alembert qui comptait divulguer les théories de ce dernier et qui se rendit célèbre pour avoir formulé la solution mathématique de la corde vibrante (en 1747[2]), la « tonique, écrit-il, apparaissait encore naturelle »[3].

Arrive sur la scène le savant, mathématicien et psychophysiologue Helmholtz (né à Postdam, 1821) et tout change. Helmholtz avec ses expérimentations est en effet le premier à avoir apporté la réponse constructive à la question. Quand Helmholtz écrit « Causes de l'harmonie des sons musicaux » (1857), Mach est à Prague. Le caractère « naturel » de l'investigation doit s'entendre en référence à la psychophysiologie étendue à l'étude des voies nerveuses. La méthode creuse le naturel dans le sens anatomique profond de l'oreille interne à partir de laquelle, en remontant, s'explique la perception. C'est à ce second niveau, écrit Helmholtz, que, en tant que formant une sorte de langue symbolique, les sensations de sons comme de couleurs nous donnent des « nouvelles sur le monde »[4].

La naturalité de l'enquête couvre le domaine dont relève la science physique qui comprend l'acoustique. Mais cette dernière commence pour Helmholtz avec la psychophysiologie qui est attentive à la sensibilité de l'oreille musicale.

Ce que l'on catégorise comme « naturel » renvoie à beaucoup de choses. Le sens varie depuis l'Antiquité, d'abord en contraste avec d'une part le conventionnel, et l'artefact d'autre part. Nature peut vouloir dire ordre mathématiquement conçu (chez les Pythagoriciens), s'appliquer à l'harmonie du cosmos, ou désigner le caractère immédiat des sentiments, la phénoménalité du son, ou orienter la manière dont la méthode d'exploration des sons musicaux doit être menée en référence à des *principes*, ou encore orienter la recherche du son comme phénomène naturel… Helmholtz amorcerait, d'après Carl Dahlhaus, une critique du point de vue des « principes » auxquels obéirait un système des sons.

En effet, qui dit son, dit « système de sons » car « le son comporte toujours l'idée d'un système de cohérence, à l'inverse du bruit » (Dahlhaus).

1. *Traité de l'harmonie réduite à ses principes naturels*, 1722.

2. Cf. *Éléments de musique*, Paris-Genève, 1752, présentation de J.-M. Bardez.

3. Cf. *supra*, p. 132.

4. Je n'aborde pas pour lui-même ici le caractère naturel ou « excat » de la gamme, l'oreille dite « juste » etc., que Helmholtz admettait.

Dans un système tenu pour « naturel », c'est le son fondamental qui apparaît comme principe fondateur du système. À partir de Schoenberg, le son fondamental devient un élément partiel parmi d'autres mais la découverte de partiels et leur quantification en termes fréquentiels est celle de Helmholtz. Avec cette découverte s'effondre la conviction que le système des sons est « naturel » en vertu de principes a priori fondant l'harmonie. L'harmonie elle-même change donc de sens et de statut.

En référence à Hume, « naturelle » est l'enquête de la « nature humaine ». À très grands traits, on pense depuis le XVIIIe siècle à ce que « commande la Nature » comme disait D'Alembert, qui s'oppose à l'arbitraire des conventions. L'idée de lois commandées par la Nature s'efface ensuite progressivement devant l'enquête naturelle, laquelle à son tour fait varier le concept de naturalité par les découvertes expérimentales qu'elle occasionne. Comme on va le voir, le modèle « résonateur » de l'oreille intègre dans le naturel la part de l'artefact construit pour simuler la résonance qu'on veut comprendre.

À ce point, la suspension de la « naturalité » d'un système de sons est une chose, et le caractère « naturel » de la méthode une autre.

Avec Helmholtz, l'approche a d'abord les caractères d'une démarche qui se veut à l'écart de la métaphysique, à savoir, dans son esprit, principalement Hegel et Schelling. C'est donc par contraste avec la métaphysique que la recherche qui se veut scientifique est dite « naturelle » parce qu'elle use de principes expérimentaux de physique et de psychologie. Faisant de la sensation et de la perception l'objet principal de son investigation, Helmholtz s'avère plus précisément un « théoricien de la connaissance » dont les travaux sont prometteurs pour le développement à venir de l'épistémologie de la physique, tant sur le plan de la perception, que sur celui de la connaissance conceptuelle. Pour ces deux raisons, Moritz Schlick qui renvoie à sa conférence « Die Tatsachen in der Wahrnehmung » (Berlin, 1878[1]), loue le savant de contribuer à la philosophie comprise comme théorie de la connaissance scientifique[2]. Son apport est double, dit-il,

1. Dans *Hermann von Helmholtz : Schriften zur Erkenntnistheorie*, P. Hertz et M. Schlick (eds.), Berlin, Julius Springer, 1921, et dans *Hermann von Helmholtz, Epistemological Writings*, R. Cohen et Y. Elkana (eds.), Boston-Dordrecht, D. Reidel Publ. Co., 1977.

2. « Helmholtz als Erkenntnistheoretiker », leçon inaugurale prononcée à l'occasion de la célébration du centenaire de Helmholtz, Berlin, dans *Helmholtz als Physiker, Physiologist und Philosoph*, Karlsruhe, Warburg, Rubner et Schlick, 1922, p. 29-39; trad. angl. « Helmholtz the epistemologist », dans *Moritz Schlick, Philosophical Papers*, H. Mulder et B. von de Velde-Schlick (eds.), Boston-Dordrecht, D. Reidel Publ. Co., 1923-1936, vol. 1, n° 14, p. 335-342. Dans ce texte, il est clair que Schlick adopte le langage un peu militant du représentant du

spécifique, ainsi dans le domaine de la psychophysiologie des sensations auditives, et philosophique de part en part, à cause des recherches conceptuelles qui sont menées.

Il est un autre plan sur lequel une acception moins univoque de l'idée de « naturalité » se met en place, celui d'une conception de ce qui, tout en appartenant à la « nature » de l'homme et du phénomène du son placé en lui, est rendu familier à l'oreille par l'éducation ou l'accoutumance, et en référence à un cadre accepté qui peut changer. Ce deuxième sens est rendu possible si la naturalité, d'argument d'autorité qu'elle était encore sous l'emprise de la *Naturphilosophie* de Schelling et Goethe[1], se mue en question. Quand Mach déclare à propos de Helmholtz qu'« avec la simple naturalité d'un phénomène, aucun enquêteur scientifique ne peut demeurer satisfait car c'est précisément cette naturalité qui demande explication » (*Analyse des sensations*, *op. cit.*), il nous suggère que la naturalité, qui, à partir de Helmholtz, perd de son caractère massif d'évidence, demande à être réexaminée.

Ainsi, nous verrons tout l'intérêt que présente aujourd'hui l'appréciation du grand musicologue allemand mort en 1989, Carl Dahlhaus. Celui-ci souligne la méfiance du psychophysiologue vis à vis de la métaphysique – ou plus exactement vis à vis de la *Naturphilosophie* des métaphysiciens – jointe à la très grande portée de son exploration de la structure composante des sons. Cette appréciation qui tire Helmholtz vers nous ne doit pas faire malgré tout faire oublier que Helmholtz comme Stumpf étaient de ceux qui cherchaient une explication physique de la consonance justifiant l'accord parfait comme base de la musique tonale, c'est-à-dire *la* musique par excellence.

Les causes de la jouissance musicale

On a compris que le titre « Causes de l'harmonie » de Mach fait écho trente ans plus tard à l'écrit sensiblement du même titre de Helmholtz : « Les causes physiologiques de l'harmonie musicale ». Il s'agit en effet d'une conférence que Helmholtz prononça vers 1857, à Bonn, ville de

Cercle de Vienne qu'il deviendra très bientôt avec Otto Neurath et Rudolf Carnap, en faisant de Helmholtz un précurseur. On notera dans son écrit un pointe dirigée contre les « spécialistes » enfermés dans un domaine spécifique, qui ne regardent pas au delà vers la théorie de la connaissance scientifique.

1. Avec lequel Helmholtz d'abord enthousiaste, eut d'âpres discussions sur les couleurs.

Beethoven comme il le rappelle, où il est arrivé pour occuper un poste d'enseignement de psychophysiologie. Par « causes » de l'harmonie, entendons les causes de la jouissance ressentie en particulier par l'artiste dont Helmholtz faisait grand cas [1].

Or, c'est presque cinquante ans plus tard, ce que D'Alembert déclarait attendre, dans le champ musical, des philosophes sérieux, à savoir qu'ils entreprissent des considérations non « métaphysiques sur les causes du plaisir que l'Harmonie nous fait éprouver » [2]. Débrouillons un peu les fils de cet appel à la « naturalité ».

Comme l'entendaient les philosophes du XVIIIe siècle suivant Rameau, la naturalité de cet art qu'est la musique tient d'abord aux *principes* qui fondent les lois de l'harmonie et font que plait à notre oreille notamment « l'accord majeur (qui) est dans la nature » (Rameau). Le « plaisir » lui-même consiste, comme Descartes l'a dit dans son *Abrégé de la musique*, dans la « perception des rapports ». La naturalité des « principes » coupe court à tout questionnement sur ce en quoi celle-ci consiste et ne demande aucune « explication ».

En même temps, un esprit différent se fait jour à travers Diderot qui voit le musicien s'orienter vers les « disparates ». On sait qu'il avait fait donner des cours de clavecin à sa fille Angélique par un maître de musique Bemetzrieder selon les principes de la musique qui devaient évidemment

1. Publié en français dans un ouvrage édité en 1877 par la Librairie Germer Baillère et Cie, Félix Alcan, ce texte (avec 50 figures) est en réalité présenté à la fin du livre de Pietro Blaserna intitulé *Le son et la musique*. Dans cet ouvrage, Pietro Blaserna (1836-1918), physicien italien, déclare dans sa préface avoir poursuivi un objectif plus modeste que celui d'une description complète des phénomènes sonores. Le but est de « concentrer sous un point de vue unique l'histoire du développement de la musique » concernant la nature du son, qui pût servir au musicien qui, lui, a tout intérêt, écrit-il dans sa préface, à connaître ses lois étudiées par le physicien comme le physicien a tout intérêt à aller au-devant de l'artiste. Professeur et Directeur du laboratoire de physique de l'Université de Rome, il est membre de l'Académie des Lincei, et membre correspondant de l'Académie des sciences de Paris.

Sous « un point de vue unique » veut dire, d'après le début du chapitre IX sur les écoles musicales, celui de la science quand elle parvient à embrasser les « faits » de l'histoire de la musique (p. 149). Ces faits pour notre physicien italien sont ceux qui reposent sur les lois de l'harmonie en vertu de laquelle les « divers sons d'un accord renforcent davantage le son fondamental » (*ibid.*). La confiance de Pietro Blaserna dans la science qui vient éclairer ces lois est sans faille. Nous verrons pourtant que Helmholtz qui inspire son ouvrage est moins le représentant d'une science achevée du point de vue d'une histoire du « développement », que l'annonciateur d'une exploration de la structure des sons à la source de très grands changements dans la musique.

2. *Ibid.*

beaucoup à la théorie de Jean-Philippe Rameau[1]. Aussi donne-t-il ses chances à un « art prêt à "sauver un certain nombre de dissonances" et va-t-il jusqu'à mettre en doute la véracité d'une œuvre très harmonieuse »[2]. Certes, pour Diderot – et c'est ce que veut dire « sauver les dissonances » – ces disparates trouvent à se relier entre eux dans la « grande chaîne générale » de la Nature dont seul le philosophe qui détient le discours sur la musique, est capable de supposer la « continuité » en sorte que la Nature est encore à « dévoiler ». Cependant, c'est Diderot, qui en ouvrant le chemin à la découverte des « rapports éloignés », atout particulier du « génie »[3] à ses yeux, donne le branle esthétique à l'intérêt des dissonances. Diderot a donc sa place légitime dans la filiation de l'approche scientifique de la musique qui conduit à Helmholtz.

Une dizaine d'années plus tard, en 1866, Mach qui appréciait fort Diderot réagit à la *Théorie physiologique de la musique* de Helmholtz, paru trois ans plus tôt[4]. L'ouvrage vient en effet de paraître sous un titre que la traduction rend partiellement car, plutôt que de musique, il s'agit des sensations sonores *Tonempfindungen* (*Sensations of Tone*[5]). Ces réactions plutôt positives – les critiques de Mach viennent un peu plus tard – sont consignées dans un écrit mal connu où il présente une synthèse des idées de Helmholtz : *Introduction à la théorie de la musique de Helmholtz* (1866, 98 p.[6]). C'est cet écrit qui se trouve ici présenté dans ce volume.

En 1866, Mach adopte grosso modo les explications de Helmholtz de l'harmonie en termes de consonance et dissonance en précisant

1. Auteur d'écrits sur Rameau, *cf.* ses *Leçons de clavecin et principes d'harmonie*, et qui se disait plus pédagogue que mathématicien. *Cf.* J. Mayer, *Diderot, homme de science*, Rennes, Imprimerie bretonne, 1959, p. 156, sur une certain filiation qui conduit de Diderot à Helmholtz.

2. Salon de 1763, « Deshays », X, cite Diderot, *Écrits sur l'art et les artistes*, Paris, Hermann, 2007, p. 42-44.

3. Voir son fameux article « Génie » de l'*Encyclopédie*. Le génie ne distingue pas mais « rapproche » (à ce propos, voir Y. Belaval, *L'esthétique sans paradoxe de Diderot*, Paris, Gallimard, 1950).

4. Voir la préface de Ernst Mach de 1894 à la 1re édition.

5. *Die Lehre von den Tonempfindungen…*, Heidelberg, 1862 ; trad. angl. A. Ellis, introd. H. Margenau, New York, Dover Publ., 1954 ; trad. fr. G. Guéroult, *Théorie physiologique de la musique*, *op. cit.* Le titre allemand complet est : *Die Lehre von den Tonempfindungen als physiologische Grundlage für die Theorie der Musik* ; l'anglais « Sensations of Tone », dans le titre *On Sensations of Tone as a Physiological basis for the Theory of Music*, traduit l'allemand « Tonempfindungen ».

6. On note ici le passage des « sensations auditives » dans le titre de Helmholtz, à la « musique » dans le titre de Mach. Je dois à Michel Meulders et à Claude Debru de m'avoir fait connaître cet écrit et de m'en avoir facilité l'accès. Je leur exprime ma reconnaissance.

après Helmholtz que les consonances sont causes de plaisir en raison de l'absence de battements, lesquels provoquent au contraire une impression désagréable chez l'auditeur.

Mach salue d'abord Helmholtz pour son étude physique des sensations complexes et leur décomposition en sensations élémentaires. C'est la face analytique de la méthode psychophysiologique qui fera plus tard problème, ainsi aux yeux d'un Charles Lalo[1] qui trouve absurde l'idée de sensation simple. Helmholtz l'a fait pour les couleurs d'abord (1852,1862) puis a prolongé sa méthode en l'étendant aux sensations sonores (1863). C'est par l'expérimentation, dit Mach, que Helmholtz[2] a pu trouver la réponse à la question restée sans réponse depuis les tout premiers théoriciens de l'harmonie. Mach ne rejette pas non plus tout de suite la théorie des battements. Il ne discute cette thèse que plus tard vers 1885 comme en témoignent ses références à Helmholtz dans ses *Contributions à l'analyse des sensations* (Prague, 1885).

C'est grâce à Helmholtz que les sons font pour la première fois l'objet d'une analyse de leur périodicité à l'aide de la théorie de Fourier. Les investigations anatomiques de l'oreille interne ouvrent depuis peu le champ d'une application sans précédent qui s'avèrera à la fois fausse et féconde.

Le rôle des fibres de Corti (découvertes en 1851) suggère d'abord l'hypothèse que dans la cochlée, ces fibres transversales de la membrane basilaire, ont bien les propriétés des corps vibrants comme par effet de résonance. Or depuis Galilée, le rapprochement de ces vibrations avec les mouvements d'un pendule, est tentant. Le début de l'introduction à sa *Théorie physiologique* montre que Helmholtz le fait aussi pour donner une idée de la nature du mouvement exécuté par le corps vibrant durant une période[3]. Pietro Blaserna dont le travail sur la nature du son nous a livré le texte de Helmholtz dans une première traduction (révisée par Céline Vautrin) que nous soumettons au lecteur de ce volume, ne se prive pas d'associer spontanément les vibrations des fibres de Corti avec les mouvements du pendule qui en serait « l'exemple le plus simple » (chap. 1, p. 3). Il consacre même à ce rapprochement toute une démonstration testant le comportement pendulaire d'une cloche frottée par un archet, puis d'un diapason etc.

1. *Cf.* son *Esquisse d'une esthétique musicale scientifique*, Paris, Alcan, 1908. Lalo réunit science et esthétique que Helmholtz au contraire voulait séparer.

2. Il faut également citer A.J. Ellis, *History of Musical Pitch*, Londres, 1880.

3. *Théorie physiologique de la musique*, *op. cit.*, p. 11, où il explique que le caractère périodique ou non du mouvement fait alors la différence entre sons musicaux et bruits.

L'idée de tendance atomistique[1] repose sur la conviction que le son est, objectivement, produit par « les vibrations de particules des corps ». L'assimilation à ce type d'oscillations, des vibrations des cordes, passe par la comparaison avec les pendules. Dans la perspective de Helmholtz qui inspire Pietro Blaserna, le problème spécifique est celui que pose l'hypothèse de ces fibres et de leur rôle sous l'angle psychophysiologique[2], donc subjectif, de ce qui se passe dans l'oreille. Ce sont bien ces propriétés des corps vibrants, que possèderaient les fibres de Corti, qui suggèrent à Helmholtz[3] après Rameau[4] une théorie qui établit le substrat physique de la sensation de hauteur tonale.

Cette théorie qui a retenu l'idée d'« énergie spécifique »[5] des nerfs de la sensation, de Johannes Müller (1826, p. 44) fait dépendre la nature de la sensation du nerf sensoriel stimulé, et non de quelque stimulus externe. Très importante pour Helmholtz et Mach, elle dit que : à chaque fibre nerveuse correspond une « énergie spécifique » propre à une fréquence sonore.

1. Plus marquée encore chez Ludwig Boltzmann qui en étend le caractère aux formes de modèles fondés sur des variétés discrètes que prennent les théories scientifiques à titre d'hypothèse pour comprendre les changements temporels d'un très grand nombre de choses… Boltzmann l'applique notamment à l'impression visuelle qu'il qualifie de « mosaïque » plutôt que de surface continue à cause du nombre fini d'éléments de la rétine. On sait combien ces aspects de l'épistémologie physique allemande de la fin du XIXe siècle ont influé sur la pensée de « l'espace logique » chez Wittgenstein. Voir à ce sujet le livre de D. Hyder, *The Mechanics of Meaning*, Berlin-New York, de Gruyter, 2002, chap. 2, « Helmholtz's Perceptual Manifold », en particulier pour la référence à Boltzmann qu'il cite, note 36, p. 45.

2. L'on doit en particulier à Galilée, dans sa *Mécanique…* (1904, trad. fr. E. Bertrand, Paris, Jacques Gabay, 1987), d'avoir découvert l'horloge à balancier et ainsi montré ce qu'avait de remarquable sa capacité de ramener une force exercée sur le pendule, dès lors entraîné par un mouvement oscillatoire, à sa position d'équilibre. *Cf.* H. Dufourt, « L'horlogue, la règle et le fléau », dans *Musique contemporaine*, I. Deliège et M. Paddison (dir.), Paris, Mardaga, 2001, 1re partie, *Les principes de la musique*.

3. Qui reviendra ensuite sur cette hypothèse en substituant – autre erreur – à ces fibres le caractère soi-disant vibrant de la membrane basilaire sous prétexte de sa nature fibreuse.

4. Qui déclare que « Ce qu'on dit des Corps sonores doit s'entendre également des Fibres qui tapissent le Fond de la Conque de l'Oreille ; ces Fibres sont autant de corps sonores auxquels l'Air transmet ses vibrations, et d'où le sentiment des Sons et de l'Harmonie est porté jusqu'à l'Âme » (*Génération harmonique*, 1737, p. 7).

5. Expression désignant l'énergie spécifique interne de caractère nerveux propre à un organe sensoriel, ici appliquée au nerf auditif comme Helmholtz le reconnaît pour le nerf optique. Le terme « énergie » traduit le grec « energeia » en vogue chez les physiologistes allemands aimant à se réclamer d'Aristote. *Cf.* la traduction d'A. Métraux et son commentaire du livre de J. Müller, *Zur vergleichenden Physiologie des Gesichtsszinnes des Menschen und der Thiere heben einem Versuch über die Bewegungen der Augen und über den menschlichen Blick*, Leipzig, Cnobloch, 1826. Pour Müller cette énergie est innée. Pas pour Helmholtz.

Constituée de fibres inégales et d'une élasticité également inégale, l'oreille fonctionne donc comme une espèce de pianoforte. La comparaison est aussi celle de Mach. « Chaque fibre est accordée à une fréquence donnée et vibre par influence d'autant mieux que la fréquence excitatrice est plus voisine de sa fréquence propre » (Patrice Bailhache [1]).

L'oreille se comporte donc effectivement comme un « instrument » et d'abord un instrument de mesure. Le mot d'« instrument » est heureux sous la plume de J. Bouveresse [2] : l'appareil sensoriel est « envisagé, dit-il, non plus essentiellement comme un donné, mais comme un effet qui dépend pour une part essentielle des particularités de cet instrument » qu'est l'oreille interne, à savoir un instrument qui « analyse » et pratique spontanément une analyse de Fourier, ce que l'œil ne fait pas [3]. L'idée que l'oreille se comporterait aussi comme un instrument musical de résonance, tel un « clavier auditif » dont les touches seraient les fibres de Corti [4] est effectivement suggérée par l'analogie expérimentale de Mach lui-même et conduit, dans son article sur « Les fibres de Corti » [5], à retenir la correspondance isomorphique d'une hauteur définie avec une corde spécifique de l'instrument.

Que l'oreille puisse passer d'abord pour un « instrument analyseur » capable de résoudre en atomes de sensations isolées des mouvements sonores composés, n'est pas qu'une idée plaisante. Elle a son explication dans le fait que la membrane basilaire, divisant sur toute sa longueur la cochlée (conduit rempli de liquide, en forme de limaçon) en deux conduits ou « rampes » (tympanique et vestibulaire), jouerait effectivement le rôle d'un analyseur de fréquences des sons reçus en partiels harmoniques (*Oberton* = « overtones » ou « upper partials ») qui composent le son complexe.

Cependant, Helmholtz compare les fibres de Corti à des cordes, et nous amène ainsi à penser que l'onde sonore se propage de façon à être transmise au cerveau comme si l'impulsion nerveuse était une continuation de la vibration cochléaire. Cette explication, jugée obscure, de Helmholtz [6]

1. Dans son article sur l'actualité de l'acoustique musicale de Helmholtz, *Revue d'histoire des sciences*, déc. 1986, p. 304.

2. Dans *Langage, perception et réalité*, Nîmes, Jacqueline Chambon, 1995, t. 1, p. 95.

3. L'œil qui voit du blanc n'est pas capable, dit Mach, de l'analyser en un composé de couleurs. Ce point est discutable. *Cf.* P. Bailhache, *supra*, note 2, p. 165.

4. Voir les *Causes physiologiques de l'Harmonie*, figure 41, p. 184 (*supra*, p. 61).

5. Graz, 1865, dans *Popular Scientific Lectures*, *op. cit.* Les observations de V. Hensen (1870) sur les filaments des nerfs auditifs des crustacés corroborent, dit Mach, la théorie helmholtzienne. Au chapitre 1 de *Perception de la musique*, p. 15, R. Francès donne des raisons d'abandonner cette hypothèse.

6. Je renvoie ici à l'explication détaillée de P. Bailhache, *supra*, p. 177 et 183.

implique de plus une localisation anatomique du phénomène qui néglige certaines données : le rôle des cils à proximité des arcs de Corti, la sélectivité des fibres et de leurs résonances en fonction aussi de la fréquence du son perçu, laquelle génère une oscillation de la membrane en un endroit et pas en un autre [1], toutes choses dont l'expérimentation ne pouvait venir à bout, vu d'abord le très grand nombre des fibres (3000, disait-il, par limaçon, ce qui fait 33 fibres par demi-ton) et l'insuffisance des données mais aussi, comme le dit Michel Meulders, le fait que la très forte « conviction » dont était animé Helmholtz l'amenait à trouver des explications là où il ne disposait pas forcément d'éléments d'observation suffisants ni d'un dispositif d'expérimentation (ses résonateurs de verre, par exemple) assez complexe.

Cette thèse selon laquelle l'oreille se comporte d'abord comme un analyseur de fréquences, Helmholtz la doit en particulier au physicien et acousticien allemand Ohm [2] (1843). Il paraphrase cette loi dite « loi acoustique d'Ohm » de la manière suivante : « tout mouvement de l'air qui correspond à une masse composite de vibrations pendulaires, est selon la loi d'Ohm, capable d'être analysé en une somme de vibrations pendulaires simples, et à chaque vibration simple correspond un son simple que l'oreille peut entendre et dont la hauteur [*pitch*] est déterminée par le temps périodique du mouvement correspondant de l'air ». Mach renchérit en disant que « comme le piano qui performe une véritable analyse spectrale du son », l'oreille pratique de fait cette analyse. L'oreille est doublement douée en tant qu'analyseur fréquentiel et instrument musical.

Bien sûr il ne s'agit pas de voir en l'oreille, un mécanisme savant à l'œuvre qui serait comme personnifié. Cela veut dire que les formes d'ondes complexes (composées, comme l'apprend Fourier, d'un nombre d'ondes simples de longueur différente, écrit Helmholtz) par lesquelles se laisse représenter graphiquement ce que l'oreille perçoit en provenance des notes et intervalles musicaux, se révèlent en quelque sorte « analysées » en leurs composantes simples, dans l'oreille interne. Ce que « fait » l'oreille est de « décomposer cet embrouillement d'ondes plus inextricable que celui des

1. *Cf.* J.R. Pierce, *Le son musical. Musique, acoustique et informatique*, Paris, Belin, 1984, p. 101 où il souligne l'importance des emplacements de l'excitation le long de la membrane basilaire correspondant aux fréquences des différents partiels de sons et aussi la périodicité de l'envoi des paquets d'impulsion au cerveau …

2. Physicien allemand qui soutint contre Seebeck, que les sons sont des ondes (caractérisées par un mouvement périodique) de forme sinusoïdale et non des pulsations. Helmholtz comprit ainsi qu'il y a propagation de l'objet au tympan grâce aux ondes qui transmettent un ébranlement du milieu traversé de l'air.

vagues de la mer » ; elle distingue, poursuit joliment Helmholtz, « des voix d'hommes et des dames (sic), même celle de chaque individu, elle reconnaît le son des divers instruments, le frôlement des habits, le bruit des pas ». Et l'humeur poétique de Helmholtz de se laisser parfois aller à comparer le « dessin » des ondes sonores avec l'alternance des montagnes et des vallées qui ont en commun un mode de propagation horizontale (*Causes de l'harmonie*, *op. cit.*). Mais attention, comme il l'écrit lui-même, entre montagnes et vallées et le dessin d'onde, il y a métaphore, tandis qu'entre l'air ébranlé et les ondes dans l'eau, il s'agit d'un parallélisme structural touchant au caractère des « forces naturelles mécaniques » (*ibid.*, *in fine*). Les ondes, ou plutôt, leurs formes se laissent représenter en sorte que l'on peut associer aux formes d'ondes et à leurs différences des différences de timbres.

Helmholtz rend compte ensuite du processus de transmission : « Les vibrations sonores de l'air ébranlent, commente Patrice Bailhache, le tympan qui transmet son mouvement par l'intermédiaire des osselets au liquide de l'oreille interne ». Soit, mais que la sensation pût être transmise de l'oreille au cerveau et « rien de plus »[1], c'est-à-dire « sans l'esprit », est ce qui comptait le plus aux yeux de l'expérimentateur des réactions des nerfs, qui voyait dans cette « transmission » une forme de « réponse » de l'oreille comme si celle-ci donnait son avis sur ce qui lui plaît ou lui déplaît[2]. On dirait qu'un univers organique devient le foyer d'une physique du son, une sorte de fabrique du « clavier sensoriel » (expression de M. Meulders) de l'oreille. Il convient pourtant de distinguer la réponse cochléaire de la réponse nerveuse[3].

Les « causes » se précisent donc : elles sont bien physiologiques, ce sont les sensations nerveuses que sont ici les sons, que le musicien « traduit ». La sensation fait toute la « nouveauté » de ce phénomène de propagation du son dans l'air. L'ébranlement de l'air est bien connu, mais dans l'oreille, il restait tout à comprendre, écrit Helmholtz. De fait, le musicien « traduit » ces sensations, ce qui veut dire qu'il les transpose, et ne les reproduit pas fidèlement. Et le mot de Helmholtz qui rappelle la « traduction » dont Diderot fait l'apanage de l'artiste par opposition à la reproduction de la nature, fait ici retour pour caractériser l'artiste musicien comme le peintre.

1. *Cf.* Sir D. Tovey, *Encyclopaedia Britannica*, 14e éd., « Harmony », cité par L.L. Lloyd, *The Musical Ear*, Oxford, Oxford UP, 1940, ainsi que, publié antérieurement, *Helmholtz, Music and Sound*, Oxford, Oxford UP, 1937, chap. IV et V.

2. Plus le stimulus est intermittent et les battements rapides, plus le son est irritant.

3. Voir R. Francès, *La perception de la musique*, 2e éd. Paris, Vrin, 1972, p. 15 et ses références en particulier aux travaux de E.G. Wever, *Theory of Hearing*, New York, Wiley and Sons, 1949.

Dans l'esprit de Helmholtz, par « traduction », il faut entendre plus exactement encore une sorte de transformation objective des phénomènes d'impressions subjectives dont le sujet n'a pas conscience, à l'aide des représentations que ces phénomènes déterminent, en lui, des objets externes qui, au départ, ont excité son organe auditif. Cela veut dire qu'il y a donc aussi place pour une causalité externe, mais différente et fort complexe, dont je ne traiterai pas spécifiquement ici[1]. Cette notion de « traduction » est très importante pour Helmholtz qui en fait l'opération maîtresse de la production de l'œuvre artistique. La traduction introduit une modification d'échelle, explique-t-il, à distance de la nature. Ainsi se profile un sens second de « naturel » pointé plus haut, un sens qui implique que l'on peut, avec les sciences de la nature, s'écarter de la Nature. C'est ce trait que retient Carl Dahlhaus, qui justifie qu'on ait pu dire de Helmholtz qu'avec lui, pour la deuxième fois depuis le tournant de 1600 qui aurait marqué la première « révolution scientifique », s'est opérée une mutation qui propulse la musique parmi les sciences modernes[2].

UNE LANGUE DE L'ORGANE : INTRODUCTION D'UN SYMBOLISME DANS LA PERCEPTION

Ébranlé, par transmission, l'organe, ici l'oreille, agit en vibrant et, encore une fois, ce sont ces vibrations que l'artiste « traduit » sans reproduire fidèlement la Nature. Helmholtz n'hésite pas à dire que « l'organe

1. Parce qu'elle soulève des difficultés d'interprétation importantes dans les discussions sur les théories de la perception. Voir par exemple la présentation par R. Casati de la traduction « Sur la nature des impressions sensibles de l'homme », 1852 (cf. *Philosophie*, n° 33, 1992, consacré à la philosophie de l'esprit, présenté par P. Engel). La question se pose en effet de savoir si, oui ou non, il y a pour Helmholtz un lien causal faisant des représentations des processus garantis par des objets externes, quoique les sensations ne soient pas garanties par ces objets et que la représentation semble être entièrement fonction de l'appareil sensoriel (voir p. 8, différentes versions fortes et faibles de cette question).

2. Voir par exemple H.F. Cohen, *Quantifying Music*, Doredrecht-Boston, Reidel, 1984. Voir les étapes de cette première « révolution » avec Zarlino, l'explication quantifiée des consonances en tant qu'elles dépendent plus de variables relatives à des ratios de fréquence qu'à des considérations de longueurs de cordes, et font ainsi l'objet d'une science acoustique mathématisée (Kepler, Galilée, Descartes, Mersenne, Beeckman ...). Cohen précise que c'est de Beeckman que Helmholtz est sans doute le plus proche (*ibid.*, p. 242). Helmholtz marquerait une mutation vers une conception nouvelle de la rationalité scientifique à laquelle participerait la musique en sorte que celle-ci mériterait d'entrer dans l'histoire des sciences au sens élargi du mot.

parle une langue tout à fait différente », pour expliquer que le peintre, loin de reproduire par exemple les couleurs dans la nature, exploite le « désaccord » entre elle et lui, en usant de procédés pour « traduire ses impressions en une autre échelle de sensations appartenant à un autre degré d'excitabilité ». « Différente » de quoi ? D'une langue qui serait celle de la Nature. Mais si l'artiste brille par son infidélité à la Nature, en suivant ses « impressions » dont la mémoire peut ou non conserver fidèlement les images, c'est que la langue parlée par l'organe est tout à fait autre que celle de la Nature si tant est qu'elle en parle une ! C'est pour cette raison d'ailleurs que Helmholtz considère que le scientifique a quelque chose à apprendre des artistes : les artistes se fient aux impressions, visuelles dans le cas des peintres, acoustiques pour ce qui touche aux musiciens, dont dépend la représentation des objets perçus. L'ordre de dépendance est inverse de celui qu'on imagine quand on part d'objets externes. Donc « L'organe parle… ».

Tout se passe comme si la perception était un « langage » dont les « éléments » sont les sensations, commente R. Casati[1]. L'interposition d'un symbolisme pour les sensations et leurs complexes entre le monde externe et nous-mêmes, fait toute la nouveauté des avancées de Helmholtz, une nouveauté qu'encore une fois Schlick ne manque pas de relever comme inaugurant, à l'encontre de la métaphysique, l'idée que l'établissement des faits repose désormais sur l'ordre légal de la régularité des phénomènes, exprimable par ce symbolisme porteur d'informations. Dans la mesure où cette langue de l'organe, en l'occurrence l'oreille, est aussi pour Helmholtz, celle du matériau de la musique, on peut dire en pensant cette fois à la postérité musicale, que se trouve là anticipée également l'importance de la vibration acoustique considérée comme actuel matériau du compositeur au XXe siècle. Le mot de « matériau » n'est pas déplacé ni exagéré ici. Dans l'introduction à sa *Théorie physiologique*, Helmholtz lui-même l'utilise pour désigner ce qui fait l'objet de cette « grammaire inférieure » à laquelle il va s'intéresser et que les esthéticiens regardent de trop haut.

Que la sensation nerveuse ou son pût faire l'objet d'une investigation scientifique, voilà un pari que Helmholtz avait bien le sentiment de devoir tenir, dans l'idée qu'il s'agissait dès lors d'expliquer le phénomène du son en partant d'une « naturalité » traitée jusque là comme occulte et de second

1. R. Casati, « Sur la nature des impressions sensibles de l'homme », dans *Philosophie*, n° 33, 1992, *op. cit.*, p. 8.

ordre. L'idée d'associer un symbolisme aux éléments de sensations ouvrait ainsi la zone la plus obscure de notre corps à une forme de langage par où s'insinue l'interprétation.

Comme nous le verrons en invoquant les observations d'Ernst Cassirer, l'introduction par Helmholtz de symboles dans la perception désigne ce dernier, avec Hertz également, comme les fondateurs d'un courant philosophique sans précédent dont Cassirer reconnaît prolonger l'héritage avec sa « philosophie des formes symboliques ». Ce courant qui pour la première fois invite à traiter une science comme un langage est l'épistémologie, laquelle est appelée à se développer, nous dit Gilles Granger[1], « loin de l'idéalisme ». L'épistémologie en tant que théorie linguistique de la connaissance que signe l'introduction du symbolisme de la connaissance, est concomitante de cet éloignement qui est aussi un éloignement du kantisme.

Deux traits peuvent être distingués auxquels une épistémologie doit en effet son émergence à partir de Helmholtz : l'aspect non conforme au kantisme de l'ancrage empirique de l'intuition (ainsi dans le cadre de sa théorie de l'espace), et, de manière plus générale, comme le signale encore Gilles Granger, un glissement de la notion de saisie d'objets à celle de saisie de « morphismes », dont les « caractères » chez Leibniz ont anticipé l'importance pour la symbolisation de la connaissance. Leibniz n'avait-il pas en effet déclaré dans une lettre à Arnauld de 1686[2] que seuls des symboles (pour des sensations) nous permettraient de « penser sans idées » ? À cette épistémologie alliant donc langage et nature des phénomènes, Helmholtz nous introduit par la porte de sa psychophysiologie.

ANALOGIES : UNE MÉTHODE DE NATURE ÉPISTÉMOLOGIQUE

Cette observation du phénomène d'excitation que Helmholtz explique comme nous l'avons indiqué plus haut, Mach l'interprète à l'aide des lois de vibrations sympathiques : il y a un phénomène de réponse à une question en sorte que, écrit-il, et l'on sursaute un peu : « le diapason est comme le chien qui répond au nom A ». Ainsi, les mêmes cordes de deux pianos placés côte à côte et accordés de la même manière, s'excitent entre elles

1. Dans les premières pages de *Langages et épistémologie*, Paris, Klincksieck, 1979, p. 11-12.

2. Citée par G. Granger, *ibid.*, p. 12. Les références sont l'édition Gerhardt II, p. 62.

d'un piano à l'autre. La comparaison lui soufflera l'analogie que « l'oreille performe pour l'esprit ce que le piano performe pour un sourd » (« Méthode de comparaison en physique », 1894[1]). Ce qui conduit à dire que l'esprit sans l'oreille est donc sourd[2]. L'analogie n'est pas un simple ornement. Elle soutient la « méthode de comparaison en physique » dont elle provient également, et met en valeur l'importance de la relation de parenté et de différence de structure de registre à registre : « les concepts sont au physicien ce que les notes sont au musicien ».

De manière générale, comme il ressort d'écrits postérieurs à son introduction à la théorie de Helmholtz de 1866, et pour ce qui touche à la musique, Mach substitue à l'explication helmholtzienne par le phénomène physiologique[3] des battements (ou absence de) qu'il ne nie pas mais considère comme insuffisante ou non-décisive, l'interprétation par les relations de parenté et de familiarité entre accords, plus conforme à sa méthodologie de la comparaison.

Cependant, dès 1866, dans ce texte que nous invoquons, on le voit déjà avancer l'hypothèse de la parenté entre deux sons, laquelle est d'autant plus forte qu'il y a possession en commun d'un grand nombre d'harmoniques, alors que pour Helmholtz cette coïncidence est d'autant plus forte que les battements sont faibles. Il y a fusion en l'absence de battement. Exemple de sons consonants : dans l'ordre décroissant ; l'octave double ou simple, la quinte, la tierce, majeure et mineure, la sixte majeure et mineure, la septième mineure.

Autrement dit, ce n'est pas tant par la non-interférence de chocs suscitant des sensations intermittentes que se caractérisent les consonances (bien que ce soit vrai, mais c'est un problème d'accent et d'importance relative), que l'apparentement de sons possédant ces sons partiels en commun[4] par l'oreille en vertu de sa propension à réunir ce qui est semblable – ce qui est une propriété physique de l'oreille.

1. *Écrit scientifique populaire*, 1894.

2. Mais une personne sourde avec un piano entend à sa façon, quoique moins fortement et plus confusément qu'avec l'oreille. Voir aussi l'idée selon laquelle, dit Helmholtz, « le sourd-muet peut percevoir les sons par les nerfs de la peau » (« Causes de l'harmonie… », *op. cit.*, p. 170) ce que dira Diderot à propos du cas Molyneux plus tard.

3. Voir sur ce caractère finalement physiologique des battements eux-mêmes, P. Bailhache, *supra*, p. 197 *sq.*

4. Pour Mach, la parenté a trait au lien mélodique. Fondement des gammes, elle tient à l'harmonie des accords entre eux, et suppose une tonalité constante dans la mélodie.

Dans l'*Analyse des sensations*, au chapitre « Sensations of Tone »[1], Mach déclare que l'explication de Helmholtz n'est pas satisfaisante. Helmholtz aurait pu dire des sons ce qu'il dit des couleurs et noter la valeur *positive* des contrastes, nulle dans le cas d'une sirène. Il ajoute que les phénomènes de possession en commun d'harmoniques sont moins de l'ordre de la sensation que de la compréhension résultant d'une analyse physique et intellectuelle des intervalles.

Sur des questions anatomiques relatives aux seules fibres de Corti, je renvoie ici aux raisons d'abandonner l'hypothèse qui se trouvent par exemple mentionnées par Robert Francès dans sa *Perception musicale*[2]. Plus généralement, l'idée que l'interprétation de nos stimulations nerveuses est source de l'art musical n'a pas manqué de choquer. Alternative à la thèse traditionnelle de la reproduction de la Nature, cette thèse peut être saluée en raison de l'écart à la Nature qu'elle authentifie, mais, contrairement à ce que suggère cette explication « telegraph-wire » de Helmholtz[3], « rien n'est transmis d'un récepteur au cortex », comme l'écrit lapidairement le philosophe analytique contemporain Peter Hacker, d'où résulteraient des réactions grâce au système neuronal de transfert de réactions causales en séries connectées. « Une impulsion électrique dans le cerveau ne peut pas devenir une sensation »[4].

C'est malgré tout à la faveur de cette hypothèse inacceptable que s'introduit l'idée de ce « symbolisme » entre le monde des sensations et la nature auquel nous avons fait allusion plus haut. Ce symbolisme est ici un symbolisme de relations entre objets, et non tout à fait comme c'est par exemple le cas encore chez Condillac, un système de caractères mis à la place des choses de la nature[5]. Il se présente comme une « langue » autonome tout à fait différente de la nature. C'est l'autonomie de ces signes qui, en témoignant de la légalité des phénomènes observés, confère à « l'hypothèse réaliste » la résolution du concept – « *a priori* » pour Kant – de la

1. Page 138 de l'édition anglaise. Que le lecteur nous accorde la possibilité de mentionner, pour des raisons de commodité et de circonstances, la version anglaise de ce livre.

2. Paris, Vrin, 1984, rééd. 2000, chap. 1, p. 15.

3. Expression moqueuse de Mach visant Helmholtz et Hering, cité par M. Heldelberger, lors de la Journée consacrée à Helmholtz du 7 février 2009, à la Sorbonne (activité de l'équipe EXeCO), S. Plaud (dir.). Qu'il me soit permis de la citer de mémoire.

4. Dans *Appearance and Reality*, Londres, Blackwell, 1987.

5. Voir à ce sujet, la critique virulente de Kant contre les « mauvais logiciens » qui, comme Condillac, mettent les caractères à la place des choses, au détriment de l'intuition (au sens kantien).

connaissance intuitive, en ramenant celui-ci de la métaphysique au « terrain sûr » de la science de la nature[1]. Cette langue est propre à l'organe concerné, et Helmholtz le dit en ces termes. C'est l'artiste qui s'avère être l'expert dans le maniement de cette langue. On peut trouver l'explication par la « langue de l'organe » curieuse. Pourtant, elle annonce l'importance du symbolisme dans l'élaboration du concept de réalité en physique.

L'ESTHÉTIQUE EN QUESTION

Un autre trait qui s'ensuit est le primat de l'art sur l'esthétique, idée qui révèle l'importance des investigations de Helmholtz qui, en tant que psychophysiologue dit à plusieurs reprises, non sans acrimonie, attendre et apprendre beaucoup plus des artistes que des esthéticiens. La science est ici au service de l'art. On dirait que Schoenberg a entendu cette leçon. Lui non plus, comme on sait, n'aimait guère les esthéticiens[2]. Dahlhaus, de son côté, prête une oreille fort attentive à ces critiques de l'esthétique. Il y décèle les signes instructifs de l'épuisement d'un recours systématique à des principes *a priori* du système harmonique, nécessitant que l'on se tourne vers l'histoire dans son sens évolutif et pluriel.

L'idée d'une action inconsciente au cœur de la sensibilité humaine doit être également retenue. Les artistes aujourd'hui, après Freud, parlent volontiers d'un dynamisme psychique à la source de la création. De fait, les « causes » physiologiques étant ce qu'elles sont, sont censées révéler le secret de la jouissance artistique à travers l'origine nerveuse de la mise en énergie de ce dynamisme psychique profond. Il est remarquable que Helmholtz regarde de préférence vers les artistes qui eux seuls, possèdent l'art de ces « dérogations à la reproduction fidèle de la Nature », parce que, chez eux seuls, le potentiel des sensations nerveuses est mis à profit dans une direction que ne laissent pas prévoir les représentations que l'on se fait des objets extérieurs. Notons que les artistes auxquels s'adresse en premier lieu Helmholtz sont ceux de l'Europe de son temps[3].

1. Dans *Les Faits dans la perception* (*Tatsachen in Wahrnehmung*, *op. cit.*).

2. Il faut cependant voir de plus près à quoi renvoie exactement ce mot chez Helmholtz et qui il désigne polémiquement.

3. Palestrina était le compositeur dans lequel Helmholtz se reconnaissait le mieux. Palestrina était d'origine italienne, du XVIe siècle. Pietro Blaserna rappelle à ce sujet les différentes écoles de musique, principalement italienne et allemande, dont il retrace l'histoire et les conflits, auxquelles s'ajoute l'influence de Paris (cf. *Le sens et la musique*, *op. cit.*, sa

Les artistes l'intéressent encore au premier chef parce que c'est dans leur cas que l'on a affaire à des anomalies en quelque sorte positives liées au fait que « les impressions excitent des représentations qui ne correspondent pas à la réalité », et donc qu'une certaine causalité est source de création dans la même mesure où la correspondance à la réalité ne marche pas. Ces anomalies sont ce qu'il y a de plus « instructif, dit-il, pour trouver la loi des voies et des moyens à l'aide desquels les perceptions normales sont produites » (*Causes de l'harmonie*, *supra*, p. 168-169). Aussi, les artistes offrent-il de véritables solutions, dit Helmholtz, aux problèmes que se posent les scientifiques.

Que les artistes puissent de leur côté apporter des éléments à la science dure, doit, comme je l'ai suggéré plus haut à propos du caractère déterminant des impressions, retenir également toute l'attention. Il est vrai que l'idée que la musique entre dans le chœur des sciences n'est pas nouvelle. Mais que la musique ou l'art puisse contribuer à la science est une thèse moins habituelle. En le disant, Helmholtz scelle encore l'important pacte de l'art avec la science dont se réclameront dans les années 30 du siècle suivant, les artistes de la « révolution électrique » comme l'a annoncée et préfigurée, dans ces termes, le compositeur Edgar Varese. Varese lui-même l'entendait bien ainsi : la contribution va dans les deux sens : de la science à la musique mais aussi de la musique à la science parce que, écrit-il, « la musique est le plus abstrait de tous les arts et en même temps le plus physique » (*Écrits sur la musique*, p. 62). L'idée de voir se réaliser des laboratoires d'acoustique hantait en effet le compositeur qui appelait, en référence aux recherches timbrales [1] de Helmholtz qu'il avait étudié, à faire coopérer musiciens et physiciens. L'intervention d'une sirène dans

conclusion, p. 157). C'est « l'Europe musicale moderne » qu'il a en vue, et l'évolution de la musique à laquelle contribueraient l'abandon de la gamme tempérée qui « a fait son temps » autant que l'effort à ne plus s'en tenir à la mélodie. Blaserna suggère même, en s'appuyant sur Helmholtz, qu'avec la réforme des gammes musicales, on se dote d'instruments où le musicien disposerait de 24 sons à l'octave au lieu de 12 (*cf.* chapitre sur la gamme tempérée). Le « raffinement » des possibilités introduites dispenserait des fioritures par lesquelles on compense la pauvreté de la gamme tempérée « très inférieure à notre sensibilité ». À la note 1, p. 120 de son livre, Blaserna renvoie aux expériences de Helmholtz sur un harmonium qu'il s'était fait construire, où il pouvait en effet tester « à volonté » la gamme exacte et la gamme tempérée. Il précise que G. Guéroult, le traducteur français de la théorie des sensations auditives de Helmholtz, en a fait autant en s'exerçant sur un harmonium juste, et que les résultats confirment ces appréciations.

1. Nous préférons « timbral » à « timbrique » que l'on trouve aussi. Aucun des musiciens professionnels que j'ai interrogés ne répond clairement à la question de savoir quel adjectif utiliser qui correspondrait le mieux au mot « timbre ».

« Amériques » (1918-1922), est aussi un signe en direction de Helmholtz qui avait voulu montrer ce qu'il en était des lois des sons musicaux en construisant sa « sirène double ». L'œuvre axée sur la recherche du son continu témoigne aussi de cette importance [1].

La musique, en tant qu'art *résoudrai*t-il des problèmes scientifiques, ou en tous cas certains d'entre eux ? Oui, écrit Helmholtz sans hésiter, et non les théories des esthéticiens. Helmholtz va même jusqu'à suggérer l'aide heuristique que peut apporter « sans le savoir » l'artiste effectif à la science et aux problèmes (philosophiques) que celle-ci rencontre parfois sur son chemin.

Une conséquence philosophique de taille est précisément l'idée, psychophysiologiquement fondée, que l'art crée sans référence aux objets extérieurs. « Nous interprétons l'image rétinienne dont nous nous formons une certaine idée consciente » dit-il à propos de la vision, et nous jugeons par « inférence sensorielle » de façon inconsciente de la *cause* (en un autre sens que physiologique) de la stimulation sensorielle. Les procédés inconscients portent sur l'association des idées résidant dans les parties inexplorées de notre mémoire » [2]. Par ce type d'inférence, nous sommes amenés à « conclure » en tirant des « conclusions » en dehors de notre volonté consciente : pour Helmholtz, l'oreille qui n'entend pas le son fondamental peut, par la perception du réseau harmonique, « conclure au fondamental » (P. Schaeffer, *Traité des objets musicaux*, p. 180). Il reste que la hauteur d'un son est déterminée par sa fondamentale, non par ses harmoniques. Notons qu'aujourd'hui, on peut inverser la proposition et parler d'une détermination de la hauteur par les harmoniques, *sans* la fondamentale.

S'agissant de Helmholtz en tous cas, l'inférence inconsciente est telle une ruse par laquelle que nous nous trouvons reconduits au son fondamental primant dans ce système.

Ainsi, le non-savoir de ce qui fonde la sensation n'est pas lié au caractère « caché » des lois de notre raison comme le croient les « philosophes », dit Helmholtz (*Causes de l'harmonie*, *in fine*), mais au fait que

1. 1918-1922. Je me permets de renvoyer ici à une thèse sur Varese (soutenue sous la direction de H. Vaggione à l'Université de Paris 8-Saint Denis) restée malheureusement à ce jour inédite en raison du décès récent de son auteur, Timothée Horodyski, que nous espérons pouvoir publier dans notre collection « Musique/philosophie » chez L'Harmattan (M. Solomos, A. Soulez et H. Vaggione, co-directeurs).

2. 1867, 1re version du *Handbuch*, 2e version 1896. Les activités mentales qui conduisent à des jugements sur des objets externes sont généralement inconscients. *Cf.* Cl. Debru, « Helmholtz and the Psychophysiology of Time », *Science and Context*, 14 (3), 2001, p. 471-492, à propos du sens du temps.

« nous n'en avons pas conscience » comme nous n'avons constitutivement pas conscience, et tant mieux, des lois des harmoniques qui sont bel et bien ressentis par nos nerfs. Étonnante pensée qui, en refusant d'attribuer à cette forme de non-conscience (de la perception), le statut d'une entité mystérieuse, n'est pas loin de suggérer à la science de s'en préoccuper. Un travail serait à faire, concernant cette approche combinant inconscient, dynamique sonore et inférence productive, dans le but d'examiner jusqu'à quel point elle a pu influer sur Schoenberg, lequel déclarait mener sur les sons (ainsi dans son *Traité d'Harmonie* de 1911) le type d'exploration que Helmholtz avait menée sur la lumière et les couleurs, en particulier sur la « logique de la mélodie des timbres » [1].

Toujours est-il que ces sensations, signes non ressemblants que nous interprétons, venant de « rapports entre vibrations » lumineuses ou sonores, ces « symboles, donc, de rapports qui subsistent dans la réalité », ont « aussi peu de rapport avec les objets externes que le nom d'un homme avec cet homme » (Helmholtz). Si la symbolique de nos nerfs sensoriels s'offre comme le produit de la nature, elle est avant tout une « symbolique du langage humain » et c'est ce que Ernst Cassirer a retenu en priorité de l'apport méthodologique de Helmholtz. Sans ce symbolisme qui fait droit à ce que Kant avait exclu de son système, il manquait un processus d'objectivation des relations entre phénomènes. La priorité de la science sur l'esthétique travaille à réformer les *a priori* naturalistes qui entravent les avancées de la musique.

LA RÉFÉRENCE À DES « OBJETS » EN QUESTION (CASSIRER À PROPOS D'HELMHOLTZ)

Cassirer voit en Helmholtz un savant qui – il a été pour cette raison surnommé « le Newton de la psychologie physiologique » – a tiré le fruit du kantisme en restituant aux formes *a priori* kantiennes de l'espace et du temps, leur empiricité sacrifiée par Kant lui-même. Il a ainsi légitimé le kantisme par « déplacements » (Catherine Chevalley [2]), par l'ancrage physiologique, dans le but méthodologique d'élaborer des concepts

1. Aspect souligné par C. Dahlhaus dans son *Schoenberg*, éd. et trad. fr. Ph. Albera et V. Barras, Genève, Contrechamps, 1997. À propos de l'opus 16, n° 3, voir p. 121.

2. Dans son ouvrage *Physique atomique et connaissance humaine*, traduction d'écrits de Niels Bohr, Paris, Gallimard, 1991, p. 431. *Cf.* à ce sujet aussi Cl. Debru, « Helmholtz and the Psychophysiology of Time », art. cit., ainsi que D. Hyder sur l'optique physiologique et la géométrie physique (*ibid.*, p. 419-456).

constructifs de la science de la nature à distance de la nature[1]. Il salue donc l'introduction du « symbolisme » par l'interposition de signes de « correspondances fonctionnelles de structure » remplaçant avantageusement par la catégorie de la relation, le « *pros ti* » d'Aristote, l'accès à la connaissance des choses. Il s'en réclame encore dans sa *Philosophie des formes symboliques* (1923-1925) en s'appuyant sur une déclaration-clef de Helmholtz qu'il cite p. 388, tirée du *Handbuch sur l'optique physiologique* (1856) selon laquelle : « les propriétés que l'on attribue aux objets sont les effets que les corps exercent sur d'autres, effets qui dépendent des forces avec lesquelles ces effets sont exercés ».

La phrase en termes d'« effets » est significative de l'inspiration lockienne de Helmholtz et de l'attribution d'un caractère « dispositionnel » aux qualités secondes en tant que « powers ». L'effet exercé par un corps sur un autre (ici : des sujets percevants) suppose en effet une « puissance ». Parler de propriétés de ces choses est donc un abus de langage car rien en propre ne « s'attache à des objets en eux-mêmes mais seulement des effets de relations d'un objet avec un autre, nos organes des sens inclus ». L'argument ici encore est d'inspiration lockienne. Il recoupe la thèse des qualités secondes (couleurs, odeurs, sons ….) qui, rappelons-le, pour Locke, n'avaient point de réalité[2], ou « *qualia* »[3] – déjà à l'arrière-plan de la conception de J. Müller. Ainsi, ce qui, pour Helmholtz, nous apparaît tel ou tel, relève d'abord de la sensation en sorte que les objets, présents selon un certain ordre dans l'espace, ne nous apparaissent pas autrement qu'investis de ces qualités[4].

Coupant court à toutes les difficultés intrinsèques de cette théorie, tournons-nous vers Cassirer qui résume la chose magistralement en en tirant tout le bénéfice possible : On renonce au caractère absolu des choses

1. Cf. *Le concept de substance et de fonction* (1910), trad. angl. W.C. et M.C. Swabey, Chicago, Open Court, 1923, partie 2, chap. VI, section II, p. 271.

2. Voir les fameux passages de l'*Essai sur l'entendement humain* (1690) de Locke, B. Rand (ed.), Cambridge (Mass.), Harvard UP, 1931, II, « Of Ideas », VIII, p. 78, sur les qualités secondes que sont les sons, couleurs, goûts, qui ne sont rien dans les objets même mais sont productrices d'apparences et d'altérations en nous (p. 80). Les qualités secondes dépendent du sujet percevant, thèse lockienne qui apporte, réaménagée, un fondement physiologique à la thèse kantienne des formes de l'intuition sensible. Sur le cas Molyneux, voir les pages suivantes.

3. Ces « *qualia* » feront leur chemin jusqu'à la *Structure de l'apparence* de N. Goodman qui distingue entre propriétés d'une chose et *qualia* de présentations, et définit l'objet comme une « concrétion de *qualia* » et non comme un substrat ayant des propriétés en propre.

4. Je renvoie sur ce point à une présentation intéressante de D. Hyder, à propos de Helmholtz, dans *The Mechanics of Meaning*, *op. cit.*, p. 36.

sans renoncer à l'objectivité[1] de la connaissance. Pour le dire autrement, le scepticisme auquel on serait tenté de succomber n'a pas de légitimité : du fait que « les activités mentales qui conduisent à des jugements sur des objets sont généralement inconscientes » (*Handbuch*) et échappent donc à la connaissance, il ne s'ensuit pas une « crise » de la référence directe à l'objet dans les sciences de la nature, susceptible d'engendrer une forme de relativisme sceptique. Bien au contraire, l'objectivité s'en trouve renforcée qui devient celle de correspondances fonctionnelles entre structures, du moment que seules comptent les propriétés de relations entre les choses, et non plus les choses en elles-mêmes dont l'existence nous demeure inconnue.

Positivité des dissonances

Un autre bénéfice est l'intronisation des dissonances intéressantes dans l'univers des musiciens et l'importance accordée positivement aux timbres. Le point divise pourtant les musicologues et les musiciens professionnels. Beaucoup tiennent Helmholtz pour un héritier non critique du système « naturel » de la musique sous prétexte qu'il aurait privilégié les consonances en les fondant sur la nature des harmoniques du son périodique (avec intensité, hauteur et timbre, *Klangfarbe*) considéré comme appartenant à la partie stable du spectre, donc « musical » ce qui veut dire : à condition d'exclure le bruit, ou les transitoires d'attaque (instables, irréguliers et non périodiques). De fait, on connaît la déclaration de Helmholtz « nous ne considérons que les sons entièrement uniformes ».

Il y a cependant des (soi-disant) helmholtziens aujourd'hui, qui stipulent l'ancrage naturel (celui de notre audition) des consonances, ainsi McAdams, mais aussi les tenants chomskyens de la GTTM de F. Lerdahl et R. Jackendoff[2]. Il serait d'ailleurs plus exact de parler d'un « discours »

1. Sur la question de l'objectivité selon Helmholtz par rapport à Kant, voir les travaux de R. Casati et J. Dokic, *Philosophie du son*, Nîmes, Jacqueline Chambon, 1994.

2. *A Generative Theory of Tonal Music* (Cambridge, MIT Press, 1983, dorénavant cité GTTM), réaménagée plus récemment à la suite d'objections concernant le caractère limité au système tonal de leur conception; voir p. 293 en particulier, où ils citent l'ouvrage de Helmholtz dans la traduction anglaise d'Ellis de 1954 (*On the Sensations of Tone*), p. 364-365. Dans ces passages en effet, Helmholtz, sans dire que la tonalité n'est qu'une « réponse à des faits physiques à propos du son », précise que le principe des relations tonales doit être jusqu'à un certain point, considéré comme un « principe de style librement choisi » (en

helmholtzien[1] en précisant qu'il s'agit davantage de l'ancrage ou fondement psychophysiologique, que de « nature ». Ce discours légitime en effet la consonance en la fondant sur la « nature (les harmoniques) et en opérant une réduction du son à la partie stable du spectre », laquelle privilégie « le son musical au détriment du bruit ». Les bruits relèvent de la « dynamique » du son et c'est en quoi Helmholtz en les sacrifiant, sacrifie la « dynamique » du son.

D'abord il faut rappeler que le « timbre » selon Helmholtz pourrait être vu comme annonçant les principes de la « synthèse additive » dont Stockhausen vers 1953 perfectionnera les modèles. Traitant des sons comme partiels sinusoïdaux, Helmholtz imagine déjà la synthèse des voyelles avec différents diapasons pour générer celles-ci[2].

Un point intéressant est, pour y revenir, la question du dynamisme. Certes, en un sens classique, on peut féliciter Helmholtz d'avoir interprété scientifiquement « le dynamisme » de ce que l'historien viennois de la musique, son contemporain, Eduard Hanslick, auteur du *Beau dans la musique* (1854) appelait « les formes sonores en mouvement » (« Tönend bewegte Formen »[3]). Helmholtz appréciait grandement ce champion de l'anti-wagnérisme, défenseur du « formalisme » musical, et le cite élogieusement dans son introduction. Il rappelle aussi sa conception de la mélodie comme « mouvement », non directement lié aux « sentiments » mais, écrit-il, et c'est différent, « mouvement de l'âme (en référence à Aristote) ou ébranlement lié au changement de hauteur du son à différents instants

italiques dans le texte de Helmholtz) auquel l'invention artistique a participé, et non simplement la formation ou la fonction naturelles de l'oreille. Les auteurs de la GTTM voient là une contribution anticipée à la théorie qu'il défendent d'une « organisation cognitive dotée d'une logique qui est la sienne », comme c'est le cas du langage. Dans le cas de la tonalité, il s'agit, disent-ils, d'une organisation de combinaisons de hauteurs selon des patrons (« patterns ») cohérents. Heinrich Schenker (*L'écriture libre* (1935), 2 vol., Liège, Mardaga, 1993), puis Leonard Meyer s'inscrivent dans cette filiation d'une conception « générative » de l'organisation de la musique tonale dont Helmholtz passerait pour le père spirituel. Il faut cependant noter que L. Meyer (*Explaining Music. Essays and Explanations*, Berkeley-Los Angeles, University of California Press, 1973) discute le modèle « Ursatz » schenkerien d'une telle « structure archétypale unique réalisée dans la composition à travers un ensemble de transformations invariantes » que les générativistes comprennent comme « structure profonde » (ou « d'arrière-plan » pour Schenker), cf. *The Spheres of Music* (1976), Chicago, University of Chicago Press, 2000, chap. 2, note 89, p. 119.

1. Aux dires de Makis Solomos lui-même dans ce même échange par mails de février 2006 que je me permets de rappeler avec sa permission.

2. Voir suppléments 7 à la *Théorie physiologique*..., trad. fr., *op. cit.*, p. 510.

3. Trad. fr., introd. J.-J. Nattiez, Paris, Christian Bourgois, 1986.

mais aussi au rythme[1]. Carl Dahlhaus lui-même montre beaucoup d'intérêt pour Hanslick dans son livre sur l'*Idée de la musique absolue* (1854) et c'est sur son apport décisif pour la mise à l'écart d'une conception sentimentale du contenu musical (d'où le « formalisme ») que se termine son livre. Hanslick de plus a l'intuition du caractère éminemment historique et variable de l'argument « naturaliste » du « Beau dans la musique » (titre de son livre).

Il reste qu'en un sens plus technique et contemporain du mot, la démarche de Helmholtz ne tient pas compte du « dynamisme » de la « vie du son » telle que les compositeurs le comprennent aujourd'hui. Témoins, ceux qui se réclament d'une approche « émergentiste » en appliquant à la composition *du* son – plutôt qu'*avec* les sons – la théorie des « propriétés émergentes »[2] venue des sciences cognitives[3]. Appliquée aux sons, cette théorie présente le phénomène du son comme non dérivable à partir de ses constituants. Le son, comme l'esprit et autres choses, se « surajoute » dynamiquement au système de conditions et d'états, comme le produit survenant de leur auto-organisation. On peut ainsi parler de l'émergence d'une sonorité de second ordre à partir d'une structure sonore, incluant une volonté compositionnelle précise. L'hypothèse très suggestive présuppose l'assimilation des sons à des « grains », sortes de quanta sonores. Des macro-formes musicales procèderaient de micro-formes par émergence, produisant un « ordre », « ordre chaotique plutôt que désordre organisé » (Di Scipio[4]).

Bien entendu, de telles élaborations renvoyant à la situation de la science physique aujourd'hui et à ses dernières avancées, étaient proprement inconcevables pour un Helmholtz. Le « grain » de son, comme on dit aujourd'hui, ne désigne pas un constituant élémentaire, mais le produit d'une synthèse que seule la technologie électronique permet d'obtenir. Surtout, sans la dualité onde/corpuscule formulée par la physique quantique et des considérations d'échelles temporelles, on ne peut apprécier tout ce que ces approches du sonore doivent en effet au « dynamisme » du

1. *Théorie physiologique…*, *op. cit.*, chap. XIV.

2. Les musiciens auxquels on peut penser sont par exemple : Agostino Di Scipio, Horacio Vaggione.

3. On pense ici aux travaux de Bregman, Varela, etc.

4. Cité par Makis Solomos dans *Manières de faire des sons*, A. Soulez et H. Vuggione (dir.), Paris, L'Harmattan, 2010, « Notes sur la notion d'"émergence" et sur Agostino di Scipio », p. 83-100.

spectre sonore dans un milieu « interactif »[1]. Pour condenser à grands traits le chemin opéré depuis Helmholtz, on peut, s'agissant du caractère émergent du son dont il se réclame, déclarer avec le compositeur Horacio Vaggione, que : « Ce paradigme harmonique classique de Helmholtz qui voyait le spectre comme une simple addition de partiels statiques, a cédé la place à un autre paradigme dans lequel les rapports temporels sont à la base d'une structure dynamique »[2].

Il n'en reste pas moins vrai que l'approche spectrale du son (*cf.* Hugues Dufourt[3]) doit à Helmholtz sa description du timbre bien sûr enrichie des avancées scientifiques et technologiques du XXe siècle que Varese avait prophétiquement annoncées dès les années 1930 (*Écrits sur la musique*[4]). Tout en formulant certaines critiques, Pierre Schaeffer a rendu dans les années 1950 un hommage explicite à Helmholtz au chapitre X sur « Corrélation entre spectres et hauteurs » de son *Traité des objets musicaux*[5], et cela non sans rappeler pourtant l'apport paradoxal du savant. « Paradoxal » parce que, tout en les écartant, Helmholtz avait su repérer parce qu'il n'en voulait pas pour son étude, les transitoires d'attaque, désormais associés au timbre[6] ?

Helmholtz a de plus fait une certaine place aux dissonances dans le cas de battements presque imperceptibles et en reconnaissant qu'il y en a d'agréables, il renverse *mutatis mutandis* la relation de distinction entre consonance et dissonance qui prévalait au profit de la première. Dans sa *Perception de la musique*[7], Robert Francès que nous avons cité plus haut, note qu'avec Helmholtz « l'accord dissonant est devenu, non point l'équivalent du consonant sur le plan de la qualité sensible mais, dans la conscience perceptive des musiciens éduqués, un équivalent conceptuel ayant perdu tous ses attributs négatifs » (p. 364). Cette positivité de la

1. Au sein duquel les sons surgissent selon des morphismes qu'il est impossible de prédéfinir en termes fonctionnels d'éléments composant un tout, dans la mesure où ces macro-formes ne proviennent pas de micro-composantes comme si les niveaux où ces formes se rangent étaient acquis par avance (Horacio Vaggione, voir note suivante).

2. Je renvoie ici aux travaux du compositeur et chercheur Horacio Vaggione et à l'explication qu'il donne de son modèle de « granularisation » des sons (Revue *Intellectica*, ns° 48-49, 2008).

3. Cf. *Musique, pouvoir, écriture*, Paris, Bourgois, 1991, et son œuvre « Saturne ».

4. Paris, Christian Bourgois, 1983.

5. Paris, Seuil, 1966, p. 172. Le mot d'« hommage » est prononcé p. 175, et encore p. 179.

6. J'ai bénéficié ici de quelques mises au clair d'Anne Sédès, à propos du courant spectral français, autour de Murail et Grisey, Revue *Musik und Ästhetik*, 6-21, janvier 2002.

7. 1re éd. 1958 ; je me fonde ici sur la 2e édition de 1976.

dissonance fait inauguralement sortir la dissonance d'une conception qui la considérait comme un raté de la consonance. Avec Helmholtz, et quoique ses recherches s'inscrivent encore dans un cadre qui privilégie la « quantification » de la consonance, la voie est ouverte vers le dépassement de ce cadre. On notera par ailleurs la place accordée à l'apprentissage [1].

« L'émancipation, hors de la consonance, de la dissonance » – expression bien connue d'Adorno à propos de Schoenberg –, marquera le pas suivant opéré par Schoenberg à l'orée du XXe siècle, un pas que le musicologue allemand Carl Dahlhaus, critique de la méthode « abstraite » d'interprétation historique d'Adorno [2], propose de voir comme le signe d'un changement de « paradigme » au sens fort de Thomas Kuhn. C'est ce qu'attestera la construction schoenbergienne – ou plutôt kandinskyienne par analogie avec la méthode de Schoenberg, – du « disharmonique » [3], laquelle, s'aidant des lois d'émancipation de la dissonance, met en évidence l'intelligibilité des dissonances en tant que « surgeons naturels et logiques d'un organisme vivant », tout centre tonal aboli. La dissonance acquiert par là droit de cité dans la « logique musicale ». Ainsi, il y a lieu de distinguer entre la « dissonance conceptuelle » qui est « à la base des enchaînements à partir desquels l'oreille s'éduque, dissonance accordée par Helmholtz, et la dissonance « éprouvée » (comme un désagrément physique [4]).

Si pour certains, la vraie faiblesse de Helmholtz reste intrinsèquement liée au paradigme harmonique qui domine ses hypothèses de travail, il n'en

1. Bien relevée par C. Vautrin dans sa conférence, « Son et musique : Mach et Helmholtz », séminaire tenu à la Maison des sciences de l'homme de Paris-Nord en 2006. Voir aussi P. Blaserna lui-même qui reconnaît avec Helmholtz l'importance de l'éducation de l'oreille et la priorité des recherches scientifiques ordonnées à celle-ci, sur les principes immuables de l'esthétique dont les principes érigés en absolus bloquent les aspirations musicales.

2. Cf. *Grundlagen der Musikgeschichte*, Cologne, Laaber-Verlag, 1977, trad. angl. J.-B. Robinson, *Foundations of Music Theory*, Cambridge, Cambridge UP, 1983. La notion d'autonomie du musical est appréhendée ainsi dans son ouvrage *L'idée de la musique absolue* (Kassel, Bärenreiter Verlag, 1978 ; trad. fr. Genève, Contrechamps, 1997) comme une affaire de « paradigme » venue de l'esthétique romantique allemande de la fin du XIXe siècle qui se serait transmise au « modernisme » du début du XXe siècle (trad. fr., p. 10).

3. Voir dans sa correspondance avec Kandinsky, ce qu'il attend, même un tantinet réticent, de cette « construction » dont Kandinsky propose d'envisager les fruits dans les mêmes années (*cf.* ci-dessus). Sur « la construction du disharmonique… », on peut lire dans le même numéro de la Revue *Contrechamps*, n° 2, avril 1984, p. 137, consacré à Schoenberg et Kandinsky, l'article traduit en français de Carl Dahlhaus.

4. Cf. *Théorie physiologique*, *op. cit.*, p. 212-217 où se trouvent les passages sur lesquels s'appuie R. Francès, *Perception de la musique*, *op. cit.*, p. 364.

demeure pas moins vrai que Helmholtz est à la charnière de deux « époques », à la fois le dernier d'une tradition et le premier d'une nouvelle conception. Sous ce dernier aspect, il n'est pas illégitime, si du moins l'on adopte ce langage, de voir en lui le représentant d'une « seconde révolution scientifique » de la musique comme il a été suggéré plus haut, si l'on a en l'esprit les mutations méthodologiques introduites par la quantification de certains phénomènes et les outils de mesure qu'elle réclame. De même que l'on s'accorde à désigner, en ces termes assez kuhniens, la première révolution marquée entre 1580 et 1650 par les avancées scientifiques de Descartes, Mersenne, Beeckman, etc. ... [1], il n'est pas absurde d'admettre également que, du fait d'avoir inscrit à son programme l'explication quantifiée[2] reposant sur le calcul des fréquences d'un intervalle donné, de la consonance comme « sensation continue » par opposition à la dissonance définie comme « sensation intermittente », l'apport de Helmholtz inaugure bien une époque nouvelle de la rationalité musicale.

En Conclusion
L'ébranlement de la naturalité et sa place dans la démarche méthodologique de Carl Dahlhaus

Tirons maintenant quelques conclusions relatives à ce que représente aujourd'hui cet apport de Helmholtz du point de vue d'une réflexion critique concernant le concept de « naturalité » appliqué aux sons.

Helmholtz a émis des hypothèses qui présentent, nous l'avons dit, une double face : une face dépassée et une face féconde. La même hypothèse (la sensation nerveuse sonore) ouvre sur du nouveau. « Les sons et les sensations agissent tout à fait indépendamment de leurs rapports avec un objet extérieur quelconque ». C'est une déclaration majeure qui annonce, dans le champ de la musique, la crise ultérieure de la référence à l'objet dans la philosophie contemporaine concomitante de celle de la représentation dans l'art[3]. Que Helmholtz ait le premier, comme nous l'avons montré à la suite

1. Pour qui il est crucial de noter avec H.-F. Cohen, que la « science des consonances » se quantifiait déjà en termes de « variables » plutôt que de longueurs de cordes comme chez les anciens grecs.

2. *Cf.* H.-F. Cohen, *Quantifying Music*, *op. cit.*, ses conclusions, p. 238.

3. Ainsi H. Putnam déclare que : « Les écrits des philosophes contemporains sur les questions ontologiques de Heidegger à Wittgenstein ou Quine, ont sapé notre confiance en la

de l'appréciation de Mach lui-même, questionné d'une certaine façon la « naturalité » du système musical est corroboré par cette déclaration dubitative de Helmholtz lui-même : « La preuve que quelque chose est dans la nature ne suffit pas à elle seule, à en rendre compte esthétiquement »[1]. Ce qui veut dire que « être dans la nature » ne justifie aucune affirmation concernant la légalité d'une pure naturalité *a priori* dont l'esthétique pourrait se réclamer. Cependant, nous l'avons dit, le propos exclut tout relativisme.

Le déplacement suggéré par Dahlhaus de la conception kuhnienne du « paradigme » de l'histoire des sciences dans le champ de la musique n'y invite pas davantage. La portée d'un tel déplacement auquel Thomas Kuhn a lui-même donné le branle dans un article qui ne mène à mon avis pas la chose assez loin[2], est évidemment épistémologique. La préoccupation de Dahlhaus est en effet d'élaborer une méthode d'interprétation de l'histoire des « faits » musicaux. La notion de « fait » est ici parlante. On l'utilise pour la science. Un fait scientifique, à l'opposé d'un donné, se construit. Pour la musique, Dahlhaus pense cette construction loin des schèmes abstraits de la « dialectique » adornienne, sans pour autant concéder au positivisme. L'interprétation qui est fonction du langage dans lequel l'historien pense les faits musicaux, paye un double tribut à l'historicité particulière des « faits » de l'art dont l'analyse des œuvres ne doit jamais s'éloigner, et à l'épistémologie dont le souci méthodologique d'explication ne doit pas sacrifier la « compréhension » des actions humaines aux seuls facteurs extrinsèques. Elle paie ce double tribut sans pour autant céder à la thèse complémentariste du « double langage », historique ou esthétique[3].

Encore parler d'« histoire » au singulier est-il discutable comme il est discutable d'aplatir, dit-il, l'intelligence en compréhension sur l'explication par des causes. Et s'il est une conception « historique » à l'égard de laquelle Dahlhaus prend ses distances, c'est bien, comme le montre

notion d'objet et nous ont conduits à voir la référence elle-même comme quelque chose de relatif au schème d'interprétation. La référence étant désormais indéterminée, notre capacité à relier pensée et objet est désormais reléguée au statut d'"acte-mystère", la catégorie d'objets s'effrite donc pour la pensée contemporaine… » (*Le Réalisme à visage humain*, trad. fr. C. Tiercelin, Paris, Seuil, 1994, p. 274).

1. *Théorie physiologique…*, *op. cit.*, p. 300.

2. Voir *Tension essentielle. Commentaires sur les rapports entre la science et l'art* (1969), trad. fr. Paris, Gallimard, 1990, dernier chapitre, p. 450. J'ai abordé ce point dans mon article, « Kuhn et Wittgenstein, voir le même comme autre », *Archives de philosophie*, automne 2003, n.s. S. Laugier (dir.), *Thomas Kuhn, Après la structure*, p. 423.

3. *Foundations of Music History*, *op. cit.*, chap. 2 et l'analyse critique de la théorie adornienne, p. 29-32.

l'article traduit en ce volume, celle d'un Hugo Riemann. Riemann, dit-il, met tout sur le même plan : intentionnalité du compositeur, histoire des idées, du style, de la technique, en établissant sur l'idée du système naturel des sons (de leur harmonie), la raison d'être intrinsèque de l'histoire de la musique avec un grand H mais aussi avec un grand M.

Or pour Dahlhaus, l'histoire est, en raison de sa « polymorphie » (sic), liée aux contextes, et donc plurielle. Elle s'ordonne aux tournants de la science qui font paradigmes, et non l'inverse. Selon cette vue qui ouvre le champ à des considérations critiques, l'historicité de la musique (des faits, techniques et concepts) se laisse périodiser selon des cristallisations de rationalité paradigmatique, ce qui veut dire que le paradigme n'en est pas un qui se décline au sein de l'Histoire universalisante. On a alors un concept d'*histoires* au pluriel pour des paradigmes ou modèles construits selon lesquels des réponses sont construites pour résoudre des énigmes comme dans les sciences. C'est en ce sens de l'histoire plurielle, que Helmholtz aurait, aux dires de Dahlhaus, contribué, par sa méthode d'investigation, à envisager notre système musical comme une « construction historiquement et contextuellement motivée ».

Par cette voie de méthodologie historique fondée sur l'analyse des œuvres qui ménage à celles-ci – toujours considérées comme « réalisées », insiste Dahlhaus – leur objectivité, Dahlhaus mieux que Kuhn, répond, sans avoir à se défendre contre l'objection du relativisme, à la façon de considérer l'histoire de l'art sur le modèle de l'histoire des sciences, tout en sauvegardant l'idée de l'autonomie effective du musical.

Il est également clair que la musique pour Dahlhaus contribue à sa façon à repenser la méthode historique. Ainsi, la musique qui à la différence d'un fait historique, joue un rôle dans la mutation de la rationalité, a son mot à dire dans l'épistémologie. Celle-ci appliquée à la musique ne peut à son tour s'en tenir à l'histoire des événements car « agir n'est pas produire », disait J.G. Droysen, ni davantage à l'esthétique. L'appel à la naturalité, par exemple, d'un Riemann sert des buts polémiques et cache mal un conservatisme destiné à faire barrage par l'argument de l'intemporalité des formes classiques, à toute innovation harmonique.

Nous avons vu que pour Cassirer, l'introduction par Helmholtz du symbolisme consacre la mutation du « concept de réalité » en physique. La musique a donc en partie son rôle à jouer dans l'élaboration de cette nouvelle rationalité scientifique.

Il faut ajouter qu'avec le symbolisme, la voie est ouverte à la modélisation au sens où, disait déjà A.C. Crombie[1] dans des termes suffisamment généraux pour convenir à Helmholtz: l'analyse des processus naturels concernant la nature des phénomènes du monde « réclame une simulation » tout en offrant un moyen d'explorer ceux-ci « à travers les propriétés connues d'un artefact » construit pour cette simulation – ainsi par exemple les artefacts de résonateurs. Ceux-ci à leur tour ouvrent la voie à une analyse théorique entraînant à poser à la nature d'autres questions encore.

Le relationnisme de la connaissance propose une nouvelle théorie de l'objectivité, à l'écart des choses même, comme le systématiseront les philosophes du Cercle de Vienne, à commencer par Moritz Schlick[2]. L'innéisme étant ébranlé, le symbolisme peut travailler au service de la « culture » dont relève en réalité, plus que de la nature, l'approche de « l'affinité » des sons chez Mach comme chez Helmholtz. Chez tous deux, comme plus tard chez Wittgenstein, l'affinité n'a rien avoir avec la ressemblance naturelle, mais s'explique par la familiarisation avec des schèmes en quelque sorte morphiquement transformables. Ainsi, c'est à l'éducation et à l'apprentissage qu'il faut attribuer la spécification des *qualia* sonores en fonction, dit Helmholtz, de l'évolution de nos intuitions empiriques des relations de temps et d'espace, mais aussi du contexte[3].

1. Qui n'hésite pas à ranger Helmholtz dans la catégorie désignée par A.C. Crombie de la construction de modèles analogiques; cf. *Style of scientific thinking in European tradition*, Duckworth, Londres, 1994, à propos de la modélisation hypothétique (vol. 2, IV, chap. 13; voir aussi p. 1106). Voir à ce sujet, M. Meulders, *Helmholtz, des lumières aux neurosciences*, *op. cit.*

2. Qui en divers endroits note le caractère anticipatif de la conception helmholtzienne des définitions comme conventions ou stipulations arbitraires. Ainsi des propositions de la géométrie, dont s'inspirera Henri Poincaré. Schlick la reformule pour son propre compte en disant que « la géométrie est une grammaire du langage dans laquelle nous décrivons les relations spatiales de la physique » mais une science de la nature aussi car c'est une affaire de physique si, par exemple, par un point non situé sur une ligne droite, ne passe qu'une parallèle à cette droite. Ainsi « les lois naturelles, écrit Schlick ne représentent rien d'autre que la grammaire des sciences naturelles », *cf.* « Les lois naturelles sont-elles des conventions? » (1935), trad. fr. dans *Induction et Probabilités*, Actes du Congrès international de philosophie scientifique, Paris, Hermann, 1936, p. 8-17.

3. Ainsi, dans son ouvrage sur Niels Bohr, C. Chevalley caractérise la connaissance chez Helmholtz comme « acquisition d'une familiarité susceptible d'évolution avec l'ordre de la légalité [*Gezetslichkeit*] dans le champ du réel tel qu'il est figuré dans un système de signes d'impressions » (*N. Bohr. Physoque atomique et connaissance humaine*, Paris, Gallimard, 1991, p. 438).

Suit le récit d'une étonnante expérience de pensée fictive que nous rapporte Schlick à partir de la manière dont Helmholtz comprend la loi d'énergie spécifique de J. Müller[1]. Imaginons la situation suivante : si l'on croisait, par une opération effectuée sur une personne, les correspondances nerf auditif/sons et nerf optique/couleurs en connectant le nerf optique à l'oreille et similairement le nerf auditif à l'œil, on obtiendrait alors, comme résultat que les impressions lumineuses seraient entendues comme des sons et les impressions tonales vues comme des couleurs. Mais la personne en question qui aurait alors une « image (subjective) du monde » totalement autre que la nôtre, disposerait pourtant d'une image du même monde objectif, du point de vue de sa structure (exprimable en termes de nombres pour des relations d'ordre abstraites). Schlick profite de cette fiction d'un chassé-croisé d'appareillages sensoriels pour associer le nom de Helmholtz à la cause unitaire (ou unificatrice en ce sens structural) de la « conception scientifique du monde » revendiquée par le Cercle de Vienne qu'il a représenté[2]. L'objectivité de « notre monde » serait donc sauve[3].

Un autre apport que Dahlhaus discerne chez Helmholtz a trait à ce qu'il appelle « condition » et « principe de style ».

Il faut en effet distinguer, dit Carl Dahlhaus dans l'article de 1970 en s'appuyant sur Helmholtz, le plan des « conditions », à savoir ce qui « est donné dans la nature », qui peut bien en effet constituer une « condition » (par exemple la suite des sons naturels dans la quinte ascendante I-V-IV-I) exclue par le code harmonique car le fa n'a pas été préparé, du plan du « principe de style » (quinte descendante I-IV-V-I)[4]. Helmholtz signale ainsi, dit-il en citant le savant, que la théorie de l'harmonie, les tonalités majeure et mineure, reposent sur des « règles esthétiques historiquement motivées », même si les moyens de les réaliser sont « conditionnés par la

1. « Weltall und Menschengeist », conférence prononcée à Vienne, trad. angl. P. Heath, dans M. Schlick, *Philosophical Papers*, II, *1925-1936*, H. Mulder, B. van de Velde-Schlick (eds.), Dordrecht-Boston, Reidel, 1979, p. 510. Voir aussi de Schlick sa conférence prononcée à Berlin en 1921 sur « Helmholtz als Erkenntnistheoretiker ».

2. Voir sur Schlick, *Manifeste du Cercle de Vienne* (1985), A. Soulez (éd.), Paris, Vrin, 2010.

3. Notons que c'est aussi l'arrière-plan kantien de Helmholtz. C'est aussi par un tout autre chemin, une expérience de pensée menée sur l'idée d'un monde exclusivement sonore, par le philosophe anglais Peter Strawson, dans son livre *Individus*, au chapitre 1, qui nous reconduit à la thèse de l'objectivité de l'espace.

4. Helmholtz applique cette distinction aussi à la peinture, *cf.* son texte sur l'optique et la peinture.

nature des choses »[1]. Le plan du « principe de style » nous découvre en effet, comme on l'a vu, la capacité qu'a l'artiste de s'écarter de la nature et donc de montrer que le sens « musical », quoique, à ses yeux, arrimé à la sensation nerveuse, est « autonome » par rapport à elle. Contrairement à ce que l'on serait tenté de penser ici, le « principe de style » n'a rien d'anti-scientifique s'il peut ouvrir, comme en histoire des sciences, à la possibilité de voir dans le style un guide conceptuel transitoire et variable pour appréhender une œuvre musicale en tant qu'« elle se présente à notre conscience esthétique comme un fait musical », et nullement comme un « événement de l'histoire »[2]. Au lieu d'en remettre l'étude à la seule rhétorique, l'historien qui le « reconstruit » se fait alors épistémologue sans verser dans l'épistémologie, aussi longtemps que sa démarche, résolument axée sur la fonctionnalité de l'œuvre, demeure solidaire, comme le réclame Dahlhaus, d'une interprétation immanente tournant le dos à toute détermination *a priori* des « fondements ».

S'il est un « dogmatique » de la conception du système *naturel* de la musique, ce n'est donc pas à ses yeux Helmholtz, mais bien plutôt Hugo Riemann. Dahlhaus cite un long passage du *Handbuch der Musikgeschichte* (1904-1913) d'Hugo Riemann, dans son chapitre « Does music history have a "subject" ? »[3]. Cette tradition, dit-il, du système naturel de la musique s'étend jusqu'au XIXe siècle, mais c'est « sous la domination d'une certaine philosophie de l'histoire » bien plus que de l'histoire. De fait, on ne peut attribuer à Helmholtz une telle « dogmatique »[4], nous dit encore le musicologue allemand. « Le système naturel de la musique … est un fantôme pour Helmholtz » ajoute-t-il en première page en citant ces mots de Helmholtz lui-même : « le système des tonalités, des modes et de leur tissu harmonique, ne repose pas sur des lois immuables de la nature, mais est la conséquence de principes esthétiques qui ont varié avec le développement progressif de l'humanité et varieront encore »[5].

Quant à ce qui reste « naturel », il en est comme de l'axiome euclidien de la parallèle, même si l'on concède une pluralité de géométries. C'est une chose que, dit Schlick, Helmholtz a bien imaginée de son côté indépendamment des mathématiciens Gauss et B. Riemann (pas Hugo Riemann

1. *Cf.* les remarques de Dahlhaus développées dans sa *Théorie de la tonalité harmonique*, Liège, Mardaga, 1967, p. 55.

2. *Foundations of Music History*, *op. cit.*, p. 35.

3. *Foundations of Music History*, *op. cit.*, p. 49.

4. Qualifier une théorie de « dogmatique » ne signifie pas cependant que cette théorie est fausse rappelle Dahlhaus.

5. *Théorie physiologique*, *op. cit.*, p. 306.

évidemment). Tout comme le comportement observable des corps dans l'expérience physique est un fait « naturel », de même notre jouissance de certains accords est un fait naturel, mais un fait soumis à révision, étant entendu que ce n'est pas par l'arbitraire d'une décision qu'on en concevra autrement le mécanisme, mais parce que l'observation physique nous aura donné des raisons d'attribuer des propriétés inédites à ce phénomène dont l'explication fait alors sortir d'un cadre accepté de rationalité. Dahlhaus retient en première place le fait que le psychophysiologue a fait bouger la notion de « fondement » de la musique, sans le dé-naturaliser. Il ne reste plus au critique des « fondements de l'histoire de la musique » qu'est également Dahlhaus, que d'assigner à la philosophie sa juste part, tant il est vrai, écrit-il, qu'il ne convient de recourir à la philosophie que lorsque le musicien ne peut faire sans elle [1].

Il nous semble donc que, dans son texte de 1970 sur Helmholtz, Dahlhaus montre sur pièce et d'une manière argumentée et nouvelle, non seulement les bénéfices d'une critique de l'esthétique dont il note et explique « l'impopularité » [2], mais aussi ce qui, de la philosophie, demeure malgré tout indispensable à la musique au regard de la science et de l'histoire. Notamment, et non sans forcer un peu la note, il nous montre en Helmholtz l'exemple d'un savant des sciences de la nature ayant contribué à affranchir, vis-à-vis de la Nature, par l'expérimentation et ses fruits, cet « art-science » (Varese) que va devenir au siècle suivant la musique.

***

Je remercie Hans Danuser de nous avoir accordé les droits pour la traduction en français et sa publication de l'article de Carl Dahlhaus.

Je remercie également Patrice Bailhache et Horacio Vaggione pour leurs remarques.

1. Dans « Se détourner de la pensée du matériau » (1984), trad. fr. K. Adelsbach, dans *Formel Informel*, M. Solomos, A. Soulez et H. Vaggione (éds.), Paris, L'Harmattan, 2003, p. 33.

2. M.-A. Lescourret, « Musica impura », dans *L'esprit de la musique*, H. Dufourt, J.-M. Fauquet et Fr. Hurard (éds.), Paris, Klincksieck, 1992.

BIBLIOGRAPHIE

ABROMONT C. et MONTALEMBERT E. de, *Guide de la théorie de la musique*, Paris, Fayard-Henry Lemoine, 2001.

BAILHACHE P., *Une histoire de l'acoustique musicale*, Paris, Éditions du CNRS, 2001 (cité HAM).

– « Valeur actuelle de l'acoustique musicale de Helmholtz », *Revue d'histoire des sciences*, 1986, XXXIX/4, p. 301-324 (cité VAH).

BIENVENU A., *Helmholtz et la philosophie de la perception*, traduction et présentation de *Les faits dans la perception*, mémoire de DEA, Université Paris 1, 1997.

BITNER H., « J.-J. Fux und der musikalische Historismus » [« J.-J. Fux et l'historisme en musique »], *Deutsche Musikkultur*, VII, 1942.

BLASERNA P., *Le son et la musique*, Paris, Germer Baillière, 1877.

BOUVERESSE J., *Langage, perception et réalité*, I. *La perception et le jugement*, Nîmes, Jacqueline Chambon, 1995.

CŒURDEVEY A., *Histoire du langage musical occidental*, Paris, PUF, 1998.

DAHLHAUS C., *Untersuchungen über die Entstehung der harmonischen Tonalität* [1967], trad. fr. *La tonalité harmonique, étude des origines*, Liège, Mardaga, 1993.

– « Hermann von Helmholtz und der Wissenschaftscharakter der Musiktheorie », dans F. Zaminer (ed.), *Über Musiktheorie. Referate der Arbeitstagung 1970 in Berlin*, Köln, Arno Volk Verlag, Haus Gerig K.G., 1970; trad. fr. C. Vautrin, « Hermann von Helmholtz et le caractère scientifique de la théorie de la musique », dans ce volume, p. 201-212.

FUX J.-J., *Gradus ad Parnassum*, Vienne, 1725; rééd. fac-similé, New York, Brande Brothers, 1966.

GARRETA G., « Ernst Mach: l'épistémologie comme histoire naturelle de la science », dans P. Wagner (éd.), *Les philosophes et la science*, Paris, Gallimard, 2002.

HALLER R. & STADLER F., *Ernst Mach – Werk und Wirkung*, Vienne, Hölder-Pichler-Tempsky, 1988.

HELMHOLTZ H. von, « Über die Natur der menschlichen Sinnesempfindungen » [1852], trad. fr. R. Casati, « Sur la nature des impressions sensibles de l'homme », *Philosophie*, n° 33, 1992.

– « Über die physiologischen Ursachen der musikalischen Harmonie. Vorlesung gehalten in Bonn » [1857], *Vorträge und Reden*, Bd 1, 4e éd., Vieweg, Braunschweig, 1903 ; rééd. électronique *The Virtual Laboratoy*, Berlin, Max-Planck-Institute for the History of Science, http://vlp.mpiwg-berlin-mpg.de/ ; trad. fr. P. Blaserna, « Les Causes physiologiques de l'harmonie musicale », dans P. Blaserna, *Le son et la musique*, Paris, Germer Baillière, 1877, revue et corrigée dans ce volume, p. 49-82.

– *Die Lehre von den Tonempfindungen als physiologische Grundlage für die Theorie der Musik* [1863], trad. fr. G. Guéroult, *Théorie physiologique de la musique fondée sur l'étude des sensations auditives*, Paris, Victor Masson, 1868, rééd. Sceaux, Jacques Gabay, 1990 (cité TPM).

– « Die Tatsachen in der Wahrnehmung » [1878], dans Hörtz et Wollgast (eds.), *H. von Helmholtz, Philosophische Vorträge une Aufsätze*, Berlin, Akademie-Verlag, 1971 ; trad. fr. et présentation A. Bienvenu, « Les faits dans la perception », dans A. Bienvenu, *Helmholtz et la philosophie de la perception*, traduction et présentation de *Les faits dans la perception*, mémoire de DEA, Université Paris 1, 1997.

– *Populäre wissenschaftliche Vorträge* [*Écrits populaires scientifiques*], t. 1, Braunschweig, 1865.

JEAN LE ROND D'ALEMBERT, *Éléments de musique suivant les principes de M. Rameau* [1752, 1779], Plan-de-la-Tour, Éditions d'aujourd'hui, 1984 (cité EMPR).

KÖNIGSBERGER L., *Hermann von Helmholtz*, Vieweg, Braunschweig, 1903-1903.

KURTH E., *Die Voraussetzungen der theoretischen Harmonik und der tonalen Darstellungssysteme* [*Les présupposés de l'harmonie théorique et du système d'exposition tonal*], Bern, Drechsel, 1913.

– *Musikpsychologie* [*Psychologie de la musique*], Berlin, Max Hesse, 1931 ; rééd. Bern, Krompholz, 1947.

MACH E., « Einleitung in die Helmholtz'sche Musiktheorie. Populär für Musiker dargestellt » [1866], *Populär-wissenschaftliche Vorlesungen* [*Cours scientifiques populaires*], Wien-Köln-Graz, Böhlau Verlag, 1987 [1923]; rééd. Vaduz-Liechtenstein, Sändig Reprint Verlag, 2005 ; trad. fr. C. Vautrin, « Introduction à la théorie de la musique de Helmholtz. Présentation populaire pour les musiciens », dans ce volume, p. 83-159 (cité ITMH).

– *Analyse der Empfindungen* [1922] [versions antérieures : 1886, 1900], trad. fr. *L'analyse des sensations*, Nîmes, Jacqueline Chambon, 2000 (cité AS).

MARX A.B., *Die alte Musiklehre im Streit mit unserer Zeit* [*L'ancienne théorie de la musique en conflit avec notre temps*], Leipzig, 1841.

MEULDERS M., *Helmholtz. Des Lumières aux neurosciences*, Paris, Odile Jacob, 2001.

PIERCE J.R., *Le son musical. Musique, acoustique et informatique*, Paris, Belin, 1984 (cité SM).

RIEMANN H., *Geschichte der Musiktheorie im IX. bis XIX. Jahrhundert* [*Histoire de la théorie de la musique du IXe au XIXe siècles*], Berlin, 1921.

– *Ideen zu einer « Lehre von den Tonvorstellungen »* [*Idées pour une « Théorie des représentations auditives »*], JbP XXI/XXII, 1914-1915.

ROEDERER J.G., *The Physics and Psychophysics of Music*, 3e éd., New York-Berlin-Paris, Springer-Verlag, 1995 (cité PPM).

ROTHACKER E., « Die dogmatische Denkform in den Geisteswissenschaften und das Problem des Historismus » [« La forme de pensée dogmatique dans les sciences humaines et le problème de l'historicisme »], *Abhandlung d. geistes- u. sozialwiss. Klasse d. Akad. d. Wiss. u. d. Lit. in Mainz*, Jg. 1954, n. 6, Wiesbaden, 1954.

SCHENKER H., *Neue musikalische Theorien und Phantasien*, Bd I, *Harmonielehre* [*Nouvelles théories et fantaisies musicales*, t. 1, *Harmonie*], Stuttgart, Cotta, 1906 ; 2e éd., Vienne, Universal Edition, 1956.

– *Neue musikalische Theorien und Phantasien*, Bd III, *Der freie Satz* [*Nouvelles théories et fantaisies musicales*, t. 3, *L'écriture libre*], Liège, Mardaga, 1993, 2 volumes.

WELLEK A., *Musikpsychologie und Musikästhetik* [*Psychologie de la musique et esthétique musicale*], Frankfurt, Akademische Verlagsgesellschaft, 1963.

TABLE DES MATIÈRES

CARL DAHLHAUS

Imprimerie de la manutention à Mayenne (France) - mai 2011 - N° 671081H
Dépôt légal : 2e trimestre 2011

DANS LA MÊME COLLECTION

BAILHACHE P., *Essai de logique déontique*, 224 pages

BARBARA J.-G., *La naissance du neurone. La constitution d'un objet scientifique au XXe siècle*, 320 pages

BARBEROUSSE A., *La physique face à la probabilité*, 212 pages

BARTHELEMY G., *Newton mécanicien du cosmos*, 216 pages

BELNA J.-P., *Conceptions du nombre à la fin du XIXe siècle : Dedekind, Cantor, Frege*, préface C. Imbert, 376 pages

BENMAKHLOUF A. *Frege, le nécessaire et le superflu*, 224 pages

BERNAYS P., *Philosophie des mathématiques*, introduction, traduction et notes H. Sinaceur, 240 pages

BONIFACE J., *Hilbert et la notion d'existence en mathématiques*, 320 pages

BOOLE G., *Les lois de la pensée*, introduction et traduction S.B. Diagne, 416 pages

BRENNER A., *Duhem, science, réalité et apparence*, 256 pages

CARNAP R., *La construction logique du monde*, introduction E. Schwarz, traduction Th. Rivain, 368 pages

CHAPPERT A., *L'édification au XIXe siècle d'une science du phénomène lumineux*, 382 pages

CHAREIX F., *La philosophie naturelle de Christiaan Huygens*, 320 pages

CHARRAK A., *Raison et perception. Fonder l'harmonie au XVIIIe siècle*, 320 pages

CHERNI A., *Épistémologie de la transparence. Sur l'embryologie de A. von Haller*, préface F. Dagognet, 370 pages

DEDEKIND R., *La création des nombres*, inrtoduction, traduction et notes H. Sinaceur, 352 pages

DUCHESNEAU Fr., *La dynamique de Leibniz*, 368 pages

– *Les modèles du vivant de Descartes à Leibniz*, 402 pages

DUHEM P., *Sozein ta phainomena. Essai sur la notion de théorie physique de Platon à Galilée*, introduction P. Brouzeng, 148 pages

– *L'évolution de la mécanique et autres textes*, préface P. Germain, introduction et notes A. Brenner, 496 pages

ÉLIE M., *Lumières, couleurs, nature. L'optique et la physique de Gœthe et de la Naturphilosophie*, 210 pages

GAUTHIER Y., *De la logique interne*, 142 pages

GRANGER G.-G., *Formes, opérations, objets*, 402 pages

HERMANN G., *Fondements philosophiques de la mécanique quantique*, préface B. d'Espagnat, introduction et postface L. Soler, traduction A. Schnell et L. Soler, 182 pages

HINTIKKA J., *Les principes des mathématiques revisités*, introduction, traduction et notes M. Rebuschi, 320 pages

HORIUCHI A., *Les mathématiques japonaises à l'épodque d'Edo (1600-1868). Une étude des travaux de Seki Takakazu (?-1708) et Katebe Katahiro (1664-1739)*, 410 pages

JAMMER M., *Concepts d'espace. Une histoire des théories de l'espace en physique*, introduction, traduction et notes L. Mayet et I. Smadja, préface A. Einstein, postface M. Lachièze-Rey, 288 pages

JOLY B., *La Rationalité de l'alchimie au XVIIe siècle*, préface J.-P. Dumont, texte latin, traduction et commentaire du *Manuscriptum ad Fridericum*, 408 pages

– *Descartes et la chimie*, 256 pages

KISTLER M., *Causalité et lois de la nature*, 316 pages

KOBAYASHI M., *La philosophie naturelle de Descartes*, 142 pages

LARGEAULT J., *Intuition et intuitionnisme* suivi d'un texte de Brouwer, 240 pages

– *Intuitionnisme et théorie de la démonstration*, avec des textes de Bernays, Brouwer, Gentzen, Gödel, Hilbert, Kreisel, Weyl, 566 pages

LE RU V., *D'Alembert philosophe*, préface M. Clavelin, 312 pages

LEIBNIZ Gottfried W., *Caractéristique géométrique*, introduction, texte latin, traduction et notes M. Parmentier, 368 pages

– *L'estime des apparences. 21 manuscrits sur les probabilités, la théorie des jeux, l'espérance de vie*, introduction, texte latin, traduction et notes M. Parmentier, 474 pages

– *La quadrature arithmétique du cercle, de l'ellipse et de l'hyperbole*, introduction, traduction et notes M. Parmentier, texte latin E. Knobloch, 370 pages

– *Naissance du calcul différentiel : 26 articles des Acta Eruditorum*, introduction, traduction et notes M. Parmentier, 474 pages

– *Réforme de la dynamique*, introduction, traduction et notes M. Fichant, 448 pages

MARTIN T., *Probabilités et critique philosophique selon Cournot*, 362 pages

MICHEL A., *Constitution de la théorie moderne de l'intégration*, 338 pages

PARROCHIA D., *La raison systémique. Essais de morphologie des systèmes philosophiques*, 320 pages

PRIOR Arthur N., *Objets de pensée*, introduction, traduction et notes J.-C. Pariente, 200 pages

RAMSEY F., *Logique, philosophie et probabilités*, traduction P. Engel et M. Marion (dir.), 352 pages

RIVENC F. et SANDU G., *Entre logique et langage*, 172 pages

ROBERVAL Gilles Personne de, *Éléments de géométrie*, préface J. Dhombres, édition et présentation V. Jullien, 544 pages

ROMMEVAUX S., *Clavius : une clé pour Euclide au XVIe siècle*, 320 pages

SABATIER X., *Les formes du réalisme mathématique*, 304 pages

SINACEUR H., *Corps et modèles. Essai sur l'histoire de l'algèbre réelle*, 496 pages

SZABO A., *L'aube des mathématiques grecques*, traduction M. Federspiel, 368 pages

VAN FRAASSEN Bas C., *Lois et symétrie*, introduction et traduction C. Chevalley, 520 pages

VARENNE F., *Du modèle à la simulation informatique*, 256 pages

VERNANT D., *La philosophie mathématique de Bertrand Russell*, 510 pages

VINCIGUERRA L., *Langage, visibilité, différence. Histoire du discours mathématique de l'âge classique au XIXe siècle*, 368 pages

WEYL H., *Le continu et autres écrits*, introduction, traduction et notes J. Largeault, 322 pages

ZAHAR E., *Essai d'épistémologie réaliste*, avant-propos A. Boyer, 192 pages